昆山市第一中学顾炎武思想课程基地基础教材（必修）

人师顾炎武

RENSHI GUYANWU

主编　张程远

编者　张程远　张亮　宫雯　汤恩嫔　张丽丽

苏州大学出版社
Soochow University Press

图书在版编目(CIP)数据

人师顾炎武 / 张程远主编. —苏州：苏州大学出版社，2015.9
ISBN 978-7-5672-1519-1

Ⅰ. ①人… Ⅱ. ①张… Ⅲ. ①顾炎武(1613～1682)—传记 Ⅳ. ①B249.15

中国版本图书馆 CIP 数据核字(2015)第 224667 号

书　　名：	人师顾炎武
主　　编：	张程远
责任编辑：	史创新
出版发行：	苏州大学出版社
社　　址：	苏州市十梓街1号　邮编：215006
网　　址：	http://www.sudapress.com
印　　刷：	苏州工业园区美柯乐制版印务有限责任公司
开　　本：	890 mm×1 240 mm　1/16
印　　张：	13.5
字　　数：	388 千
版　　次：	2015 年 9 月第 1 版
印　　次：	2015 年 9 月第 1 次印刷
书　　号：	ISBN 978-7-5672-1519-1
定　　价：	38.00 元

苏州大学版图书若有印装错误，本社负责调换
苏州大学出版社营销部　电话：0512-65225020

CONTENTS

目录

生无一锥土,常有四海心(代序)
　　——一代人师顾炎武　　　　　　　　　　/1

第一章　生平:辗转流离,逐客无家

第1课　感四国多虞,耻经生寡术
　　——家世及青少年时期　　　　　　　　/3

第2课　从军无限乐,早赋仲宣诗
　　——投身江南民族保卫战　　　　　　　/12

第3课　混迹同佣贩,甘心变姓名
　　——大江南北秘密活动　　　　　　　　/21

第4课　一雁孤飞日,关河万里秋
　　——北游时期的活动　　　　　　　　　/29

第5课　一身长瓠落,四海竟沦胥
　　——生命的最后岁月　　　　　　　　　/40

第二章　学术:博古通今,学行合一

第6课　行万里路,读万卷书
　　——读书、游历、治学与文化坚守　　　/51

第7课　旷世学者,著述宏富
　　——学术思想及学术成就　　　　　　　/61

第8课　论道经邦,远见卓识
　　——思想主张及理论创造　　　　　　　/71

第9课　经年累月,积金琢玉
　　——《日知录》及研读　　　　　　　　/80

第10课　读经考文,考文知音
　　——《音学五书》及音韵学成就　　　　/89

第11课　舆地利病,宅京山水
　　——地理学研究及成就　　　　　　　　/97

I

第三章 责任：普世关怀，仁为己任

第12课 天下兴亡，匹夫有责
　　——爱国情操及天下观　　　　　　　／109

第13课 经世致用，明道救世
　　——开一代朴实学风先河　　　　　　／118

第14课 苍生为念，厚生为本
　　——天地大爱及普世关怀　　　　　　／126

第15课 法德兼采，防治贪腐
　　——廉政思想及耻政主张　　　　　　／135

第四章 道德：怀瑾握瑜，道德楷模

第16课 博学于文，行己有耻
　　——为学宗旨及处世之道　　　　　　／147

第17课 圣贤风范，耿介绝俗
　　——道德风范及人格操守　　　　　　／157

第18课 严谨规范，虚怀若谷
　　——学术修养及虚心精神　　　　　　／166

第五章 文章：有为而言，诗文大家

第19课 诗主性情，文益天下
　　——文学思想　　　　　　　　　　　／177

第20课 诗文并茂，享誉文坛
　　——文学成就及诗文赏析　　　　　　／190

主要参考文献　　　　　　　　　　　　　／203

后记　　　　　　　　　　　　　　　　　／205

生无一锥土,常有四海心(代序)
——一代人师顾炎武

一

顾炎武(1613—1682),学者尊称为亭林先生。

顾炎武是明末清初杰出的思想家、经学家、史地学家、音韵学家和文学家。他是昆山乡贤,是江苏历史上最伟大的思想家,是中华民族的道德楷模,是中国优秀传统文化的集中体现者。他是与孔子、孟子、荀子、董仲舒、二程、朱熹、王阳明、黄宗羲、王夫之齐名的"旷世大儒",也被公认是中国历史上为数不多的通儒之一。在社会发展史上,他是中国社会开始从古代向近代转变的特殊历史时期伟大的启蒙学者;当民族处于生死存亡之际,他是一位坚定而有独特思想和情操的爱国者;在学术发展史上,他是从宋明理学到清代朴学的历史转变中一位继往开来的学术大师;在中华民族道德史上,他是伟岸的丰碑,是一座难以逾越的高峰。

顾炎武为中华民族刻画了两个文化符号:撰写了全民族的座右铭——"天下兴亡,匹夫有责";为华夏儿女画了"耻"这条道德底线。高山仰止,景行行止。他爱国忧民,人格傲岸,学术不朽,思想深刻,世代受人敬仰。他"生无一锥土,常有四海心",所以梁启超称他不但是经师,而且是人师。

顾炎武一生辗转,颠沛流离,颇有传奇色彩。他出身于江东望族,明末家道中落。他受到良好的家庭教育,"贞孝慈母,闺中启蒙","豪迈嗣祖,课以实学"。17岁与归庄共游复社,参加江南读书人的党社运动。27岁"感四国之多虞,耻经生之寡术",彻底放弃科举,从事有益于国计民生的实学。清军下江南后,他奋勇投入江南人民的民族保卫战争,从军苏州,起义昆山。江南抗清斗争失败后,他游于逃社,隐以商贾,在大江南北广泛联络反清复明人士,从事反清秘密活动。为了民族的复兴,他弃家游学北中国,"九州历其七,五岳登其四",出入险阻,广交豪杰,置产章丘,垦荒雁北,两入牢狱,坚贞不渝;与黄宗羲、王夫之等爱国学者心神相通,寂感相应。身处"沧海横流,风雨如晦"的时代,面对清政府"禁网日益密"的专制暴政,他始终沉着坚定地思考时代提出的民族复兴的思想文化主题,上下求索,殚精竭虑,著书立说,以待未来。晚岁定居陕西华阴,卒于山西曲沃。顾炎武北游25年,一路播撒他的智慧,一路扩大他的影响,一路收获他的感悟,一路留下他的文典,真正做到了"行万里路,读万卷书"。江湖上把他看作大侠,相传他创立了民间的会党和金融业的票号。

顾炎武阅历深广,学问渊博,著述宏富,代表作有《日知录》《天下郡国利病书》《肇域志》《音学五书》《韵补正》《亭林诗文集》等。他于经史百家、音韵训诂、金石考古、方志舆地,乃至国家典制、郡邑掌故、天文仪象、水利河漕、兵农田赋、经济贸易等都有精湛研究,被誉为明清学问有根柢第一人。顾炎武为学以经世致用为其鲜明旨趣,认为"君子为学,以明道也,以救世也。徒以诗文而已,所谓雕虫篆刻,亦何益哉?"并以其朴实归纳的考据方法,创辟路径的探索精神,宣告了晚明空疏学风的终结,为清代学术开辟了众多门径。梁启超说:论清学开山之祖,舍亭林没有第二人。他的理论创造和学术成就,使他成为与黄宗羲、王夫之齐名的一代思想文化巨人,并且对于晚清的思想解放运动和社会改革运动产生了深刻的影响。清代教育家、《治家格言》的作者朱柏庐先生说:"秦汉以来,如先生之文者有矣,未有能如先生之学者也。"鲁迅先生对顾炎武十分推崇,他说:"渔仲(指宋郑樵)、亭林诸公,我以为今人已无从企及。"资产阶级革命家章炳麟说顾炎武"耿介、重厚、知耻",是做人的榜样;认为顾炎武的道德学说是医治中国社会道德沦丧之弊病、把革命党人从道德堕落中拯救出来的唯一良药;因仰慕黄宗羲(字太冲)和顾炎武,他把自己的名字改为"太炎"。

顾炎武是一位对民族未来有深远思考的大家,他的诸多治国理念至今仍熠熠生辉。他的学生潘耒称他"学博而识精,理到而辞达",并说"采用其说,见诸施行,于世道人心实非小补"。他十分关注廉政,认为明末统治者长期的政教缺失,导致了士大夫阶层道德沦丧,以至最终失天下而亡其国,故"士大夫之无耻,是谓国耻"。他倡导廉政文化,强调"朝廷有教化,则士人有廉耻;士人有廉耻,则天下有风俗"。他主张为政者必须廉洁奉公,对官员要严格要求,要让制度和法制的警钟时刻在他们耳边响起而使他们提高警惕,发挥其正面潜能。他还主张尊重人才,重用人才;提倡节俭,反对奢华。他重民生,知疾苦,有爱心。他关于民本的诸多思想,不仅领先于那个时代,对今天也有颇多启迪。他在突破君尊臣卑、君贵民贱的传统观念的同时,时时将天下苍生萦念于心。他把中国古代的民本思想发挥到极致,面对当时的社会现实,认为当务之急在于探索"国家治乱之源,生民根本之际",以天下苍生为念,主张藏富于民。

顾炎武具有高度的社会责任意识,一生日月经天,江河行地,为家国天下民生思辨,而非为一己之利。他崇高的爱国主义情操、高度的社会责任意识、独立不苟的人格风范和社会批判精神,至今仍是推进中华民族伟大复兴的精神力量之一。他的思想中充满着对社会公共事务进行深刻而彻底的反省、对既往的思想文化进行冷峻而深沉之反思的哲学精神。他孜孜于明体达用、济世经邦之实学,鞠躬尽瘁,死而后已,充分体现了一个正直的知识分子的天理良知。顾炎武"天下兴亡,匹夫有责"这一爱国豪言,在不同历史时期,曾激励过无数后人的爱国之心、报国之志,成为炎黄子孙共同的爱国心声。他以天下为己任的爱国主义精神将永远激励中国人民。著名顾炎武研究专家、兰州大学赵俪生教授评价顾炎武是"一个爱国的人,一个有学问、有胆识、有谋略、有节操、有才华、有实践的人",并说他是"一个大学者,一个带伟大意义的学者"。曾集半生心血编写出版《顾亭林诗集汇注》的上海复旦大学王遽常教授,在1990年顾炎武纪念馆开馆的时候,草书"继往圣绝学,开万世太平"十字,高度概括了顾炎武的一生。

顾炎武认为为学和为人是不可分割的,认为对社会历史("文")的探讨和操守气节("耻")的砥砺同样重要,并把"博学于文"和"行己有耻"作为士者学行的准则。他认为,博览群书可以积累起厚实学问,但必须用羞恶廉耻之心来约束自己的行为。"博学于文""行己有耻"是顾炎武一生的人格写照,也是他救世的目的与归宿。他一生怀瑾握瑜,始终把自己放在道德规范之下,是公认的道德楷模。他广交朋友又善于交友,始终遵守"苟有一言一行之合于吾者,从而追慕之"的交友原则,以宽厚的品德待人,获得了更多朋友的尊重和支持。学问与人格交相辉映,相得益彰,造就了他在学界崇高的声誉和特殊的地位。

顾炎武是文学史上有影响的著名诗文作家,诗文享誉文坛。他恪守"文须有益天下"的文章之道,且以此作为他品人衡物、臧品轩轾的准绳。他生当乱世,诗歌创作的现实性和政治性十分强烈,形成了沉郁苍凉、刚健古朴的艺术风格和史诗特色,精神骨力接近杜甫,成就很高。曾国藩在编写《十八家诗钞》时,再三考虑是否要收录顾炎武的作品,竟是"惧而不敢,终竟缩手",所以选到金朝的元好问而止,此后六百年就无人入选了。周可真先生说:顾炎武的诗作成就,本质地体现在其寓"名教"之心于"古雅"之辞,历史性地达到了思想性与艺术性的高度统一。陈衍在《石遗室诗话》中说:"古今诗家用事当切者,前推东坡,后有亭林。"顾炎武同时也是出色的散文家,他的书信笔锋锐利,议论文简明宏伟,或揭露清军屠城罪行,或表彰志士高风亮节,读来情景如在目前,人物跃然纸上。

陈祖武先生说:"顾亭林先生一生,给我们留下了甚多宝贵的精神财富。其中最具永恒价值者,恐怕当属先生始终如一的高度社会责任意识。"高度的社会责任意识不但成就了顾炎武的伟大,也是今天我们纪念顾炎武和弘扬顾炎武精神的根本着眼点。认识不到这一点,就无从解读他波澜壮阔的一生,甚至会产生诸多误解和争论。

第一,高度的社会责任意识造就了先生以天下大任为灵魂的爱国情怀。

顾炎武思想的灵魂中有中国传统文化的两个根,一是体现天下大任情怀的家国精神,一是体现天地大爱情怀的民本精神。他深挚的爱国主义情怀、崇高的爱国主义情操和民族利益至上的爱国主义思想的力量和源泉,是其高度的社会责任意识和历史使命感。离开社会责任意识去看顾炎武的爱国主义,就会陷入误区。如有人认为顾炎武的爱国主义就是反清复明,是愚忠,其原因就是忽视了他的社会责任意识。顾炎武的社会责任意识体现在他"天下兴亡,匹夫有责"的天下观中。他认为天下是每一个人的天下,所以才匹夫有责。他着眼的是整个民族的利益和前途,而非一家一姓。他忠于的是天下,是百姓,是民族文化。高度的社会责任意识将他的爱国情怀与爱天下苍生联系在一起,而非狭隘的反抗外族入侵那么简单。他的爱国动机、爱国理念和爱国言行到处闪耀着社会责任意识的光辉,崇高而深沉。他的爱国精神难能可贵,历来为后世弘扬和学习,正源于此。

第二,高度的社会责任意识造就了先生以足行万里为根基的学术精神。

历史上的爱国文人学者屡见不鲜,但终其一生为救国救民而实践奔波者,恐怕只有顾炎武一人。他跋涉关山,调查研究,为国家和民族的未来而思考。他的学术精神恰是其高度社会责任意识的凝结。历来史家及学者纷纷探究顾炎武北游的原因,并为此争论不休。如果从社会责任意识的视角去看他的北游,我们就会少一些猎奇,多一分感触与敬意。世事无常,人生亦无常,顾炎武北游就是这无常的一部分。他不是固守书斋高谈阔论的文人,他的生命与事业是在行走中实现的。由于具有高度的社会责任意识,即使没有家仇国恨,他也会本着这种意识和情怀,在行走中孜孜探求济世安邦之路。行走是顾炎武生命价值的体现方式,没有诗意的浪漫,只有感时忧世的情怀和民族复兴的使命感随之前行。忽略他的高度责任感和使命感,那我们就只能站在远离他的位置去看他,永远都不会清晰,他永远都是孤独的。

第三,高度的社会责任意识造就了先生以行己有耻为底线的傲岸人格。

顾炎武耿介绝俗的人格是大智大勇,敢于担当的体现,而不是独善其身的自娱自乐;是以天下为己任,严于律己的坚守,而不是自高自大的唯我独尊。他的耿介绝俗不是性格的偏执,而是建立在高度社会责任意识基础上的一种人生信念,反映出他天下大任的高尚情怀和天地大爱的忧世心情。先生认为"耻"为万恶之渊薮,是社会罪恶的根源,因此把"行己有耻"作为人格操守的底线和关系国家前途和民族命运的根本。顾炎武一生傲岸的人格特征,始终与高度的社会责任意识相伴。他始终以儒家君子甚至圣人的人格标准约束自己的治行,成为无可争议的儒林楷模。顾炎武的傲岸人格与他高度的社会责任感相辅相成,相得益彰。没有高尚的人格,不可能有高度的社会责任意识,反之亦然。这是先生一生给我们的启示。

第四,高度的社会责任意识造就了先生以天地大爱为核心的远见卓识。

顾炎武的思想之所以卓越不凡,是因为他视国家和民族的利益为生命和人生价值的归宿。济世经邦居于顾炎武价值观的核心位置,是顾炎武思想的本质特征和根本属性。与先贤相比,顾炎武对社会公共事务的关注更为彻底,且贯穿其终生。他的远见卓识固然与他的阅读积累和超凡的才华与智慧密不可分,但最根本的还是源于先生高度的社会责任感和历史使命感。高度的社会责任意识是他博大精深思想的原动力,更是其思想历久而弥新的关键所在。一个学者的社会责任意识越强,他的思想才越有价值。一个只为自己的人,纵然有四海才华,其思想可能盛极一时,但终究逃不过历史的大浪淘沙。

我们很难站在和顾炎武一样高的精神境界去认识他,但也只有努力去达到他的境界,才能接近认识一个真正的顾炎武。而要达到他的境界,首先我们自己就应该具有高度的社会责任意识,除此以外的途径,终将徒劳无益。

为落实国家、省中长期教育改革和发展规划纲要精神,深化基础教育课程教学改革,推进普通高中特色建设,江苏省教育厅、财政厅决定从2011年起启动普通高中课程基地建设,旨在不断改进教学方式,引导学生高效学习,促进教师专业成长,推动学校特色发展。

2014年9月建校九十周年之际,我校启动课程基地创建工作。王志家校长征求意见时,我提出了自己长期关注的问题,即当今教育出现的问题大多源于社会责任意识教育的缺失,家庭教育、社会教育和学校教育莫不如此。我强调,社会责任意识教育属于深层德育,也是德育的根本,忽视社会责任意识教育,德育终将流于形式,效果甚微。我进而建议,建设顾炎武思想课程基地,用顾炎武的高度社会责任意识浸润师生,为探索深层德育探寻一条看得见摸得着的新路,为学校德育找到一个抓手,抛弃长期以来德育的空对空模式。我的提议得到王校长的高度认可,且在学校办公会议表决时全票通过。学校内部极为平常的这个工作决定,影响却远超我们的想象。先是得到昆山市教育局的充分肯定,将其列为2015年昆山教育的实事工程;继而昆山市委宣传部、昆山市财政局、昆山市顾炎武研究会、顾炎武故居、苏州市名人馆等部门或单位也表示鼎力相助。苏州市教育局更是高度重视,及时将申请报告送交省教育厅基教处。课程基地的两位顾问,南京大学许苏民教授和苏州大学周可真教授对我们的工作十分认同,许先生说这是一件功德无量的事,周先生说顾炎武应该成为昆山的第一张文化名片,认为顾炎武的诸多思想具有永恒价值,值得弘扬和普及。两位先生还以实际行动支持我们,百忙之中于2015年5月来校对课程基地的核心团队进行专业指导。著名书法家苏泽立还专门为课程基地题字。在此过程中,我们要感谢的人太多,但我们最应该感谢的还是顾炎武,是先生留下的宝贵精神财富唤起了社会各界对社会责任意识教育缺失的反思。

目前,顾炎武思想课程基地已经通过江苏省教育厅基教处的答辩评审,正式确定为省级课程基地。

"一切历史都是当代史",历史会随着时代的变化被人们不断评估。21世纪,我们应该重估顾炎武的价值。先生和他的思想,足以成为我们这个时代的一面镜子。我们今天面临的诸多社会问题,都可以从顾炎武那里找到一把钥匙。

没有人可以独自生活,每个人都离不开社会,都有对他人关怀的义务。对社会负责,对他人负责的责任感,就是社会责任意识。与之相对,就是自私自利,即仅仅为满足自己的欲望而生活。任何时代都需要一个有高度社会责任意识的群体来支撑,一旦这个群体的规模低于警戒线,便是顾炎武所说的"亡天下";当恶化到社会的整体都没有责任意识的时候,国家和民族也就失去了凝聚力,亡国也就在所难免了。当前,我国面临多种危机,诸如生态危机、人文危机、社会危机、精神危机、信仰危机、价值危机等,其根源,就是社会责任意识的严重缺失导致的个人私欲无限膨胀。换言之,现今一些领域和一些地方道德失范,是非、善恶、美丑界限混淆,拜金主义、享乐主义、极端个人主义有所滋长,见利忘义、损公肥私时有发生,不讲信用、欺骗欺诈成为社会公害,以权谋私、腐化堕落严重存在,正是社会责任意识缺失造成的严重后果。由此观之,我们以宣传普及顾炎武思想为切入点和载体培养师生的社会责任意识是有切实的现实意义的。

仰慕顾炎武者众,研究顾炎武者多,但把顾炎武及其思想作为高中生的必修课程的,我们是开创者,其过程必定困难重重,困惑多多,但只要秉承先生严谨精细的治学态度,发扬先生踏实稳健的处世情怀,遵循先生学行并举的实践精神,我们的工作便不会迷失方向,就会充满动力。相信我们的努力必将硕果累累,不负众望。

顾炎武的思想、思维和行为方式影响着一代又一代的中国人。我们期待,通过对顾炎武的了解和学习,能够增益我们的生活智慧,改善我们的思维方式和行为方式。让我们以顾炎武为楷模,仰先贤学先贤,做一个爱祖国、爱人民、爱学习、爱思考、有道德、有远见、有智慧、有作为的人,为实现中华民族伟大复兴的中国梦增光添彩!

张程远
2015年9月谨识于顾炎武的家乡——江苏昆山

第一章

生平：辗转流离，逐客无家

第1课

感四国多虞,耻经生寡术

——家世及青少年时期
(32岁以前,1613—1644年)

> 顾炎武跨多个时代,他的贡献在于很多观念经得起时代的考验,为后人所受用。
> ——葛剑雄
>
> 顾炎武生活的时代,是一个需要大儒的时代,也是一个孕育大儒的时代。
> ——陈祖武

17世纪的中国,明亡清兴,王朝更迭,形成中国古史中又一个剧烈动荡的时代。顾炎武(1613—1682)生活的正是这个时代。在这一时代,中国社会近代转型的历史必然性,尤其是经济发展的必然性,不但没有通过偶然性为自身开辟前进的道路,反而因一系列不可思议的偶然性而使历史走向了倒退,发生了逆转。

一、晚明剧变,扑朔迷离

明朝(1368—1644)是中国历史上最后一个由汉族建立的中原王朝,历经12世,共16位皇帝,国祚276年。

> 公元1368年,明太祖朱元璋在南京应天府称帝,国号大明。因明朝的皇帝姓朱,故又称朱明。明初定都于应天府,1421年迁都至顺天府,而在应天府设立南直隶。明朝前期国力强盛,经历洪武之治、永乐盛世、仁宣之治、弘治中兴等治世,国势达到全盛,疆域辽阔。中后期由于政治腐败和天灾,国力衰退,爆发明末民变。1644年,李自成攻入北京,崇祯帝朱由检于煤山自缢。明朝宗室在江南建立南明政权,随后清兵趁乱入关,击败李自成农民军和南明政权,1662年永历帝朱由榔被杀,南明覆亡。1683年清军攻占台湾,明朝最后一股抗清势力被消灭。

明朝手工业和商品经济繁荣,部分地区出现商业集镇和资本主义萌芽,文化艺术呈现世俗化趋势。根据《明实录》所载,明朝人口峰值为7185万,但大部分学者认为实际逾亿,也有学者指出晚明人口接近两亿。

扑朔迷离的历史偶然性,充斥着晚明中国社会历史的舞台。一个帝王的个人癖性,如万历皇帝朱翊钧对他个人的小金库的经营;一个士兵的偶然境遇,如陕西驿卒李自成因驿丞的桃色事件败露而被迁怒裁撤下岗;一件寻常的争风吃醋的争斗,如山海关总兵吴三桂的"冲冠一怒为红颜";等等。这些,仿佛都成了关系国家和民族命运的关键性因素。一个与西欧各国的近代社会转型几乎同步、已经走上了改革开放之路的朝气蓬勃的民族,忽然被笼罩在以清代明的一片血雨腥风之中。被戏称为"如果史学"一派的历史学家们纵然再善于想象,也很难设想出比这一切更离奇、更不可思议的事情来。在中国传统社会中,一般说来,当皇权专制主义的统治正常运行的时候,社会生活中的一切仿佛都在按照机械的必然性运作,任何个人的癖性和生活小事都无关乎历史的大局;而在这一统治脱出其常轨、社会出现异乎寻常的历史性异动的时候,历史的偶然性也就越多,作用也就越大。一颗小小的火星也会燃成燎原之火;一件在平时是无足轻重的小事也会成为引发巨大历史事变的因素。顾炎武所生活的正是这样一个时代。

有识之士皆云,明朝并非亡于崇祯(1628—1644),而是亡于万历(1573—1619)。有明三百年,偏偏到万历出了明神宗朱翊钧这么一个"一切向钱看"的皇帝。在明代的帝王中,爱钱成癖,是万历皇帝特有的个性,十分偶然。然而,这一事实出现的本身,却也多少反映了当时社会的经济变动和时代的矛盾。而李自成被裁撤下岗以后的命运和吴三桂的"冲冠一怒为红颜",更折射出晚明错综复杂的社会矛盾,以及明王朝从政治危机到民族危机的历史演变过程。今天的人读晚明史,尚且不免会有"怅望千秋一洒泪"的悲凉之感,顾炎武生当以清代明的剧变时期,又该是何种心情!

二、顾氏家世,亭林来历

锦绣江南,吴门自古繁华,古人认为此地钟灵毓秀之气荟萃,有"五柳三泖"之胜。昆山千墩镇(今江苏昆山千灯镇),正处于江南水乡的"五柳三泖"之间。此地西通苏州,东临松江,南连吴江、杭州,舟楫往来,甚是便捷。

电视剧《顾炎武》剧照

明神宗万历四十一年五月二十八日,即公元1613年7月15日,顾炎武出生在千墩镇。

顾炎武,乳名叫藩汉,字宁人。初名顾绛,字忠清;入学时更名顾继绅,加入复社后复名顾绛;清军下江南后,他奋勇参加了江南人民的民族保卫战争,因敬仰南宋著名民族英雄文天祥的门生王炎午的忠贞品格,改名顾炎武,又作炎午,又字石户。后曾一度化名圭年,号涂中,以经商为掩护,在大江南北广泛联络反清复明人士,从事反清的秘密活动。在此期间,又曾使用过蒋山佣、顾佣、王伯齐等化名,号称"鹰扬弟子"。学者尊称顾炎武为亭林先生。

顾氏为江东望族,民间素有"江南无二顾"之说。据顾炎武自云,南朝齐梁之际的大学者顾野王是其始祖。但确切可考的顾家族系传承,只能上溯至五代之际,此时顾氏家族自苏州迁徙到安徽滁州。北宋欧阳修写《醉翁亭记》,所谓"环滁皆山也",就是这个地方。宋朝南渡时,顾氏后裔顾庆迁徙到江苏海门的姚刘沙(今上海崇明县),顾庆的次子顾伯善又迁徙到昆山县的花蒲保,九传到顾鉴这一代,方才迁到昆山县的千墩镇。顾鉴的儿子顾济就是顾炎武的高祖父。

顾野王(519—581),吴郡吴县(今江苏苏州)人,南朝梁、陈间官员,是著名的文字训诂学家、历史地理学家。他对汉字楷书进行了总结和规范,被誉为"楷书宗师"。

今天上海南部的金山区有亭林镇,古时名为"十二家棣"。有一天,心存退隐意愿的顾野王踏上了这片土地。他被这里如诗如画的乡村田园风光深深吸引,遂觉心神舒展。成片的梧桐树林和清澈的河水湖泊,让他驻足不前。顾野王便在此搭庐而居,平日于林间凉亭惬意读书,间或编修《舆地志》。于是凉亭与树林遥相呼应,文人墨客慕名而来,时常在林间亭中雅聚,"顾亭林"之名由此流传开来。而后世之人索性省去了"顾"字,只叫"亭林"了,亭林之名便由此而来。据《江南通志》载:"顾野王宅,在华亭县亭林镇。北有湖曰顾亭湖,南有林曰顾亭林,今宝云寺其址也。"后世许多文人学者为此地灵秀风水吸引,接踵隐居亭林,为亭林增添了隽华气象,留下了诸多历史胜迹。

顾炎武对顾野王十分推崇。他的朋友和学者尊称顾炎武为"亭林先生"。顾炎武的家乡昆山,为纪念顾炎武,以"亭林"命名了亭林园、亭林路、亭林中学和亭林新村等。

顾炎武出生后,祖父给他起名顾绛,又给他起了个乳名叫藩汉。他一出生,就被过继给叔祖父顾绍芾为孙。顾炎武的曾祖父顾章志有三个儿子:大儿子顾绍芳,即顾炎武的本生祖父;二儿子顾绍芾,即顾炎武的继嗣祖父;三儿子顾绍芬。顾绍芳的儿子顾同应娶妻何氏,有五子四女,顾炎武是他的第二个儿子。顾绍芾之子顾同吉则早卒,因无子嗣,故将顾炎武过继为其嗣子;而顾同吉的未婚妻王氏亦自愿到顾家为其守贞,故王氏即是顾炎武的嗣母。

五代之际,顾家自吴徙于滁。宋南渡时,有名庆者,又徙海门之姚刘沙。庆次子伯善,再徙昆山之花蒲保。伯善九传至鉴,始迁昆山县之千墩镇。鉴生济。济生章志。章志生绍芳和绍芾。绍芳生同德和同应;绍芾生同吉。同应娶何氏,生五子四女,炎武其仲子也;同吉早卒,未婚妻王氏归顾守贞,抱炎武为嗣子。(周可真《顾炎武生平事略》)

顾炎武三岁时,曾患痘疮,病愈后,留下了后遗症。有人说他一目已眇,也有人说他瞳仁四周有白色圈翳,还有人说他"目固不眇"。以他的嗣子顾衍生的说法,此次病患严重损伤了他的右眼的视力,却是可以肯定的。"其双瞳子中白而边黑,见者异之。"(全祖望《亭林先生神道表》)

三、蒙学举业,课以实学

家庭教育对顾炎武的一生学行有着极大的影响。

顾炎武的嗣母王氏是一位大家闺秀,其祖父王宇是明朝的辽东太仆寺卿,父亲王述是国子监的太学生。王氏是一位受过严格的传统道德教育的女性,也是一位有良好的文化教养的女性。她从小读书识字,尤好《史记》《资治通鉴》和明代政纪诸书。

闺中启蒙

她孝敬公婆,为了治好婆婆的病,她曾经悄悄地割下自己的一只手指做药引为婆母治病。这在今天看来固然是不懂得科学的无知行为,但在古人那里,却是出自真诚的道德意愿。对于顾炎武,她像对待亲生儿子一般慈爱,顾炎武三岁时患病,生命垂危,幸亏王氏精心照抚,方才保住了性命。她白天侍候公婆,抚育年幼的顾炎武,还亲手纺纱织布;晚上就在油灯下读历史书,直到深夜。顾炎武六岁时,王氏就给他讲授儒家经典《大学》,还经常给他讲说刘基、方孝孺、于谦等人的故事。后来,顾炎武将嗣母王氏未婚守节、断指疗亲的事写成一篇《贞孝事状》,由巡按御史代为奏达朝廷。崇祯皇帝知道后,下旨表彰王氏"贞孝",并给予"建坊旌表"的嘉勉。贞女王氏的事迹,后被编入《康熙昆山县志稿》。

> 《大学》原为《礼记》第四十二篇。宋朝程颢、程颐兄弟把它从《礼记》中抽出,编次章句。朱熹将《大学》《中庸》《论语》《孟子》合编注释,称为《四书》,从此《大学》成为儒家经典。大学者,高深博学之道也。"大",通"泰"或"太","大学"即为"泰学",极言境界之深。大学之道,在明明德,在亲民,在止于至善。其核心在于身修,而政治、道德目标在于家齐、国治、天下平,而这些正是中国古代读书人远大的政治理想。

顾炎武的继嗣祖父顾绍芾(1562—1641),更是一位有着非凡的个性、才气和见识的人。他字德甫,号蠡源,又号梦庵,"性豪迈不群","天才骏发,下笔数千言";与著名的"公安派"诗人袁宏道志趣相投,互有信札往来、诗文唱和。虽然在科举的道路上很不得志,只能以生员而入国子监读书,取得了一个监生的资格,但当时的名公巨卿都很欣赏他的才气和见识。他还写得一手好字,"书法盖逼唐人",就连江南著名的书画家董其昌都说:"见德甫笔墨,令人有退舍之想。"他从50岁以后,不再参加科举考试,把主要精力用于经世致用之学的研究:"取全史所记朝章、国典、地形、兵法、盐铁、户口,悉标识之,以备采择,尤注心节义之行,详举其事,以奖励末俗。"他十分关心时局的变化,注重研究当代政治。明朝有一种叫"邸报"的政府公报,最初只是靠抄写流传,从崇祯十一年(1638)起才开始铅印出版,颇似今日之报纸。从万历四十八年(1620)至崇祯九年(1636)的17年间,顾绍芾为保存当代史料,坚持将每一期邸报中的重要内容抄写下来,细字草书,一纸二千余字,共装订成25册。晚年手不能书,尚取邸报标识其要。顾绍芾著有《庭闻纪述》《梦庵诗草》等著作。他的学问和见识,对于顾炎武的影响尤为巨大。

> "邸报"又称"邸抄"(亦作"邸钞"),并有"朝报""条报""杂报"之称,四者皆用"报"字,可见它是用于通报的一种公告性新闻,是专门用于朝廷传知朝政的文书和政治情报的新闻文抄。自汉、唐、宋、元、明直到清代,邸报的名称虽屡有改变,发行却一直没有中断过,其性质和形式也没有多大变动。

明天启元年(1621),顾炎武9岁,后金兵攻取沈阳、辽阳,四川土司奢崇明亦起兵造反。10岁时,后金军队攻陷广宁,贵州土司安邦彦、山东白莲教首领徐鸿儒亦相继举事。严重的外患和内忧刺激着顾绍芾敏感的心灵,他指着庭院中的草根对顾炎武说:"尔他日得食此幸矣。"于是便叫顾炎武读《孙子》《吴子》等古代兵书,以及《左传》《国语》《战国策》《史记》等著作。11岁时,祖父又亲自给顾炎武讲授《资治通鉴》。15岁学完《资治通鉴》后,祖父又叫他读邸报,关心时事朝政。顾炎武23岁时,因为应付科举考试的需要,乃"独好五经及宋人性理书"。此时,又是祖父教导他:"士当求实学,凡天文、地理、兵农、水土,及一代典章之故不可不熟究。"顾绍芾自幼即随其祖父宦游广西、山东、南京等地,熟谙嘉靖、万历以来政局变化的情形。明末党争激烈,但两党的头面人物却都是顾绍芾这位在野名士的朋友,因而"两喜两怒之言,无一不入于耳,而具晓其中曲折"。他的这些见闻,也时时对顾炎武谈及。

顾炎武14岁那年考入昆山县学,成了一名生员,即秀才。府试成绩颇佳,受到知府寇慎的夸奖和勉励。对此,顾炎武一直铭记在心,54年后顾炎武游陕西,还专门到寇慎的墓前祭拜。

顾炎武青少年时代的读书生活是很优越的,王昶在《与汪容甫书》中说:"闻顾亭林先生少时,每年以春夏温经。请文学中声音宏敞者四人,设左右坐,置注疏本于前,先生居中,其前亦置经本。使一人诵而己听之,遇其中句不同或偶忘者,详问而辩论之。凡读二十纸,再易一人。四人周而复始,计一日温书二百纸。《十三经》毕,继温'三史'或《南北史》。"

四、归奇顾怪,共游复社

顾炎武的青年时代,正是大江南北读书人结社活动最为活跃的时期。顾炎武17岁时就与同里好友归庄参加了复社。

> 明代以八股文取士,读书士人为砥砺文章,求取功名,因而尊师交友,结社成风,江浙一带风气尤盛。万历后期,张溥等人痛感"世教衰,士子不通经术,但剽耳绘目,几幸戈获于有司,登明堂不能致君,长郡邑不知泽民",所以联络四方人士,主张"兴复古学,将使异日者务为有用",故名曰"复社"。复社带有浓烈的政治色彩,成员主要是青年士子,声势遍及海内。该社春秋集会时,衣冠盈路,一城出观,社会影响极大。主要集会有吴江尹山大会(1629年)、南京金陵大会(1630年)和苏州虎丘大会(1633年)。

归庄,与顾炎武同年出生,是明代著名散文家归有光的曾孙,为人豪迈尚气节,行好奇,世人目之为狂生。顾炎武与里中人多不合,唯与归庄相友善,人称"归奇顾怪"。"自余所及见里中二三十年来号为文人者,无不以浮名苟得为务。而余与同邑归生,独喜为古文辞,砥行立节,落落不苟于世,人以为狂。"(顾炎武《吴同初行状》)这大概可以说是对"归奇顾怪"最权威的解释了。"奇""怪""狂",都是"不苟于世"即"耿介"之意。

顾炎武和归庄的文章写得都很好,受到晚明大学者钱谦益的称赞。

钱谦益(1582—1664),常熟人,因其住址而称虞山,万历三十八年(1610)探花。作为明末清初文学领域的集大成者,钱谦益领导这一时期的文坛长达50年。在政治上,钱被视为东林党或复社人士。在明朝时四次出仕,官至礼部尚书。后在南京降清,任礼部侍郎五个月,被视作"贰臣"。辞官后投入反清复明运动,为遗民义士接纳,更成为联络东南与西南抗清复明势力的总枢纽。后钱谦益的诗文被乾隆帝下诏禁毁。他身上反映了明清之际一些文士人生态度的矛盾。钱谦益八十华诞时,归庄送寿联云:"居东海之滨,如南山之寿。"黄宗羲在钱逝世后所作的《八哀诗》中,仍将其引为"平生知己",且肯定其"四海宗盟五十年"的学术地位。顾炎武至死不仕清廷,不愿列名于钱的"门生",但仍肯定其是"文章宗主"。

砥砺名节,加入复社

人师 顾炎武

顾炎武晚年回忆年轻时参加复社活动的那段时光，说："老年多暇，追忆曩游，未登弱冠之年，即与斯文之会，随厨俊之后尘，步扬、班之逸躅，人推月旦，家擅雕龙，此一时也。"（《答原一公肃两甥书》）顾炎武把复社比作东汉的太学生运动，把复社的领袖人物比作当年的"八俊""八厨"，自云"随厨俊之后尘"，鲜明地道出了复社所具有的政治性质。虽然当时顾炎武还不到20岁，但他所结交的，都是"八俊""八厨"一类的人物。如杨廷枢（杨维斗），早在天启年间就发动和领导了苏州学生和市民反对朝廷逮捕东林党人的起义；如陈子龙，长顾炎武十几岁，亦是著名的一代豪杰，钱谦益和瞿式耜遭阉党余孽陷害而被捕下狱时，他发起营救；方以智、冒襄、侯方域、吴应箕号称"复社四公子"，都以文学豪迈著称，顾炎武与方以智和冒襄也是很要好的朋友。顾炎武在《日知录》中，对东汉太学生运动极尽赞美之辞，可见他多么怀念这段青年时代的美好时光。

归奇顾怪联（俞建良书）

> 太学是中国古代的国立大学。东汉后期，士大夫中形成了以品评人物为基本形式的政治批评的风气，当时称为"清议"。太学是清议的中心。太学清议，是中国古代社会舆论影响政治生活的比较早的史例。东汉桓帝、灵帝时，宦官专权，世家大族李膺等联结太学生抨击朝政。东汉太学生的领袖人物品德高尚，时称君子，有"三君""八俊""八顾""八及""八厨"等外号。三君指窦武、刘淑、陈蕃三人，为"一世之所宗"，即值得世人学习的榜样。八俊指李膺、荀昱、杜密、王畅、刘佑、魏朗、赵典、朱㝢八人，为"人之英"，即人中英杰。八顾指郭林宗、宗慈、巴肃、夏馥、范滂、尹勋、蔡衍、羊陟八人，为"能以德行引人者"，即道德可以为他人榜样。八及指张俭、岑晊、刘表、陈翔、孔昱、苑康、檀敷、翟超八人，为"能导人追宗者"，即可以引导其他人学习三君等榜样。八厨指度尚、张邈、王考、刘儒、胡母班、秦周、蕃向、王章八人，为"能以财救人者"，即不惜家财，救助有难者。

在复社中，学子们也像东汉的太学生们一样，竞为高论，上议执政，下讥卿士，放言无忌。谁的见识高，谁的名气也就大。顾炎武自云年渐长以后"从四方之士征逐为名"，又自云"少年好游，往往从诸文士赋诗饮酒，不知古人爱日之义"（《三朝纪事阙文序》）。这也是当时的实情，是晚明士林普遍流行的风气。

复社人士除了讲求气节、以天下为己任以外，还有名士风流的一面。明朝灭亡后，当年的名士们无不对自己的年少放荡有懊悔之意。顾炎武将他32岁前写的诗全部焚毁，并不是没有原因的。

顾炎武青年时代经常来往的朋友，除了归庄以外，还有比他小七岁的吴其沆、小两岁的族叔顾兰服，以及外甥徐履忱。顾炎武说吴其沆"于书自左氏，下至南、北史，无不纤悉强记。其所为诗多怨声，近《西洲》《子夜》诸歌曲"。《西洲曲》和《子夜歌》，都是缠绵悱恻的六朝情歌。他们五人都很能喝酒，"各能饮三四斗"（顾炎武《吴同初行状》）。据顾炎武后来回忆说，那时，"天下嗷嗷方用兵，而江东晏然无事。以是余与叔父洎同县归生，入则读书作文，出则登山临水，间以觞咏，弥日竟夕"（《从叔父穆庵府君行状》）。

五、放弃举业，遭受家难

崇祯十一年（1638），顾炎武26岁。这一年，有一件很重要的事情对顾炎武影响很大，这就是他的好友、复社名士陈子龙主持编撰的《皇明经世文编》的问世。这是一部洋洋五百余卷的巨著，主持者除了陈子龙以外,还有松江的另外两位复社名士徐孚远和宋徵璧。参加该书选辑的有 24 人,也全是松江人士。列名参阅的有 142 人,则是分散在各地的著名学者。该书的编撰问世,是晚明江南学风转变的一个重要标志,也是江南学者转向经世致用之学的一个重大成果。这样重要的事情,无疑对顾炎武在一年后转而研究经世致用之学产生了很大的影响。

> 《皇明经世文编》是一部五百余卷的巨著。此书以人为纲,以年代先后为次,涉及的范围颇为广泛。与经济有关的有理财、赋税、农政、屯田、漕运、仓储、水利、救荒、户政、商税、盐课、茶课、钱币、市舶、矿政等。这些论文对于时政的批评多能切中要害,而所提出的解决办法,有的则有一定的创见。

崇祯十二年(1639),27 岁的顾炎武参加科举考试再次落榜,从此他不再"从四方之士征逐为名",而正式开始从事经世致用的学术研究和著书立说的工作。自云:"崇祯己卯,秋闱被摈,退而读书。感四国之多虞,耻经生之寡术,于是历览二十一史以及天下郡县志书、一代名公文集及章奏文册之类,有得即录,共成四十余帙。一为舆地之记,一为利病之书。"(《天下郡国利病书序》)这里所说的"舆地之记"和"利病之书",即后来整理编撰成书的《肇域志》和《天下郡国利病书》。其《肇域志序》云:"此书自崇祯己卯起,先取《一统志》,后取各省府州县志,后取二十一史参互书之。凡阅志书一千余部,本行不尽,则注之旁;旁又不尽,则别为一集曰《备录》。"从顾炎武当时规划的这两部书的规模来看,他比陈子龙的气魄更大:《皇明经世文编》只限于明代文献,而《肇域志》和《天下郡国利病书》的编撰则是一项"坐集千古之智"的工作。

但是,就在顾炎武刚开始从事这项真正有意义的工作才一年多的时候,一场家族内部为争夺财产而引起的卑鄙的"窝里斗",也就是顾炎武所说的"家难"发生了。崇祯十四年(1641),顾炎武 29 岁的时候,他的继嗣祖父顾绍芾去世,顾炎武作为唯一的继嗣的孙子,理应继承家业。然而,出自同一曾祖的从叔顾叶墅和从兄顾维却看得眼红,要来争夺家产,于是便发生了一系列的"家难"。先是纵火,继之以抢劫,再就是买通官府打官司,最后是暗杀,企图置顾炎武于死地。

明亡前的三四年间,顾炎武所经历的这场家难和田产纠纷,给他一生留下了巨大的创痛。后来顾维曾写信给顾炎武,推说这一切"主持有人,同谋有人,吾无与焉"。顾炎武随即写了一封义正词严的回信,怒斥其与顾叶墅合谋纵火、抢劫、暗杀等罪恶行径,列举了这些罪恶行径给自己和家庭所造成的巨大伤害。顾炎武在《答再从兄书》中说:

开械睹书,词,侄之词也;笔,兄之笔也。不答侄而答兄,从质也。乃报书曰:

孰使我六十年垂白之贞母,流离奔进,几不保其余生者乎?

孰使我一家三十余口,风飞电散,孑然一身,无所容趾者乎?

孰使我遗赀数千金,尽供猱攫,四壁并非己有,一簪不得随身,绝粒三春,寄飡他氏者乎?

孰使我天性骨肉,并畤萋斐,克恭之弟,一旦而紾兄,圣善之母,一旦而遂子,诼人罔极,磨骨未休,怨不期深,伤心最痛者乎?

孰使我诸父宗人,互寻衅隙,四载讼庭,必假手剪屠而后快者乎?

孰使我四世祖居,日谋侵占,竟归异姓,谢公辞世,不保五亩之家,欲求破屋数间而已,亦不可得者乎?

孰使我倍息而举,半价而卖,转盼萧然,伍子吹箎,王孙乞食者乎?

孰使我一廛不守,寸晦无遗,夺沁水之田,则矫烝尝为号;攘临川之宅,则假庙宇为辞,巧立奇名,并归鲸吞者乎?

孰使我旅人焚巢,舟中遇敌,共姬垂逮于宋火,子胥几殒于芦溏者乎?

孰使我父母之国,邈若山河,凡我姻友,居停半宿,即同张俭之辜,接话一茶,便等陈容之僇,绝往来,废贺吊,回首越吟,凄其泪下者乎?

孰使我岁时蜡腊,伏地悲哀,家人相对,含酸饮泣,叫天而苍苍不闻,呼父而冥冥莫晓者乎?

夫人生一世,所怀者六亲也,所爱者身也,所恋者田宅货财也,所与居者姻旧乡曲也。有一于此,必不忍出一旦忿悁之行,而决然与人为难也。举四者而无望焉,情知其必至于死亡,则将有激焉而不暇顾。承来教谆谆,岂不知弟之与兄分属同曾,恩叨再从,第念人之生也,有母而后有兄,母贻危且死,不得顾兄矣;有身而后有兄,身将死,不得顾兄矣!为我也兄者,则必不为主人也暴客;为主人也暴客者,则不为我也兄;人之暴客而我以为兄,不得顾兄矣!今兄曰:主持有人,同谋有人,吾无与焉。不思燎原之焰,始自何人?虎项金铃,当问系者。况宝玉大弓,未归鲁库,法书名画,尚在桓玄;苟曰事不繇身,何异盗钟之惑?且贞母何辜,遂同抄没;郎藏孤有罪,未至溢亡,共有人心,得无哀痛!伏冀翻然易虑,"取之以天,还之以天",俾老母得以粗粝终天年,而八口不至填沟壑,其何乐乎与同枝为不戴之雠也!昔华元告楚,不隐国情,今计屈途穷,久生亦复何聊!而承命必索报音,敢不具布下忱,仰尘台听,兄实图之。

顾炎武的这封信,字字句句皆痛心疾首,实为研究他生平行事的一段重要文字,不可忽视。

在频繁发生"家难"的岁月中,顾炎武曾几次搬家。纵火案发生后,顾炎武不得不侍奉老母搬家到离昆山千墩镇80多里的常熟语濂泾。不久,语濂泾家中遭到抢劫,又不得不搬回千墩。到崇祯十七年(1644)春,千墩又住不下去了,于是又搬家到常熟县城东南三十里的唐市。住了不久,就又不得不回到语濂泾居住。同年十月回到老家千墩镇,但刚刚住下,又遭抢劫,只好重新回到语濂泾。清军占领江南后,穷凶极恶的顾维在兵荒马乱中被清军杀死,但其子顾洪徽又接着干起了其父的勾当,寻衅闹事不已,目的是夺取顾炎武家的不动产。据崇祯十七年顾炎武写给归庄的信,当时顾炎武被"家难"闹得"百忧熏心"。其实,又岂止是百忧熏心,简直是创巨痛深,险些丧命!后来,顾氏家族的内斗又引起了恶霸地主叶方恒的介入,如果阴谋得逞,后果将不堪设想,这是后话。在中国传统社会的大家族中,这种事情是经常发生的,而明清时期的江南尤甚。一些平时温情脉脉的书生、道貌岸然的学者,到了争夺财产和利益的时候,就什么丑恶卑劣的手段都使得出来。钱谦益去世后,他的侄子,也算是一位"著名学者"的钱曾(钱遵王)和家族中的一批无赖子弟逼得柳如是上吊自杀,就是后来发生的另一显例。

> 1641年,钱谦益摆脱家庭干扰及世人非议,与青楼女子柳如是结为伉俪,并花费巨资为她建造了一座精美典雅的小楼——绛云楼,楼中藏书为江南之冠。柳如是在嫁到钱家后的二十多年中,一直掌握着钱家的经济大权,这让钱氏家族中的人不能容忍。钱谦益一死,抢夺家产的斗争就爆发了。钱家的族人钱朝鼎指使钱曾等人趁家主新丧,大吵大闹,逼迫柳如是交出房产钱财,当即夺田六百亩,僮仆十数人。六月二十八日,又向柳如是逼索钱财三千两,"有则生,无则死。毋短毫厘,毋迟瞬息"。登堂入室,摩拳擦掌,秽语恶声,扬言要把柳如是唯一的女儿及入赘的女婿打出家门。但绛云楼失火后(1650年,绛云楼不慎失火,藏书焚毁),钱家财力大减,钱谦益重病时服药都是向药铺赊账。即使有钱,以柳氏之傲骨,又怎容得这伙无耻刁徒如此强横?但她毕竟是一个失去靠山的弱女子,既无力抗争,也不甘妥协,最后只有走上绝路。

顾炎武之所以对中国人的"窝里斗"的劣根性特别痛恨,除了对政治上的"窝里斗"导致亡国的惨痛教训的总结外,也与他亲身经历的多次"家难"有关。

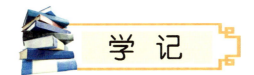

学 记

● **发人深省**

本课最能使你有所启发的两句话是：

1.

2.

● **合作探究**

1. 家庭教育对顾炎武有怎样的影响？

2. 人应该有怎样的财富观？

3. 如何看应试与成才？

● **责任意识**

通过本课学习，你认为一个人应该具有怎样的社会责任意识？

● **启示录**

1. 本课对你为人的启示是：

2. 本课对你为学的启示是：

第 2 课

从军无限乐,早赋仲宣诗

——投身江南民族保卫战

(32—35 岁,1644—1647 年)

> "乙酉四论"是顾炎武为战胜清军、匡复明朝而特为福王政府出谋划策之文,既表达了他的拳拳爱国之心,也反映了他当时的经济、政治和军事思想。
>
> ——周可真
>
> 《钱法论》是"乙酉四论"中的最后一篇文字。这篇文章与《田功论》相辅而行,亦专在探讨弘光政权所面临的经济问题。通过总结历代钱法变迁,尤其是有明一代钱法利弊得失,顾炎武认为,明代钱法固然称善,但钱币的流通则最为混乱,症结在于国家权力旁落,行钱不畅。因而迄于晚明,酿成"物日重,钱日轻,盗铸云起"的严重局面。
>
> ——陈祖武

1644 年,朱明王朝覆亡,清军入驻北京,江山易帜,正朔顿改。此一消息传到江南,人心震恐,一片混乱。当此国家、民族危亡的历史关头,顾炎武毅然投身时代洪流。

一、臣事弘光,撰作四论

明崇祯十七年三月十九日(1644 年 4 月 25 日),李自成率农民军攻陷北京,明思宗朱由检在煤山(景山)自缢身亡。农民军进京后,迅速腐败,李自成的一个部将竟然霸占了明朝山海关总兵吴三桂的宠妾陈圆圆。吴三桂"冲冠一怒为红颜",引清军入关。李自成出京迎战,大败,不得不退回北京城。四月二十九日(公历 6 月 3 日),李自成在北京即皇帝位,以该年为大顺永昌元年,在圆了他的皇帝梦的第二天,就仓皇弃城西撤,把北京城让给了清军。清军占领北京后,以是年为清顺治元年。远在江南的顾炎武听到崇祯皇帝殉国的消息,十分痛心,作《大行哀诗》。诗云:

神器无中坠,英明乃嗣兴。紫蜺迎剑灭,丹日御轮升。
景命殷王及,灵符代邴膺。天威寅降鉴,祖武肃丕承。
采芑昭王俭,盘盂象帝兢。泽能回夏暍,心似涉春冰。
世值颓风运,人多比德朋。求官逢硕鼠,驭将失饥鹰。
细柳年年急,萑苻岁岁增。关门亡铁牡,路寝泄金縢。

> 雾起昭阳镜，风摇甲观灯。已占伊水竭，真遘杞天崩。
> 道否穷仁圣，时危恨股肱。哀同望帝化，神想白云乘。
> 秘谶归新野，群心望有仍。小臣王室泪，无路哭桥陵。

华东师范大学王家范教授说：《大行哀诗》是甲申早期众多祭文里的杰作，甚至300年后郭氏（郭沫若）的"祭文"也比不上这等剔透洞彻。刚三十而立的顾炎武，识见比同代人成熟好几倍，冷峻得令人肃然起敬。全诗跌宕有致，一咏三叹，写尽了明朝人在经历嘉、隆、万的盛世欢乐之后，由唯恐神器中坠至欢呼中兴再到以伊竭天崩作结的种种复杂心情。

崇祯皇帝既死，南方的明朝大臣们又在南京拥立了一个新皇帝。五月初二（公历6月6日），福王朱由崧监国，以明年为弘光元年。五月初五（公历6月9日），任命史可法为东阁大学士兼兵部尚书，马士英为内阁首辅。五月十二（公历6月16日），史可法自请督师江北，获准后于五月二十日（公历6月24日）出京。十二月，昆山县令杨永言应南都求贤诏，向朝廷推荐了顾炎武，朝廷授予顾炎武兵部主事之职。顾炎武闻讯，作《千官》诗两首。诗云：

> 武帝求仙一上天，茂陵遗事只虚传。千官白服皆臣子，孰似苏生北海边？
>
> 一旦传烽到法宫，罢朝辞庙亦匆匆。御衣即有丹书字，不是当年嵇侍中。

在赴南都就职前，顾炎武写下了《军制论》《形势论》《田功论》《钱法论》等四篇论文，《军制论》论军制改革，《形势论》论用兵之法，《田功论》和《钱法论》论农业和财政问题。又作《感事诗》六首，诗中既充满了《春秋》大复仇，"一扫定神州"式的期盼，又深怀"恐闻刘展乱，父老泣江东"的忧虑。

南明弘光元年（1645）春，顾炎武应召赴南京。途中经过镇江，作《京口即事》诗二首，诗中洋溢着击楫中流、恢复中原的豪迈情怀：

> 白羽出扬州，黄旗下石头。六双归雁落，千里射蛟浮。
> 河上三军合，神京一战收。祖生多意气，击楫正中流。
>
> 大将临江日，中原望捷时。两河通诏旨，三辅急王师。
> 转战收铜马，还兵饮月支。从军无限乐，早赋仲宣诗。

顾炎武到南京后，竟迟迟不能到兵部就职，更谈不上他所期望的天子召见、对策于朝廷之上了。顾炎武与随行而来的从叔顾兰服闲住在朝天宫，于是游城西李白酒楼，复诣太平门外遥祭明十三陵，以寄托自己的忧思。其《金陵杂诗》云：

> 江月悬孤影，还窥李白楼。
> 诗人长不作，千载尚风流。
> 坞壁三山古，池台六代幽。
> 长安佳丽日，梦绕帝王州。
>
> 春雨收山半，江天出翠层。
> 重闻百五日，遥祭十三陵。
> 祝版书孙子，祠官走令丞。
> 西京遗庙在，洒扫及冬烝。

四屏顾炎武《金陵杂诗》（于右任书）

人师 顾炎武

朝天宫附近的尚书巷有顾炎武的曾祖父、南京兵部右侍郎顾章志的官舍旧址及祠堂,二人共往拜之。其《金陵杂诗》云:

> 记得尚书巷,于今六十年。功名存驾部,俎豆托朝天。
> 树向乌衣直,门临白水偏。侍郎遗石在,过此一凄然。

正当顾炎武在南京等待兵部征召的时候,四月十四日(1645年5月9日),清军已渡过淮河。顾炎武在南京报国无门,只得从南京回到家中。五月初一(公历5月25日)是顾炎武嗣母王氏的六十寿辰,归庄、吴其沆、顾兰服、徐履忱四人前来祝寿。这天,他们饮酒至夜半,"乐甚,旦日别去"(顾炎武《吴同初行状》)。他们怎么也想不到,此时的扬州,一场惨绝人寰的大屠杀正在进行之中。

四月二十五日(公历5月20日),清军攻克扬州,明兵部尚书史可法壮烈殉国。清军大肆杀戮,至农历五月初二(公历5月26日)始宣布"封刀",但实际上杀戮并未停止,故有"扬州十日"之说,八十余万男女老幼惨死于清军的屠刀之下。而此时南明弘光朝廷中负责南京城防的忻城伯赵之龙已秘密派人与清军联络,准备接引清军渡江,并将南京城拱手相送,而弘光朝廷的君臣们还全都蒙在鼓里。

顾炎武为母祝寿过后,又"出赴杨公之辟",去南京就兵部之职。然而,此时形势已急转直下,农历五月初八(公历6月1日),清军趁大雾夜渡长江,次日(6月2日)攻克镇江。五月十日(公历6月3日)夜,南明弘光皇帝匆忙逃离南京。清军兵临南京城下,明忻城伯赵之龙、魏国公徐允爵、大学士王铎等一大批高官显贵向清军奉表投降,就连在江南士人中享有很高威望的东林名士、南京礼部尚书钱谦益,也采取了他后来深以为耻辱的"委蛇"态度,跟着这批王公显贵降清。

> 清兵入关,势如破竹,眼看就要打到南京城了。柳如是力劝钱谦益以身殉国,钱也同意了,并大张旗鼓地对外声言欲效法屈原,投水自尽。可是从日上三竿一直磨蹭到夕阳西下,钱谦益探手摸了摸湖水,说:"水太凉了,怎么办呢?"不肯投湖。反倒是柳如是奋身跳入水中,不惜一死,被人救起。
>
> 后来,柳如是多次变卖家财,资助抗清武装,连后世的大学者陈寅恪都为之感动,在晚年双目失明后,还不辞辛苦,写了八十万字的《柳如是别传》,为其树碑立传。

保卫苏州

五月十五日(公历6月8日),清军进入南京城。顾炎武在赴任途中听到南都官员不战而降的消息,十分失望和悲愤。其《姬人怨》诗两首,大概就是作于此时。诗云:

> 伤春愁绝泣春风,乱发如油唇又红。
> 不是长干轻薄子,如何歌笑入新丰?
>
> 云鬟玉鬓对春愁,不语当窗娇半羞。
> 柳絮飞花无限思,教侬何物得消忧?

诗中讽刺降清的官员们如"长干轻薄子",如随风飘扬的"柳絮飞花";而诗中对"伤春愁绝泣春风"的美人之描写,则是借用传统的"香草美人之喻"的表现手法,来抒发其怀念故国的思想感情。看来南京是不能去了,顾炎武遂"从军于苏"。

二、从军苏州,起义昆山

清军占领南京后,派黄家鼒招降江南各地守令。黄家鼒到达苏州后,被明朝监军杨文骢率兵杀死。这一事件揭开了江南人民民族保卫战争的序幕。六月初四(公历6月27日),清军进入苏州城。六月十三日(公历7月6日),清军占领杭州,并派军驻扎吴淞口。六月十五日(公历7月8日),清廷下剃发令。吴中各郡抗清活动风起云涌。明朝兵科给事中陈子龙、举人徐孚远、举人章简在松江起兵,吏部尚书徐石骐在嘉兴起兵,左通政侯峒曾、进士黄淳耀、总兵蒋若来在嘉定起兵,兵部主事吴易、总兵王䎖在吴江起兵,原郧阳巡抚佥都御史王永祚、编修朱天麟、知县杨永言在昆山起兵,总督兵部侍郎沈犹龙、下江监军道荆本彻、中书舍人李待问在华亭起兵,举人葛麟在丹阳起兵,总兵张士仪在太仓起兵,行人卢象观在宜兴起兵,黄绂祉在江阴起兵,李模在长洲起兵,倪长圩在平湖起兵,钱栴在嘉善起兵,潘国光在上海起兵,更有明朝江南副总兵吴志葵、参将鲁起玙屯兵海上,坚持抗清斗争。原吏部主事夏允彝亲自到他的学生吴志葵的军中,为之出谋划策,联络各地义军,随时准备以舟师自吴淞口进入长江,收复江南。"诸军谋以松江兵攻杭,嘉定、太仓兵攻沿海,宜兴兵趋南京,约伏舰江中,独吴志葵先进向苏州,俟苏州捷音至,克日同发。"(顾衍生《亭林年谱》)目睹这一如火如荼的反清斗争的形势,顾炎武十分兴奋地写下了《千里》诗。诗云:

千里吴封大,三州震泽通。戈矛连海外,文檄动江东。
王子新开邸,将军旧总戎。登坛多慷慨,谁复似臧洪?

昆山的反清武装起义是1645年8月6日爆发的。这一天,归庄率领民众,冲进县衙,将县令阎茂才斩首示众(归庄自云:"自斩伪官首,因为世指名。"),由此宣告了昆山反清起义的开始。起义的队伍分两支,一支以原总兵王佐才为首领,另一支则由原郧阳巡抚王永祚率领,归庄、吴其沆皆参加了王永祚的抗清部队。然而,在经过了一番血战以后,进攻苏州的计划失败了。不久,清军攻陷松江和嘉定,进攻昆山。此时,"从军于苏"的顾炎武又回到昆山,参加昆山保卫战,在王永祚麾下负责"聚粮移檄,为久守计",这可是一项十分艰难的任务。他的夫人王氏也积极参加了昆山保卫战的后勤工作,顾炎武晚年哀悼王夫人的《悼亡》诗中有"北府曾缝战士衣"之句。

江南的富豪大都自私吝啬,大敌当前却不肯出钱出粮资助义军。正如归庄在《悲昆山》一诗中所说:"悲昆山,昆山有米百万斛,战士不得饱其腹,反资贼虏三日谷;悲昆山,昆山有帛数万匹银十余万斤,百姓手无精器械,身无完衣裙……"七月初六日(公元8月26日)上午十时左右,昆山城破,吴其沆在昆山保卫战中英勇牺牲,顾炎武与归庄侥幸脱难。清军进城后,见人就杀。当时昆山城中有居民五万户,据非常保守的估计,被清军杀害的昆山居民至少在四万人以上。在这场血腥的大屠杀中,顾炎武的两个嫡亲弟弟顾子叟、顾子武皆被清军杀害,他的生身母亲何夫人也被清兵的屠刀砍断了右臂,险些丧命。顾炎武的外甥徐乾学在《舅母朱太夫人寿序》一文中较详细地记录了顾家在昆山城中的遭遇:"岁在乙酉,王师南下,众议登陴守御,纷纷挈家避出。何夫人曰,老嫠妇必死于此。而舅与舅母俱不敢去。未几城破,两舅俱遭难。舅母朱夫人知事急,引刀刺其喉,气息才属,僵卧瓦砾中。死者累累。何夫人守妇尸弗去,曰新妇死于是矣。俄游骑过,砍何夫人右臂,损折。久之,朱夫人得苏,起觅其姑,悲不自胜,手裂旧襦,为姑裹缠重伤,复自塞其颈,相抱匿庑下破屋以免。"吴其沆壮烈牺牲后,顾炎武曾三次去他家中,看望其孤苦伶仃的老母。

七月十四日(公历9月3日),清军攻陷常熟。顾炎武的嗣母王氏听到这一消息,遂开始绝食,七月三十日(公历9月19日)逝世。临终前对顾炎武说:"我虽妇人,身受国恩,与国俱亡,义也。汝无为异国臣子,无负世世国恩,无忘先祖遗训,则吾可以瞑目于地下。"(《先妣王硕人行状》)

八月,清军连克松江、江阴等地。八月二十一日(公历10月5日),清军攻陷江阴,屠城三日,城内外殉难者数十万人。顾炎武的《秋山》诗两首,记录了这一时期江南人民的抗清斗争,以及清军大肆屠杀、掳掠大批江南美女和财物运往北方的史实。诗云:

> 秋山复秋山,秋雨连山殷。昨日战江口,今日战山边。
> 已闻右甄溃,复见左拒残。旌旗埋地中,梯冲舞城端。
> 一朝长平败,伏尸遍冈峦。北去三百艘,艘艘好红颜。
> 吴口拥橐驼,鸣笳入燕关。昔时鄢郢人,犹在城南间。

> 秋山复秋水,秋花红未已。烈风吹山冈,磷火来城市。
> 天狗下巫门,白虹属军垒。可怜壮哉县,一旦生荆杞。
> 归元贤大夫,断脰良家子。楚人固焚麋,庶几歆旧祀。
> 勾践栖山中,国人能致死。叹息思古人,存亡自今始。

三、隆武遗臣,遗恨江南

在血与火的1645年,在刀光剑影的抗战和漂泊流离的生活中,顾炎武和复社志士们仍有诗文唱和,并不因血与火的征战而失其江南文人的高雅气质。这年秋天,顾炎武曾与"复社四公子"之一的冒襄相会于江南,并手书七言行书对联相赠,其联文曰:"藤纸静临新获帖,铜瓶寒浸欲开花。"当时,冒襄与董小宛从清军肆虐的江北逃到江南,故人相见,抚今追昔,不胜故国之感。

清军虽然占领了江南,南明的弘光政权灭亡了,但南方的广大地区还没有被清军所征服。1645年农历闰六月二十七日(公历8月18日),南明唐王朱聿键即皇帝位于福州,改福州为天兴府,以是年为隆武元年。二十八日(公历8月19日),又有鲁王朱以海称监国于绍兴。七月初一(公历8月21日),隆武帝下亲征诏。顾炎武闻讯,欣然赋《闻诏》诗一首。诗云:

> 闻道今天子,中兴自福州。二京皆望幸,四海愿同仇。
> 灭虏须名将,尊王仗列侯。殊方传尺一,不觉泪频流。

隆武帝即位后,招崇祯朝的都察院右佥都御史路振飞前往辅佐。当时路振飞正据守太湖洞庭山,闻招后欣然前往,被隆武帝任命为文渊阁大学士。经路振飞推荐,隆武帝遥授顾炎武兵部职方司主事之职。按照明代的官制,"职方掌舆图、军制、城隍、镇戍、简练、征讨之事"。隆武二年(1646年)春,顾炎武的家人李定自隆武皇帝的驻跸地福建延平归来,带回隆武帝的御札,顾炎武大喜,作《延平使至》抒怀。诗云:

> 春风一夕动三山,使者持旌出汉关。万里干戈传御札,十行书字识天颜。
> 身留绝塞援枹伍,梦在行朝执戟班。一听纶言同感激,收京遥待翠华还。

与顾炎武同时被隆武帝授予兵部之职的,还有吴江的义军领袖、弘光朝兵部主事吴易等人。吴易被任命为兵部侍郎,顾炎武乃是他的下属。这一时期的顾炎武,手执鹅毛扇,活动于五湖三泖的各支义军之间,白羽扇成为他与各支义军联络的标志。"遥看白羽扇,知是顾生来。"太湖上的义军战士远远看到船头上站着手执白羽扇的人,就知道是他们的军师顾炎武来了。吴江义军的战斗力本为吴中义军之冠,在遭遇了上年的挫败以后,至春而势力复振。正月收复吴江,杀死知县孔某;顾炎武乃于此时作《上吴侍郎易》诗一首,为之出谋划策。诗云:

> 烽火临瓜步,銮舆去石头。蕃文来督府,降表送苏州。
> 杀戮神人哭,腥污郡邑愁。依山成斗寨,保水得环洲。
> 国士推司马,戎韬冠列侯。量从黄钺陈,计用白衣舟。

曹沫提刀日，田单仗锸秋。春旗吴苑出，夜火越江浮。
作气须先鼓，争雄必上游。军声天外落，地势掌中收。
征房投壶暇，东山赌墅优。莫轻言一战，上客有良谋。

清顺治三年（南明隆武二年，公元1646年）三月二十六日，吴易率义军与清军大战于分湖，歼敌二千余人，清军余部逃回苏州，全城戒严。五月，吴易又率义军收复嘉善，杀清军守将王某。清军悬赏三千金捉拿吴易。是年秋，吴易被叛将出卖，不幸被捕，在杭州英勇就义。

与此同时，由于郑芝龙降清，导致清军入闽，隆武帝及皇后与随从大臣皆被清军杀害。隆武帝死后，大学士苏观生等人又在广州拥立其弟朱聿镆为监国，改元绍武。十二月，清军攻陷广州，朱聿镆、苏观生皆自杀殉国。这年十月，明朝的两广总督丁魁楚、广西巡抚瞿式耜等人拥立桂王朱由榔于肇庆，以明年为永历元年。在此后的二十多年中，这一政权一直是大西南和华中地区民族保卫战争的指挥中心。

清顺治四年（南明永历元年，公元1647年）四月，原来明朝的叛将吴胜兆在江南爱国人士陈子龙、杨廷枢等人的策动下，准备在松江反正，归顺明朝。因事机泄露，吴胜兆被杀。清军大肆搜捕陈子龙、杨廷枢。陈子龙带了几个人夜访顾炎武，未遇，留住一宿而去。不久，陈子龙、杨廷枢都被清军捕获，在押解途中，陈子龙投水自尽，杨廷枢壮烈殉国。顾炎武闻讯，十分悲痛，作《哭陈太仆（陈子龙）》《哭杨主事（杨廷枢）》诗各一首，诗云：

昆山顾炎武纪念馆

哭陈太仆

陈君鼌贾才，文采华王国。早读兵家流，千古在胸臆。
初仕越州理，一矢下山贼。南渡侍省垣，上疏亦切直。
告归松江上，欻见牧马逼。拜表至福京，愿请三吴救。
诏使护诸将，加以太仆职。遂与章邯书，资其反正力。
几事一不中，反覆天地黑。呜呼君盛年，海内半相识。
魏齐亡命时，信陵有难色。事急始见求，栖身各荆棘。
君来别浦南，我去荒山北。柴门日夜局，有如当机织。
未知客何人，仓卒具蔾食。一宿遂登舟，徘徊玉山侧。
有翼不高飞，终为蔚罗得。耻为南冠囚，竟从彭咸则。
尚愧虞卿心，负此一凄恻。复多季布柔，晦迹能自匿。
酹酒作哀辞，悲来气哽塞。

哭杨主事

吴下多经儒，杨君实宗匠。方其对策时，已负人伦望。

未得侍承明,西京俄沦丧。五马遂南来,汪黄位丞相。
几同陈东狱,幸遇明主放。牧马饮江南,真龙起芒砀。
首献大横占,并奏北边状。是日天颜回,喜气浮彩仗。
御笔授二官,天墨春俱盎。鱼丽笠泽兵,乌合松陵将。
灭迹遂躬耕,犹为义声唱。松江再蹉跌,搜伏穷千嶂。
竟入南冠囚,一死神慨慷。往秋夜中论,指事并吁怅。
我慕凌御史,仓卒当绝吭。齐蠋与楚龚,相期各风尚。
君今果不食,天日情已谅。陨首芦墟村,喷血胥门浪。
唯有大节存,亦足酬帝贶。洒涕见羊昙,停毫默凄怆。
他日大鸟来,同会华阴葬。

与此同时,夏允彝之子夏完淳与四十余名东南义士给鲁王的上疏在送往舟山的途中被清军查获,清军按上疏中的名单一一搜捕,顾炎武的族叔顾咸正推官(位次于判官)因列名其中而被捕,押往南京。顾咸正的两个儿子顾之遴、顾之遴,则因为曾经在清军的搜捕中掩护过陈子龙,亦被清军捕去。顾炎武试图营救顾之遴、顾之遴,但清军很快就将他们杀害了。顾炎武作《推官二子执后,欲为之经营而未得也,而二子死矣》诗二首,诗云:

生来一诺比黄金,那肯风尘负此心。不是白登诗未解,菲才端自愧卢谌。

苍黄一夜出城门,白刃如霜日色昏。欲告家中卖黄犊,松江江上去招魂。

过了不久,也就是这一年的九月十九日(公历10月16日),因上疏鲁王而被捕的四十余名爱国志士,都在南京被洪承畴下令杀害。顾炎武闻讯,作《哭顾推官(顾咸正)》,以此寄托对先烈们的深切哀思。诗云:

推官吾父行,世远亡谱系。及乎上郡还,始结同盟契。
崎岖鞭弭间,周旋仅一岁。痛自京师沦,王纲亦陵替。
人怀分土心,欲论纵横势。与君共三人,独奉南阳帝。
誓麾白羽扇,一扫天日翳。君才本恢宏,阔略人事细。
一疏入人手,几堕猾胥睨。乃有汉将隙,因掉三寸说。
主帅非其人,大事复不济。君来就茅屋,问我驾所税?
幸有江上舟,请鼓铃下枻!别去近一旬,君行尚留滞。
二子各英姿,文才比兰桂。身危更藏亡,并命一朝毙。
巢卵理必连,事乃在眉睫。一身更前却,欲听华亭唳。
我时亦出亡,闻此辄投袂。扁舟来劝君:行矣不再计!
惊弦鸟不飞,困网鱼难逝。旦日追吏来,君遂见囚系。
槛车赴白门,忠孝辞色厉。竟作戎首论,卒践捐生誓。
仓皇石头骨,未从九原瘗。父子兄弟间,五人死相继。
呜呼三吴中,巍然一门第。尚有五岁孙,伏匿苍山际。
门人莫将雝,行客挥哀涕。群情伫收京,恩恤延后世。
归丧琅琊冢,诏策中牢祭。后死愧子源,徘徊哭江裔。
他日修史书,犹能著凡例。

至此,持续三年的江南抗清武装斗争基本上失败了。面对旧日抗清营垒中友人的纷纷死难,顾炎武虽痛裂肺腑,但兴复故国之想依然长存胸中。在此时所写《精卫》一诗中,顾炎武以衔木填海的精卫自况而道出胸臆。

然而,此时却从山东传来了丁可泽率农民军余部攻克山东淄川、处决罪大恶极的降清大臣孙之獬的消息。这一喜讯使顾炎武大为振奋,兴奋地写下了《淄川行》的诗句,热烈讴歌农民军攻打淄川城的巨大声势,庆幸奸臣终被处决,充分肯定农民军的正义行动和爱国精神。诗云:

> 张伯松,巧为奏,大纛高牙拥前后。罢将印,归里中,东国有兵鼓逢逢。
> 鼓逢逢,旗猎猎,淄川城下围三匝。围三匝,开城门,取汝一头谢元元。

《淄川行》是一首儿歌体讽刺诗,通过对屈节降清的孙之獬被农民军杀死一事的描述,表现了作者力图恢复明室的决心。此诗的意思是:

张伯松为刘嘉作奏,请灭安众侯刘崇,被王莽封为侯。孙之獬也像他一样,叛明降清,官至兵部尚书总督军务,大旗、牙旗前呼后拥,好不威风。后去官归里,发满服,引起淄川人民公愤。山东丁可泽、谢迁率义军围攻淄川,鼓声"逢逢",旗声"猎猎",攻破淄川后,擒杀孙之獬,解人民之恨。

顾炎武有深厚的文学修养,诗作有很高的艺术成就,风格苍凉沉郁、悲壮激昂,卓然大家。《淄川行》一诗,纯朴感人。顾炎武以朴素、大方、遒劲的笔力,将一政治事件轻轻松松地写出来,浅显而含义深刻。全诗朗朗上口,符合他"诗主性情,不贵奇巧"的文学主张。

孙之獬原为明朝的阉党余孽,清军入关后,他率先剃发留辫去投降清军,并且厚颜无耻地向顺治皇帝上疏说:"陛下平定中国,万事鼎新,而衣冠束发之制,独存汉旧,此乃陛下从中国,非中国从陛下也。"顺治皇帝采纳了孙之獬的建议,于是普下剃发令,"有不

昆山千灯顾炎武故居

从者,杀无赦!"这一诏令下达后,因拒绝剃发而遭屠杀的汉族人民多达百万人。而孙之獬则用人血染红了顶子,因"巧为奏"而当上了清廷的兵部尚书,并奉命总督军务,招抚江西。

顾炎武从农民军的正义行动中进一步看到了人民大众在民族保卫战争中的力量,也看到了民族复兴的希望。此后,顾炎武又开始了他在大江南北的反清秘密活动。

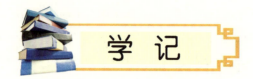

学 记

● 发人深省

本课最能使你有所启发的两句话是：

1.

2.

● 合作探究

1. "刚三十而立的顾炎武，识见比同代人成熟好几倍"的原因是什么？

2. 顾炎武所忠诚的是什么？

3. 顾炎武是怎样看孙之獬一类人的？

● 责任意识

通过本课学习，你认为一个人应该具有怎样的社会责任意识？

● 启示录

1. 本课对你为人的启示是：

2. 本课对你为学的启示是：

第3课

混迹同佣贩,甘心变姓名

——大江南北秘密活动
(36—45岁,1648—1657年)

> 顾炎武的连年奔走,断非为一己谋求安身立命之地,他以天下兴亡为己任,坚守初志,辙环四方。
> ——陈祖武
>
> 呜呼,别说宣传承继中国传统优秀文化这样宏大的课题,仅读懂亭林,亦岂可视之为易事哉?!
> ——王家范

对顾炎武来说,顺治五年(1648)至十四年(1657),是一段苦闷彷徨的岁月。此时,江南抗清斗争严重受挫,隆武、鲁监国政权相继败亡,桂王政权始而局促粤西,继之遁入云贵。唯有鲁王余部和郑成功部转战东南沿海,虽一度北进而掀起波澜,然毕竟孤掌难鸣,大势已去。时局既已如此严重,家难、私仇又交相煎迫,已过而立之年的顾炎武,上下求索,流转四方。这一时期,顾炎武主要活动于以南京为中心、东到太湖、北到淮安的广大地区内。他时而化名为蒋山佣,时而化名为顾圭年,时而化名为王伯齐,时而又化名为顾佣,号称"鹰扬弟子",以商贾为业,到处结交豪杰之士。

一、游于逃社,隐以商贾

隆武政权覆灭后,顾炎武曾秘密写信给郑成功,试图与海上抗清武装力量取得联系,但未获成功,后又尝试从海道入闽以投南明鲁王政权,然亦未果,遂暂时隐居太湖,继续从事《天下郡国利病书》的写作。期间,顾炎武还曾"变衣冠作商贾"并"抱布"经商至淮阴。顾炎武的经商生涯,断断续续,前后有六七年,其间不仅贩卖过布匹,很可能还做过药材生意。

顺治五年秋,顾炎武在太湖洞庭山写下《偶来》诗一首。该诗虽仅短短八句,却道出了抗清斗争失败,旧友死难流散之后,顾炎武在坚守初志与隐遁不出之间痛苦抉择的心境。诗云:

巧扮商贾

人师 顾炎武

偶来湖上已三秋，便可栖迟老一丘。
赤米白盐犹自足，青山绿野故无求。
柴车向夕逢元亮，欵段乘春遇少游。
鸟兽同群终不忍，辙环非是为身谋。

在南京，他开始反思南明弘光政权覆灭的教训。面对当年繁华竞逐的秦淮河畔、桃叶渡口，顾炎武写下了一曲悼古伤今、哀婉凄恻的《桃叶歌》。诗云：

桃叶歌，歌宛转。旧日秦淮水清浅，此曲之兴自早晚。
青溪桥边日欲斜，白土冈下驱虞车。
越州女子颜如花，中官采取来天家，可怜马上弹琵琶。
三月桃花四月叶，已报北兵屯六合。宫车塞上行，塞马江东猎。
桃叶复桃根，残英委白门。相逢冶城下，犹有六朝魂。

在江南历史的时间和空间之中，不绝如缕地回响着一曲又一曲"红裙与青史"的双重变奏，上演了一幕又一幕"桃花扇底送南朝"的历史悲剧。一曲《桃叶歌》，道尽了六朝古都千古兴亡的隐曲，而"六朝魂"三字，更是对南明弘光朝君臣们的人性沉沦，对他们爱美人而不爱江山，以致重蹈六朝覆辙的深沉哀叹！

昆山市第一中学高三年级教室

然而，江南不仅有"六朝魂"，更有立志匡复的"志士魂""爱国魂"。从这一时期顾炎武的有关诗作看，他的确在从事反清的秘密活动。如《出郭》诗云：

出郭初投饭店，入城复到茶菴。
秦客王稽至此，待我三亭之南。
相逢问我名姓，资中故王大夫。
此时不用便了，只须自出提酤。

这明显是一首记叙与人秘密接头的诗，来人"待我三亭之南"，且"相逢问我名姓"，可见来者为素昧平生之人。来者何人？"王稽云云，当有所托。疑南明当有使至。"（王遽常）顾炎武回答来人，自称"资中故王大夫"，乃是他此时的化名。

其《赠邬处士继思》诗云：

市中问韩康，药肆在何许？床头本草书，门外长桑侣。
每吟诗一篇，泠然在云天。筇穿北固雪，艇迷京口烟。
六代江山好，愁来恣搜讨。兰荪本独芳，姜桂从今老。
去去复栖栖，河东王伯齐。年年寻杜甫，一过浣花溪。

可见他此时正化名"王伯齐"在从事反清的秘密活动。

顾炎武又有《旅中》诗一首，作于告别南明朝廷使者之后。诗云：

久客仍流转，愁人独远征。釜遭行路夺，席与舍儿争。
混迹同佣贩，甘心变姓名。寒依车下草，饥糁瓯中羹。

> 浦雁先秋到，关鸡候旦鸣。迹穿山更险，船破浪犹横。
> 疾病年来有，衣装日渐轻。荣枯心易感，得丧理难平。
> 默坐悲先代，劳歌念一生。买臣将五十，何处谒承明？

从诗中所描述的情形看，他曾经吃尽千辛万苦，南下投奔远在华南的南明永历帝。所谓"愁人独远征""浦雁先秋到""买臣将五十，何处谒承明"，都说明了他此次远行的目的是投奔南明政权。然而，却终因关山险阻、途中遭遇抢劫，以及患病等原因而未能到达，不得不又重新回到江淮一带活动。

南明弘光政权覆亡之后，清廷严颁剃发令，视剃发与否为对其顺逆的标志。面对民族高压，蓄发不剃亦是一时士大夫彰明志节的象征，因之而有可歌可泣的反剃发斗争。当反剃发斗争已告失败，现实不可逆转之时，从俗剃发遂成大势所趋。置身如此严酷的现实，顾炎武蓄发不剃，殊非易事。既然先前数年的四方奔走，皆"非是为身谋"，其抱负乃在天下兴亡，志存高远，因之从俗剃发以便继续其执着追求，便成为顾炎武的唯一选择。既不屑苟且偷生，又不可引颈受戮，为了实现久蓄胸中的四方之志，他只好忍辱负重。顺治七年（1650），顾炎武含恨剃发，时年38岁。

在淮安，有两位著名的抗清志士，一位是阎尔梅，一位是万寿祺，二人都参加了抗清的武装斗争。阎尔梅，字用卿，号古古，曾是南明兵部尚书史可法的幕僚，参加过扬州保卫战，遭到清军的通缉。在清军的大肆搜捕中，是"贰臣"龚鼎孳的夫人、当年的秦淮名妓顾媚把他藏在家里的别室中，才使他得以脱险。后来，他又参加了山东曹州榆园农民军的抗清斗争。万寿祺，字年少，崇祯三年（1630）举人，南京沦陷后，参加了江南人民的抗清斗争，失败后削发为僧，法号慧寿，隐居在淮安清江浦的隰西草堂，也时常去江南活动。万寿祺与阎尔梅是非常要好的朋友，而顾炎武的好友归庄，以及后来结交的好友傅山、李因笃，还有顾炎武的学生潘耒，也都与阎尔梅有着非同寻常的友谊。

清顺治八年（1651），万寿祺在赠给顾炎武《秋江别思图》的跋文中记叙了这一年他与顾炎武两次相见的情形。万寿祺写道：

> 辛卯春始遇顾子于旧都。顾子名圭年。顾子曰："余再转注而得此名。"予以异之。是年秋，顾子抱布为商贾，由唐市至淮之浦西，过予草堂。予始虽心异顾子，至是乃详知顾子之为予友也。曰："子非宁人乎？方少年时操笔策论古今之事，国步既倾，屡经丧乱，天下之贤者不能须臾忍，多成名于锋刃屠割之间，予与子亦几不得免。事既不成，行且八年，而子隐于商贾，予隐于沙门，虽所就之路殊，志足悲矣。今子操奇赢于市中，宰天下之平于此，始基之乎，抑将终身焉，与监门屠狗者为伍耶？子归唐市，念未转注时昔之名安在，则庶几舍商而求所为宁人者乎？"是日也，顾子欣然鼓枻渡江而去。

万寿祺在江南的抗清武装斗争失败后，宁可削发为僧，也不愿剃去前额的头发而留一条象征民族耻辱的大辫子。而这年春天当他在南京见到顾炎武时，顾炎武竟然"割发变容像""抱布为商贾"了，这是令万寿祺大感不解的。经夏复历秋，顾炎武又抱着从常熟唐市贩来的布匹到淮上与万寿祺相见，更令万寿祺觉得十分蹊跷。尤其不可思议的是，顾炎武竟"与监门屠狗者为伍"，即结交下层社会的豪侠之士。经过一番交谈，万寿祺心中的疑惑方才涣然冰释："予始虽心异顾子，至是乃详知顾子之为予友也。"他只是不希望顾炎武永远如此而已。这几句话中，实在寓有不可诉诸语言文字的深意。顾炎武亦有《赠万举人寿祺》诗，诗云：

> 白龙化为鱼，一入豫且网。愕眙不敢杀，纵之遂长往。
> 万子当代才，深情特高爽。时危见絷维，忠义性无枉。
> 翻然一辞去，割发变容像。卜筑清江西，赋诗有遐想。
> 楚州南北中，日夜驰轮鞅。何人调北方，处士才无两。
> 回首见彭城，古是霸王壤。更有云气无？山川但块莽。

一来登金陵,九州大如掌。还车息淮东,浩歌闲书幌。

尚念吴市卒,空中吊魍魉。南方不可托,吾亦久飘荡。

崎岖千里间,旷然得心赏。会待淮水平,清秋发吴榜。

诗中"何人诇北方,处士才无两"两句,是十分明确地委托万寿祺为之了解北方的情况,侦视清廷的动向;而"会待淮水平,清秋发吴榜"两句,则表现了对未来民族复兴的憧憬和希望。两年后,顾炎武又介绍归庄到万寿祺家做"家庭教师",作《送归高士之淮上》,对他此行寄予厚望。诗云:

送君孤棹上长淮,千里谈经意不乖。卜宅已安王考兆,携书还就故人斋。

檐前映雪吟偏苦,窗下听鸡舞亦佳。此日邴原能断酒,不烦良友数萦怀。

顾炎武与万寿祺交情甚笃,万寿祺去世后,顾炎武在江南听到消息,素车白马走九百里哭之。

在淮安的清江浦,顾炎武还结识了一位侠肝义胆的爱国商人,名叫王略。此人与顾炎武同年同月出生,是非好恶与顾炎武亦无不相同。顾炎武与他结下了十分深厚的友谊。

> 后人对顾炎武奔走在外的原因颇感兴趣,也多有揣测。若说顾炎武奔走在外是为了躲避"家难",则顾炎武可以躲避的地方甚多,太湖中的洞庭山有他的至交好友路氏兄弟,吴江有他的亲密朋友吴炎和潘柽章,何处不能安身?若说是为了经商,则顾炎武家依然有价值万金的不动产,本无须以经商为业;且顾炎武志不在经商,又何须冒着"釜遭行路夺"的风险,过着"寒依车下草"的艰苦生活而到处奔波呢?若说顾炎武是为了旅游,是名士好游的习性使然,那么,江南、苏北一线又有多少名山胜迹能让他乐此不疲地往返多次、奔波数年呢?作为一位书生,他又何必要"与监门屠狗者为伍",结交那么多的江湖豪侠呢?除了身负特殊的使命、从事着秘密的反清活动之外,还有什么能够解释他在这一时期的行踪呢?"知君不是烟霞客,别有隐情托素弦。"刘逢源赠给顾炎武的好友路安卿的这两句诗,用来转赠顾炎武也是十分合适的。

江南人民的抗清武装斗争失败以后,幸存的抗清义士们为逃避清军的搜捕和潜谋再举,与坚守民族气节的士绅相结合,以吴江县唐湖北渚"有烟水竹木之盛"的古风庄为据点,成立了惊隐诗社,又名逃社,顾炎武和他的好友归庄、吴炎、潘柽章及其姐夫陈济生都是惊隐诗社的重要成员。惊隐诗社每年都有几次重要的活动,五月五日祀三闾大夫屈原,九月九日祀陶徵士渊明,除夕祀林君复、郑所南。顾炎武虽然常年奔走在外,但也多次去吴江参加惊隐诗社的活动,与友人们"啸歌于五湖三泖之间"。正是通过参加惊隐诗社的活动,顾炎武又结识了王锡阐等一批非常要好的新朋友。

二、祸起叛奴,初历讼狱

淮上之事既已托付给归庄,顾炎武乃有北上的打算。于是,朋友们便给他写了一份《为顾宁人征天下书籍启》的介绍信,全文如下:

东吴顾宁人,名炎武,驰声文苑,垂三十年。其高祖刑科给事中讳济,累疏直言,载在武、世二庙《实录》。曾祖南京兵部右侍郎讳章志,历任藩、臬、京兆,及掌南兵,疏更纪政,苏军卫二百年之困。本生祖左春坊左赞善讳绍芳,嗣祖太学讳绍芾、兄孝廉讳缃,并以诗文为海内所宗。嗣母王氏,未嫁守节,奉旨旌表"贞孝",及闻国变,不食而卒,天下称为贞烈。

宁人年十四为诸生,屡试不遇。由贡士两荐授枢曹,不就。自叹士人穷年株守一经,不复知国典朝章、官方民隐,以至试之行事而败绩失据。于是尽弃所习帖括,读书山中八九年,取天下府、州县志书及一代奏疏、文集遍阅之,凡一万二千余卷。复取二十一史并实录,一一考证,择其宜于今者,手录数十帙,名曰《天下郡国利病书》,遂游览天下山川风土,以质诸当世大人先生。

昔司马子长遍游四方,乃成《史记》;范文正自秀才时以天下为己任。若宁人者,其殆兼之。今且北学于中国,而同方之士知宁人者,敬为先之言,冀当世大人先生,观宁人之文,以察其志,而助之闻见,以成其书。匪直一家之言,异日天下生民之福,其必由之矣!

从这封介绍信看,仿佛顾炎武北上只是为了访学,但是否真的只有这一个目的,就很难说了。在清朝的恐怖统治下,在遭遇了很多血的教训以后,还能把北行的真实意图写在介绍信中吗?显然不能。也就在这时,顾炎武听说南方的明朝军队已开始北伐,心情十分激动,于是就暂时打消了北行的念头,又在江淮一带继续活动了三年。

南明军队首次北伐是在清顺治十年(南明永历七年,公元1653年)。这年三月,明定西侯张名振与郑成功联师,从海上进入长江口,溯流而上,一举攻克江南重镇镇江。顾炎武目睹明朝十万水军溯江西上的巨大声威,为之欢欣鼓舞,在镇江作《金山》诗一首,诗云:

> 东风吹江水,一夕向西流。金山忽动摇,塔铃语不休。
> 水军一十万,虎啸临皇州。巨舰作大营,飞橹为前茅。
> 黄旗亘长沙,战鼓出中洲。举火蒜山旁,鸣角东龙湫。
> 故侯张子房,手运丈八矛。登高瞩山陵,赋诗令人愁。
> 沉吟十年余,不见旌旆浮。忽闻王旅来,先声动燕幽。
> 阊阖用子胥,鄡郢不足收。祖生奋击楫,肯效南冠囚?
> 愿言告同袍,乘时莫淹留。

从诗的最后两句看,他的这首诗不像仅仅是抒发个人感情的作品,倒很像是给联军主帅的进言,认为兵贵神速,主张乘胜进击,切莫迟缓。这年十二月,张名振、张煌言又再次挥师北伐,大败清军于崇明岛。这一年,顾炎武一直奔走于从南京到镇江、从镇江到太仓之间,而这一地区正是南明军队与清军作战的主战场。

清顺治十一年(南明永历八年,公元1654年)正月,张名振、张煌言又率水师溯江而上,入京口,登金山,遥祭明孝陵。这次明军北伐,一直打到南京的观音门,又连克安徽诸州县。与此同时,顾炎武在南京觅得一处居所,在钟山之南,所谓"典得山南半亩居"是也。又有诗云:"世乱多倾危,筑室深山中","研心《易》六爻,不用希潜龙"(《古隐士》)。有学者认为顾炎武是为了躲避战乱而隐居深山的,恐不尽然。顾炎武卜居钟山后,友人戴耘野来访,作有《赠顾宁人》诗一首,末两句云:"自晦不妨居虎下,海天相讯有吾徒。""海天相讯"四字殊堪玩味,联系到数年前顾炎武被隆武帝任命为兵部职方司主事时写下的"身留绝塞援袍伍"的诗句,也就不难理解顾炎武这一时期奔走大江南北所承担的使命了。

无论是穷凶极恶的清朝政府,还是江南的汉族败类和社会邪恶势力,都不肯轻易放过顾炎武。在永历八年明军的北伐遭遇挫折、回师海上以后,江南的邪恶势力又嚣张了起来。一个"兴大狱,除顾氏"的阴谋,

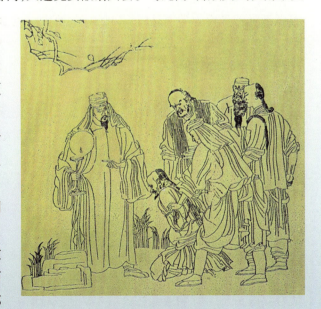

怒惩恶奴

人师 顾炎武

正在昆山的恶霸地主叶方恒和顾家的恶奴之间悄悄地酝酿着。

中国自古有"恶奴欺主"之说。吴中缙绅之家的恶奴大都不是劳动者,而是逃避政府税收的小地主和破落户,这种人只讲利害,不讲道义,告密卖主,无所不为。顾炎武家就有这样一个名叫陆恩的恶奴。顾炎武投身抗清斗争,与在福建的隆武帝和在舟山的鲁王政权都有联系。恶奴陆恩看在眼里,早就安下坏心。有一次顾炎武请一位僧人送信去舟山,将信件粘在《金刚经》的书中,以防止清军搜查。陆恩得知,就花钱从僧人处把这本《金刚经》买到手,以作日后陷害主人之用,顾炎武懵然不知。加上顾炎武不断遭遇"家难",里中的恶霸地主叶方恒就想从中渔利,便唆使陆恩向清政府告密,企图借清廷之手来杀害顾炎武,以侵吞顾家的全部田产。此二人阴谋既定,只等顾炎武回到家中,便可下此毒手。

清顺治十二年(南明永历九年,公元1655年)五月,顾炎武回到昆山家中,得知陆恩偕其田产投靠叶方恒之事,仍希望其回心转意,但陆恩却要挟道:"《金刚经》上何物也?乃欲诈我乎!"顾炎武大惊,不禁回想起十年前夏完淳给鲁王的上书被清军查获,导致列名其中的四十余名抗清志士被清军逮捕杀害的惨痛教训,于是当机立断,当天夜里就带人将陆恩擒获,怒斥其罪,痛打致死后将其沉入水中,那本藏有密信的《金刚经》也被顾炎武搜出销毁。

叶方恒见阴谋败露,恼羞成怒,便与陆恩的女婿一起用二千两银子贿赂昆山县令,要结果顾炎武的性命。叶方恒又亲自出马,带了一批地痞流氓,把顾炎武抓了起来,囚禁在陆恩家里,企图胁迫其自杀。在这十分危急的时候,顾炎武的朋友归庄、路泽溥等人纷纷出面营救。为了救顾炎武的命,归庄直接写信与叶方恒交涉,陈以利害,晓以大义,但无异于对牛弹琴。叶方恒在给归庄的回信中反诬顾炎武"机械满腹"。此话说来可笑,倘不是顾炎武"机械满腹",当机立断地杀了叛奴陆恩,江南又不知会有多少抗清志士人头落地!叶方恒既不肯罢休,归庄只得去找他的老师钱谦益帮助。乙酉(1645年)以后,钱谦益的内心十分痛苦,因而归庄与他仍然保持着非常深挚的师生情谊,经常去看望他。黄宗羲与钱谦益的关系更非同寻常,他经常去找钱谦益,与他共商反清复明的大计。顾炎武的另外两位堪称肺腑之交的好友吴炎和潘柽章也常去看望钱谦益,向他请教有关明史编撰的问题,并有书信往来。即使是处于颠沛流离之中的方以智,也还与钱谦益保持着通信联系。可是,顾炎武却因为钱谦益的一度失节,就再也不肯认这位老师了。当此之际,钱谦益要顾炎武认他这位老师,方肯出面营救。归庄知道顾炎武的性格,是决不肯委曲求全的,于是就以顾炎武的名义书写了一张自称门生的帖子交给他。结果还是钱谦益和路泽溥的帮助起了作用,钱谦益以老师的身份为学生说情,名正言顺,地方官也不能不给面子,加上路泽溥与松江兵备使相识,为之斡旋,这样,顾炎武才被从恶霸的私牢里移送昆山县衙,被判"杀无罪奴",要服苦役。随之,又从昆山县衙移送松江府,改判为"杀有罪奴",遭杖责后释放。

> 据说顾炎武被释放后,不仅不领钱谦益的情,反而急着去向钱谦益索要归庄写的那张帖子。钱谦益不给,顾炎武就在大街上贴了一张告示,声明自己不是钱谦益的学生。钱谦益听说后,忧郁地说:"宁人何其卞也?"翻成白话文就是说:"宁人(顾炎武)怎么这么着急呀!"万一官府再把他抓去怎么办呢?顾炎武不知道,此时的钱谦益与柳如是也在积极从事反清复明的秘密活动,钱谦益的学生郑成功几次率军北伐,都是钱谦益暗中策动的。

叶方恒见顾炎武被释放,气急败坏,便派出刺客去暗杀他。顾炎武行至南京太平门外时,早就埋伏在路边的刺客从树林间冲出,击其头部,顾炎武受伤坠驴,幸亏有人相救,未曾丧命。与此同时,叶方恒又唆使恶奴数十人,抄了顾炎武的家。叶家是恶霸地主,江南官府中上下大小人等也大都是叶家的死党,面对这一强大的黑恶势力,顾炎武再也无法在江南容身了。

在南京逗留一年后,顾炎武决意北游。他的《流转》一诗反映了其北游的心愿:

　　流转吴会间,何地为吾土?登高望九州,极目皆榛莽。
　　寒潮荡落日,杂遝鱼虾舞。饥乌晚未栖,弦月阴犹吐。
　　晨上北固楼,慨然涕如雨。稍稍去鬓毛,改容作商贾。
　　却念五年来,守此良辛苦。畏途穷水陆,仇雠在门户。
　　故乡不可宿,飘然去其宇。往往历关梁,又不避城府。
　　丈夫志四方,一节亦奚取?毋为小人资,委肉投饿虎。
　　浩然思中原,誓言向江浒。功名会有时,杖策追光武。

在这首诗中,顾炎武清楚地说明了北上的两个原因:一是避祸,"仇雠在门户"、"故乡不可宿"、"毋为小人资,委肉投饿虎";二是另有雄图远略,"浩然思中原,誓言向江浒。功名会有时,杖策追光武"。他要到北方去寻找像造成汉室中兴的汉光武帝刘秀式的朱明王朝的后裔,追随他去建功立业。后来他在陕西终于寻访到了朱明王朝后裔中的幸存者,只不过他们不是汉光武帝刘秀式的人物。在顾炎武北上前,他的好友潘柽章在南京赠给他一首诗,诗云:"相对何须学楚囚,便当戮力向神州。但令舌在宁论辱,除却天崩不是忧。意气自惭河朔侠,行藏谁识下邳游。感君国士深期许,事业千秋尚可酬。"从诗中可见,即将北行的顾炎武以"河朔侠"自许,同时也以"国士"的称号来勉励潘柽章,诗中充满了"除却天崩不是忧"的爱国感情和"便当戮力向神州"的豪情壮志。

顺治十四年(南明永历十一年,公元1657年)元旦,顾炎武在南京拜谒过明孝陵,随即返回昆山向亲友告别。江南的朋友们听说顾炎武即将远行,都来为他饯别。酒过数巡之后,归庄站起来,慷慨陈词:"宁人之出也,其将为伍员之奔吴乎?范雎之入秦乎?吾辈所以望宁人者不在此。夫宣尼圣也,犹且遭魋畏匡;文王仁也,不殄厥愠。宁人之学有本,而树立有素,使穷年读书山中,天下谁复知宁人者?今且登涉名山大川,历传列国,以广其志而大其声施。焉知今日困厄,非宁人行道天下之发轫乎?若曰怨仇是寻,非贤人之志;别离是念,非良友之情。"(《送顾宁人北游序》)归庄的这番话是讲得非常含蓄的,在这种大庭广众下,归庄也只能如此说,其实意在言外。大家都说归庄讲得好,纷纷作诗为顾炎武壮行。

从此,顾炎武踏上了北游的漫漫征途。

离乡北上

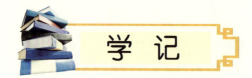

 学 记

发人深省

本课最能使你有所启发的两句话是：

1.

2.

合作探究

1. 顾炎武为何没有选择隐居？

2. 如何看顾炎武忍辱剃发？

3. 如何评价顾炎武对钱谦益的态度？

责任意识

通过本课学习，你认为一个人应该具有怎样的社会责任意识？

启示录

1. 本课对你为人的启示是：

2. 本课对你为学的启示是：

第4课

一雁孤飞日,关河万里秋

——北游时期的活动

(45—60岁,1657—1672年)

> 顾炎武的形象,不只是由自身炼铸成的,而且还会在不同的历史条件下,不断地被时代和被他人所塑造。
>
> ——王家范
>
> (亭林先生)以经纶天造、恢张帝略、袵席民生之学,而履天圮地裂、国破家倾、流离奔走、靡有宁宇之遇,然其遇固时数之奇穷,其学则极古今之大备,盖遇不足挫其所学,学适以愜其所遇。
>
> ——朱柏庐

顺治十四年(1657),45岁的顾炎武六谒孝陵。之后即由南京返回昆山故里,将家事稍做安排,只身弃家北游,揭开了他后半生25年游历生涯的第一页。

一、游学山东,北上幽燕

1657年,顾炎武告别了江南故乡的友人,渡长江,过淮河,前往山东。在淮北遇上连日大雨,赤足行走了270里,方才走出秋水横流的土地。目睹清军铁骑过后"逾淮百里即荒郊"的凄凉景象,心中不胜悲伤。

"不得山东,则河北不可取;不得河北,则中原不可复。"这是南宋著名爱国者辛弃疾《御戎十论》中的名句。顾炎武既志在恢复故土,山东和河北一带的地理形势,以及经济、政治、民情风俗等各方面的情况,就成为他首次北上考察的对象。

> 当时的山东,仍在燃烧着反清斗争的烈火,西有"榆园军",东有"于七军",都是当地的农民武装。濮州、曹州一带,英勇的"榆园军"不断给清军以沉重打击,著名爱国士大夫、浙东大儒刘宗周的弟子叶廷秀就参加了这支队伍,并且为之献出了自己的生命。在莱州东北方的莱阳、栖霞等县,于七领导的抗清义军,也已经坚持了九年的艰苦抗战,并且依然十分活跃。

顾炎武沿着当年复社组织的线索,首先来到莱州的掖县,找到了当年山东复社领袖赵士哲家。在这里,他与赵士哲的堂兄弟赵士完结为好友,又因赵士完的关系而结识了任唐臣。此二人都是明朝的遗民,都坚守民族气节。于是顾炎武"欣然有见故人之乐,而叹夫士之能自树立者,固不为习俗之所移"(《莱州任氏族谱序》）。是否走叶廷秀的道路，直接投身农民的抗清武装斗争？顾炎武处在矛盾之中。他的诗句："为问黄巾满天下，可能容得郑康成？"（《不其山》）正是他的矛盾心情的自我表白。他向往投笔从戎，却对农民军怀有疑虑。他后来结交的好朋友傅山和张尔岐也都知道叶廷秀参加农民军抗清斗争的事迹，并且在诗文中记录了其人其事，但他们最终都没有走上叶廷秀的道路。

昆山市第一中学顾炎武思想课程基地展馆

在莱州住了几个月后，顾炎武又到了山东即墨，住在当年明朝锦衣卫都指挥使黄培家中。黄培的叔叔黄宗昌是明朝的御史，清军入关后，冒着"留发不留头"的危险，坚持不肯剃发，隐居而终。黄培亦不仕清廷，经常写诗抒发怀念故国之情，汇刻为《含章馆诗集》。其堂兄黄坦、侄黄贞麟虽然分别做了清朝的浦江知县和凤阳府推官，但也都是身在曹营心在汉，与黄培时有唱和。据说，顾炎武就是在黄培家居住期间，主持刊刻出版了《天启崇祯两朝遗诗》，并在该诗集中收入了黄培的叔叔黄宗昌的传记和他生前所作的诗歌。这件事后来被人向清廷告发，使他受到了文字狱的迫害；黄培亦因其《含章馆诗集》一案，被清政府杀害。在即墨期间，顾炎武曾游安平君祠和崂山，并为友人黄朗生作《劳山图志序》。在这篇序文中，顾炎武考证出"劳山"之名起于秦始皇之时，秦始皇登此山，万人为之开道，百官为之扈从，一郡之人为之供应张罗；名之为"劳山"，乃谓其劳民伤财也。

不久，顾炎武到了济南。在济南，顾炎武结识了山东大儒张尔岐。张尔岐，字稷若，与清廷有杀父之仇。他的两个弟弟，一个不知下落，另一个也被清军杀害了。张尔岐不忘家国之痛，用《诗经》"匪莪伊蒿"之意，自号蒿庵。相传顾炎武有一次去山东通志馆，听见有人在讲《仪礼》，条贯井然，滔滔不绝，乃大为叹服。问此乃何人，曰："是故乡里句读师张生也。"次日凌晨，顾炎武就主动去拜访了张尔岐，从此定交，成为终身的好友。

清顺治十五年（1658）春，顾炎武登泰山，作《登岱》诗一首，并写成《岱岳记》八卷。随后又去曲阜谒孔庙，作《谒夫子庙》《七十二弟子》诗各一首。又往邹县谒周公庙、孟子庙，皆有诗抒怀。在山东邹平县，顾炎武结识了学者马骕，曾与他一起到邹平郊外的相公山上去寻访古代的碑文石刻。顾炎武还与马骕一起参与了《邹平县志》的校订。复去章丘，再返济南，又自济南赴潍县，有《潍县》诗两首，诗云：

人臣遇变时，亡或愈于死。夏祚方中微，靡奔一人尔。
二斟有遗迹，当日兵所起。世人不达权，但拜孤山祀。

我行适东方，将寻孔北海。此地有遗风，其人已千载。
英名动刘备，一为却管亥。后此复何人，崎岖但荒垒。

这两首诗是在潍县、昌乐交界处的一个祭祀殷代遗民伯夷和叔齐的庙前写的。在诗中，他认为，像伯夷、叔齐那样不食周粟而死，并不值得纪念，真正值得立庙祭祀和纪念的，是附近的"二斟"，即斟寻、斟灌二地，这里是夏代的中兴之主少康和他的臣子伯靡起兵诛灭篡夺者寒浞的地方。诗的弦外之音是非常明显的。他的北行，绝没有放弃结交豪杰、待时起兵、恢复故国的宏愿。

是年秋，顾炎武北上幽燕，首次到北京，有《京师作》诗一首。诗云：

> 煌煌古燕京，金元递开创。初兴靖难师，遂驻时巡仗。
> 制掩汉唐闳，德俪商周王。巍峨大明门，如翚峙南向。
> 其阳肇圜丘，列圣凝灵贶。其内廓乾清，至尊俨疏纩。
> 缭以皇城垣，靓深拟天上。其旁列两街，省寺郁相望。
> 经营本睿裁，斫削命般匠。鼎从郏鄏卜，宅是成周相。
> 穹然对两京，自古无与抗。鄞宫逊显敞，未央失弘壮。
> 西来太行条，连天瞩崖嶂。东尽巫闾支，界海看混漾。
> 居中守在支，临秋国为防。人物并浩穰，风流余慨慷。
> 百货集广廛，九金归府藏。通州船万艘，便门车千两。
> 绵延祀四六，三灵哀板荡。紫塞吟悲笳，黄图布毡帐。
> 狱囚圻父臣，郊死凶门将。悲号煤山缢，泣血思陵葬。
> 宗子洎群臣，鸢岑与黔涨。丁年抱国耻，未获居一障。
> 垂老入都门，有愿无由偿。足穿贫士履，首戴狂生盎。
> 愁同箕子过，悴比湘累放。纵横数遗事，太息观今向。
> 空怀赤伏书，虚想云台仗。不睹旧官仪，茕茕念安傍？
> 复思塞上游，汗漫诚何当。河西访窦融，上谷寻耿况。
> 聊为旧京辞，投毫一吁怅。

顾炎武随后出京，至蓟州，过玉田，抵永平，登孤竹山，谒夷齐庙，作诗以言志。次年（1659 年）春，自永平出山海关，复返永平，往昌黎。昌黎人民曾经在这里大败清军，36 名民兵壮烈牺牲，当地人民立祠来纪念他们。还有一位没有留下姓名的"拽梯郎君"，当地人民也专门为之立祠纪念。顾炎武为之作《昌黎》诗一首和《拽梯郎君祠记》一文。

是年，顾炎武作《营平二州史事》六卷，可惜此书只有一小部分得以保留到今日，即《营平二州地名记》一卷。这一年，顾炎武还考察了当年戚继光镇守蓟州时的总镇府所在地三屯营，到昌平天寿山拜谒了十三陵，随后又考察了居庸关一带的地理形势。顾炎武作《居庸关》二首，诗云：

> 居庸突兀倚青天，一涧泉流鸟道悬。终古戍兵烦下口，本朝陵寝托雄边。
> 车穿褊峡鸣禽里，烽点重冈落雁前。燕代经过多感慨，不关游子思风烟。
>
> 极目危峦望八荒，浮动夕日遍山黄。全收朔地当年大，不断秦城自古长。
> 北狩千官随土木，西来群盗失金汤。空山向晚城先闭，寥落居人畏虎狼。

在考察边塞形势的时候，顾炎武不禁想起惨遭清军屠杀的数百万江南民众，想起与他一起奋起抗战而壮烈牺牲的好友陈子龙、杨廷枢、吴其沆、顾咸正等无数英烈，他的心情更为悲凉而沉痛。同时，恢复故国，决不让民族沦亡的悲剧重演的决心也更加强烈。

二、南返吴门，东游杭越

顾炎武返回山东后，听到郑成功与张煌言再次联师北伐的喜讯，立即整装南下。可是，当他到达扬州时，郑成功已兵败南京城下。顾炎武十分失望，作《江上》诗一首，诗云：

> 江上传夕烽，直彻燕南陲。皆言王师来，行人久奔驰。
> 一鼓下南徐，遂拔都门篱。黄旗既隼张，戈船亦鱼丽。

几令白鹭洲,化作昆明池。下湖担壶浆,九江候旌麾。
宋义但高会,不知兵用奇。顿甲守城下,覆亡固其宜。
何当整六师,势如常山蛇。一举定中原,焉用尺寸为?
天运何时开,干戈良可哀。愿言随飞龙,一上单于台。

从诗中所写的内容看,顾炎武对郑成功此次北伐的经过了解得是很清楚的。他认为此次北伐之所以失败,就在于郑成功长久地屯兵南京城下而不知用兵出奇制胜的道理。

怀着悲凉的心情,顾炎武再一次告别了江南的友人,踏上了北上之路。他在天津过了春节,又再次去昌平拜谒了十三陵。在北京,他见到了去年中了状元的外甥徐元文,会见了当年在黄山与金声、吴应箕一起举兵抗击清军的王丽正,并作《送王文学丽正归新安》诗一首。六月,赴山东。

清顺治十七年(1660)秋天,顾炎武回到南京,第七次拜谒明孝陵,悼古伤今,感慨不已,诗中有"春谒长陵秋孝陵"之句。在南京,他还会见了刚刚参加乡试中举的外甥徐乾学。次年正月,回吴门。春夏之交时前往杭州,往返皆经吴江,访好友吴炎、潘柽章、戴笠等人。顾炎武后来回忆此行与吴炎、潘柽章的相会时写道:"苏之吴江有吴炎、潘柽章……二子皆居江村,潘稍近,每出入,未尝不相过……予之适越,过潘子时,余甥徐公肃新状元及第,潘子规余慎无以甥贵稍贬其节,余谢不敢。二子少余十余岁,而余视为畏友,以此也。"(《书吴潘二子事》)到杭州后,本想东渡娥江,到浙东去访问黄宗羲,"而逡巡未果"。于是渡钱塘,谒绍兴大禹陵,上会稽山,凭吊南宋六陵,为余姚吕章成作《吕氏千字文序》。吕章成是坚守民族气节的明朝遗民,《吕氏千字文》是一本"纪有明一代之事"的书。

顾炎武在余姚时,江南的形势骤然变得十分险恶起来。这年(清顺治十八年,公元1661年)春天,清朝皇帝福临病死,清廷加强了对江南地区人民的镇压,实行恐怖统治。江宁巡抚朱国治下令处决所谓"江南十案"的案犯121人,锦绣江南笼罩在一片腥风血雨之中。同时,清廷还在酝酿着更大规模的镇压。江南非久留之地,是年秋,顾炎武回到苏州,旋即前往南京,渡江北上,再赴山东。这年九月,清军入缅甸俘获南明永历帝,次年将其绞杀于昆明。

清康熙元年(1662)春,顾炎武从山东北上,又至昌平。这年顾炎武50岁。在昌平道上,作《五十初度时在昌平》诗一首。第三次谒思陵,撰文纪念崇祯皇帝殉难18周年。也正是在这一天拜谒思陵时,顾炎武听到了从缅甸传来的清军俘获永历帝的消息,但他并没有因此丧失民族复兴的信心,而是坚信"时来夏后还重祀,识定凡君自未亡"(《三月十九日有事于宫时闻缅国之报》)。

三、往来秦晋,遥祭吴潘

指望由南向北恢复中原,一时看来似已无望,于是顾炎武想到了另一条路线,即由西向东的路线,也就是汉、唐得天下的路线。于是他决定考察陕西和山西,那里是清朝统治尚且比较薄弱的地方。顾炎武西登太行,过井陉,至太原。其巨著《肇域志》即于此时成书。该书自崇祯己卯(1639年)开始撰著,至此(1662年)已二十三年。《肇域志序》亦当于此时写成。

在太原,顾炎武结识了一位奇士——侠肝义胆的传奇人物、著名的大学者和思

顾炎武《又酬傅处士次韵两首》部分(苏泽立书)

想家傅山。傅山是山西阳曲人,生于明万历三十五年(1607),卒于清康熙二十三年(1684),初名鼎臣,字青竹,后改字青主,比顾炎武大六岁。他30岁(崇祯九年)时,就成功地领导了一次声闻全国的学生运动。当时的山西提学袁继咸被阉党诬陷下狱,傅山约集了全省的生员一百余人赴京请愿,最终迫使朝廷将袁继咸无罪释放。明亡后,自号"朱衣道人",从事地下抗清活动。清顺治十一年(1654),因参与南明总兵宋谦策划的晋豫边界起义,以"叛逆钦犯"之名被捕入狱。但他极懂得斗争策略,坚决不承认参与策划起义之事,并以绝食抗议,当局无法定罪,又经友人设"奇计"营救,乃得出狱。顾炎武听说山西有此奇士,欣然前往拜访,二人从此定交。顾炎武以傅山为知己,其《赠傅处士山》诗云:

> 为问明王梦,何时到傅岩?临风吹短笛,剧雪荷长镵。
> 老去肱频折,愁深口自缄。相逢江上客,有泪湿青衫。

傅山亦有诗相赠,诗云:

> 好音无一字,文采会贲岩。正选高松座,谁能小草铲。
> 天涯之子遇,真气不吾缄。秘读朝陵记,臣躬汗浃衫。

二人互相倾诉心曲,志同道合,时常一起出游。傅山作《晤言宁人先生还村途中叹息有诗》,诗中慨叹"河山文物卷胡笳",颇为伤感。顾炎武乃作《又酬傅处士次韵》二首,第一首第一句云"清切频吹越石笳",颇有王夫之"抱刘越石之孤愤"的意味;第二首更一扫感伤意味,诗云:

> 愁听关塞遍吹笳,不见中原有战车。三户已亡熊绎国,一成犹启少康家。
> 苍龙日暮还行雨,老树春深更著花。待得汉廷明诏近,五湖同觅钓鱼槎。

告别了傅山,顾炎武前往山西代州,拜李克用墓,游五台山,作《五台山记》。在代州,顾炎武结识了又一位忘年之交——年方33岁的李因笃。李因笃,字子德,号天生,陕西富平人,比顾炎武小18岁,此时他正在代州当家庭教师。清军入关时,他还是个孩子,但他坚守民族气节,不去参加清朝的科举考试。顾炎武十分敬重他的人品和学问,便和他交了朋友。随后,顾炎武又到了汾州,巧遇阔别十年的好友、遗民诗人申涵光,作《雨中送申公子涵光》诗一首赠之。

正当顾炎武在山西高吟"待得汉廷明诏近"的时候,在江南却发生了一起惨绝人寰的文字狱案。康熙二年(1663),庄廷鑨《明史》案发。在这场浩劫中,顾炎武的好友吴炎、潘柽章都在同一天被清朝统治者凌迟处死于杭州的弼教坊,他们尚未写成的《明史记》一书和所有的史料也被当局付之一炬。听到这一悲惨的消息,顾炎武悲痛万分,肝肠欲裂,乃遥祭两位好友于汾州旅舍,作《书吴潘二子事》一文及《汾州祭吴炎潘柽章二节士》诗一首。

顾炎武书《五台山记》

> 庄廷鑨是浙江湖州人,双目失明,又不甚通晓古今,却以"左丘失明,乃著《国语》"自勉。他从邻居故明阁辅朱国桢家获得了很多明代的史料,于是便召集了很多学者,日夜编撰《明史》。书成而庄廷

人师 顾炎武

钺死，其父庄胤城为之刊刻出版。顾炎武的好友吴炎、潘柽章是江南两位杰出的历史学家，清军占领江南后，他们两人为保存故国历史，共同著《明史记》。顾炎武非常支持他们的事业，把自己所搜集和保存的大量明代史料都交给了潘柽章。庄廷钺生前仰慕吴炎、潘柽章的盛名，将他们列入参阅者的姓名之中；亦曾邀请顾炎武到家中，想请他列名，顾炎武"薄其人不学"，故没有列名其中。该书刊行后，浙江的一些丧尽天良的读书人就纷纷拿着书到庄家去敲诈勒索，各得其所欲而去。浙江归安有一个叫吴之荣的县令，因赃系狱，遇赦得出，见有机可乘，也去庄家敲诈。庄家被敲诈得实在不能忍受了，就拒绝了吴之荣的勒索。吴之荣就向官府告发，但地方官却袒护庄家。于是这个无耻之徒就跑到北京，直接向他的清朝主子告状。鳌拜等辅政四大臣大怒，立即派遣钦差大臣到浙江，从重从快从严处理此案。五月，清廷将庄廷钺的父亲及其兄庄廷钺和弟侄、列名参阅的18人、刻书者、卖书者以及袒护庄家的地方官等，统统处以死刑，其中18人被凌迟处死，200余人被斩首；已故的庄廷钺亦被掘其墓而焚其骨；庄家的财产被清廷没收，妻妾被流放，列名参阅的18人的家眷亦遭流放之祸，被流放到宁古塔为奴的多达700余家。

怀着万分悲痛的心情，顾炎武又踏上了西去的路途。这年秋天，顾炎武取道蒲州，入潼关，登华山，开始了他的首次关中之行。在华阴县，他访问了万寿祺的朋友王弘撰，并与他结为终身好友。王弘撰，号太华山史，陕西华阴人，家住华山下。王弘撰熟谙明朝故实，工书法，嗜金石，尤好鉴别书法名画，且精通《周易》。顾炎武在《广师》中说："好学不倦，笃于朋友，吾不如王山史。"告别王弘撰以后，顾炎武取道骊山，前往西安，作《骊山行》诗一首，诗云：

> 长安东去是骊山，上有高台下有泉。前有幽王后秦始，覆车在昔良难纪。
> 华清宫殿又何人？至今流恨池中水。君不见天道幽且深，败亡未必皆荒淫。
> 亦有英君御区宇，终日忧勤思下土。贤妃助内咏鸡鸣，节俭躬行迈往古。
> 一朝大运合崩颓，三宫九市横豺虎。玄宗西幸路仍迷，宜白东迁事还沮。
> 我来骊山中哽咽，四顾彷徨无可语。伤今吊古怀坎坷，呜呼其奈骊山何！

然后到富平县的明月山下访问李因笃，到乾州去看了唐高宗李治与武则天的合葬陵——乾陵。

康熙二年（1663），顾炎武访李颙于盩厔（今陕西周至）。李颙，字中孚，陕西盩厔人。因取《汉书》"山曲曰盩，水曲曰厔"之意，别署二曲土室病夫，学者因称之为二曲先生。是年李二曲37岁。李二曲的父亲李可从是在与李自成的农民军作战时阵亡的，当时二曲才16岁。清军入关后，李二曲坚守民族气节，决不仕清。这是顾炎武与李二曲能成为好友的思想基础。李二曲学宗陆王。顾炎武与他交谈，上下古今，靡不辨订，而李二曲则颇不以为然，他对顾炎武说："尧舜之知而不遍物，急先务也。吾人当务之急，原自有在，若舍而不务，惟骛精神于上下古今之间，正昔人所谓'抛却自家无尽藏，沿门持钵效贫儿'也。"顾炎武听了此话，"为之怫然"，感到很失望。但这一学术上的分歧并没有影响他们二人的友谊，他们除了在一起切磋学问外，还通过书信来讨论学术问题。顾炎武把李二曲与王弘撰、李因笃三人并称为他的"关中三友"。

通过结交关中的豪杰之士，顾炎武终于寻访到了已经改名换姓而隐藏在民间的朱明王朝宗室之幸存者。此人名叫朱存杠，是朱元璋的第二个儿子朱樉的九世孙，朱樉被封为秦王，故其后人世居西安。是年，顾炎武再游西安，专门去西安郊外东南八里处访问了朱存杠。此时朱存杠已改姓杨，名谦，年已62岁，顾炎武为其父作《朱子斗诗序》，并收其子杨烈和外甥王太和为学生。是年冬，顾炎武再至太原。康熙三年（1664），游后土祠，该祠为汉武帝所立，顾炎武感而作《后土祠》诗一首，呼唤"雄才应有作，洒翰续《秋风》"，希望明朝宗室后人能有汉武帝那样的雄才大略，来打造明朝的中兴。复至汾州及绛州，游绛州之龙门山,随后自大同到西口,于七月第四次进京,第四次谒天寿山十三陵,祭奠崇祯皇帝。然后南下山东德州,造访当年的复社志士、钱谦益和柳如是的好朋友程先贞,夜谈一夕而去。在泰安过了春节后,已是康熙四年(1665),顾炎武再至德州、济南,从济南至章丘,置田地十顷于大桑家庄。随后去河南辉县访问著名学者孙奇逢。但此时孙奇逢已因《甲申大难录》文字狱案而被清廷逮捕,押往北京,顾炎武未能见到他。

　　康熙五年(1666)夏,顾炎武又到了太原。这次在太原,顾炎武又结识了两位奇士,一位是不久前还在策动反清武装起义的著名学者朱彝尊,另一位是来自岭南的著名抗清志士屈大均。朱彝尊,字锡鬯,浙江秀水人,当年的复社志士,"复社第一集同盟奉为抡魁"。清军占领江南后,客游四方,亦从事反清的秘密活动。顾炎武曾说:"文章尔雅,宅心和厚,吾不如朱锡鬯。"作《朱处士彝尊过余于太原东郊赠之》诗一首。屈大均(1630—1696),字翁山,又字介子,广东番禺人。广东沦陷后,屈大均毅然投笔从戎。南明永历元年(1647),随兵科给事中陈邦彦起义进攻广州。陈邦彦壮烈牺牲后,屈大均前往肇庆投奔永历帝,因父病而复回广东。其父去世后,遂身穿僧服游历大江南北,到处结交豪杰之士。不久,又参加了郑成功的部队,随军攻入镇江,进攻南京。此次北伐失败后,曾南下昆明,游说吴三桂,晓以民族大义,劝其反正而未果。接着,又与朱彝尊等人再次策动反清的武装起义。失败后,乃北游山陕。康熙五年,自陕西至太原,与顾炎武和朱彝尊相会。顾炎武大喜,作《屈山人大均自关中至》一诗,诗云:

　　　　弱冠诗名动九州,纫兰餐菊旧风流。何期绝塞千山外,幸有清樽十日留。
　　　　独瀌泥深苍隼没,五羊天远白云秋。谁怜函谷东来后,班马萧萧一敝裘。

　　这年,顾炎武与傅山、李因笃、朱彝尊等二十余人集资垦荒于雁门关之北,并亲为筹划经营。他给潘耒写信道:"近则稍贷赀本,于雁门之北,五台之东,应募垦荒。同事者二十余人,辟草莱,披荆棘,而立室庐于彼。然其地苦寒特甚,仆则遨游四方,亦不能留住也。彼地有水而不能用,当事遣人到南方,求能造水车、水碾、水磨之人,与夫能出资以耕者。大抵北方开山之利,过于垦荒,畜牧之获,饶于耕耨,使我泽中有千牛羊,则江南不足怀也。"(《与潘次耕》)是年秋,顾炎武北出雁门,屈大均和赵劻鼎一直相送到雁门关外。临别时大均和劻鼎都有诗相赠。顾炎武作《出雁门关,屈赵二生相送至此,有赋》诗二首相赠,诗云:

　　　　一雁孤飞日,关河万里秋。云横秦塞白,水入代都流。
　　　　烽火传西极,琴樽聚北州。登高欣有赋,今见屈千牛。

　　　　赵国佳公子,翩翩又一时。满壶桑落酒,临别重相思。
　　　　路绝花骢汗,情深越鸟枝。贤兄烦锁钥,边塞寄安危。

　　屈大均此次送顾炎武北出雁门,没想到竟成永别。16年后,屈大均在岭南听到顾炎武去世的噩耗,悲痛地写下了《哭顾亭林处士》的诗篇,诗云:"雁门相送后,秋色满边城。白日惟知暮,寒天讵肯明。才分南北路,便有死生情。皓首悲难待,黄河必已清。"足见二人志同道合,生死情深。

　　据赵俪生先生考证,顾炎武在北行之初,曾有仿效张良"博浪椎击",谋刺清朝皇帝的企图,并举顾炎武《平舒道》《秀州》二诗为证。两诗云:

　　　　　　　平　舒　道
　　　　何处平舒道,西风卷夕云。空留一片璧,为遗滈池君。

　　　　　　　秀　州
　　　　秀州城下水,日夜生春云。云含秀州塔,鸟下吴江濆。
　　　　我愿乘此鸟,一见沧海君。异人不可遇,力士难再得。
　　　　海内不乏贤,何以酬六国。将从马伏波,田牧边郡北。

复念少游言,凭高一凄恻。

顾炎武在北游之后,越是走到临近清朝政治统治中心的地方,他的仿效荆轲刺秦王或张良"博浪椎击"的企图就越是强烈;而这种企图之难以实现,也确实使顾炎武为之伤心了一场。有《督亢》一诗为证:"此地犹天府,当年竟入秦。燕丹不可作,千载自凄神。野烧村中夕,枯桑垅上春。一归屯占后,墟里少遗民。"但顾炎武并没有因此而灰心丧气,他要做更长远的打算,因此,他总是在栖栖惶惶地奔走着,"河西访窦融,上谷寻耿况"(《京师作》),希望能够找到像当年帮助汉光武帝刘秀打天下的窦融和耿况那样的明之遗臣故将,共图大业。

相传顾炎武在太原时曾与傅山共同创立山西票号,一切组织规则皆顾炎武手订,后人率循之,遂使山西成为二百余年金融中心。据徐珂《清稗类钞》"山西票号"条云:"相传明季李自成掳巨资败走山西,及死,山西人得其资以设票号。其号中规则极严密,为顾炎武手订,遵行不废,故称雄于商界者二百余年。"章太炎在《书顾亭林轶事》一文中也记载了山西人的这一传说,称顾炎武与傅山共同创立山西票号:"亭林尝得李自成窖金,因设票号,属傅青主主之。始明时票号规则不善,亭林与青主更立新制,天下信从,以是饶于财用。清一代票号制度,皆亭林、青主所创也。"太炎先生对此作了具体的分析和推论,认为顾炎武不仅是票号制度的创立者,更是清代会党组织的创建者,顾炎武名为儒,实为侠。

康熙六年(1667),顾炎武55岁。这年,顾炎武的《音学五书》由友人张力臣刊刻于淮上,张力臣亲为校雠,为之改正一二百处,顾炎武大为叹服,曰:"笃信好古,吾不如张力臣!"顾炎武又亲赴淮上,作《音学五书序》。复作《与友人论学书》,提出"博学于文,行己有耻"的为学宗旨,同时致函张尔岐并附《论学书》。张尔岐作《答顾宁人书》,肯定顾炎武的观点"真足砭好高无实之病",同时又对顾炎武排斥"性命之理"的观点提出了不同的看法。

四、受累诗狱,交往贰臣

从康熙六年至七年(1667—1668),顾炎武一直被清廷的文字狱案纠缠着。其遭遇正如清代学者沈岱瞻所说:"先生(指顾炎武)初脱吴中陈济生《启祯两朝诗选》之狱,复遭山左黄培诗狱之诬。"

陈济生是顾炎武的姐夫,二人同为吴江惊隐诗社的社友,亦与归庄为好友,交往非常密切。清顺治十年(1653),陈济生开始选编天启、崇祯两朝遗诗,顾炎武和归庄从一开始就是积极参与者。顺治十六年(1659)书成。该书书名全称《天启崇祯两朝遗诗》,又称《忠节录》,简称《启祯集》。书中有许多与顾炎武相关的内容,包括顾炎武的嗣祖顾绍芾、本生祖顾绍芳、生父顾同应的诗和传,顾炎武的族叔顾咸正的诗和传等;在该书的《顾推官咸正传》中,亦明确写道:"晚与宁人游……今为纪其大略,其详则有宁人所为状及玄恭(归庄)撰二子传在。"

该书行世后,江南一些无廉耻的读书人见该书有触时忌,就不断向为该书作序的人敲诈钱财,否则就要向清廷告发。江南沈天甫、吕中、夏麟奇敲诈二千两银子不成,便向清廷告发了《启祯集》一书,说该书表彰明朝的忠臣节士,讥刺清朝。清廷刑部奉旨,要对"书内有名之人共七百名,内有写序写诗讥伤本朝之人五十余名合行查究"。一时大有"黑云压城城欲摧"之势,人心惶惶可以想见。由于此案不仅涉及江南,而且波及全国,真的兴起大狱来将大大激化民族矛盾,直接危及清朝统治的稳定。绝顶精明的康熙皇帝顾忌到这一点,所以案件的处理就由可能出现的悲剧结局而迅速向着喜剧式的结局转化。陈济生与归庄、顾炎武等反清复明人士编撰的《启祯集》被说成是向清廷告密者的伪造,向清廷告密的走狗被他们的主子说成是造伪书诬陷他人的奸民,被杀头的不是不忘故国的明朝遗民,而是向清廷邀功请赏的告密者。就这样,一场可能到来的浩劫被消弭于无形之中,顾炎武亦因此而未被殃及,可谓有惊而无险。

但"山左黄培诗狱"的情况就不同了,顾炎武因此而遭牢狱之灾,因友人营救和他的机智,以及康熙皇帝不敢再兴大狱等原因而侥幸脱险,而他的好友黄培等人则惨遭清政府杀害。

事情还得从康熙五年(1666)的"十四人逆诗案"说起。这年六月,山东莱州原明兵部尚书黄宗昌的家奴、当了清廷翰林的姜元衡向清廷告发,说黄宗昌之侄黄培、子黄坦以及黄培之侄黄贞麟等十四人撰写"逆诗",于是康熙皇帝就下令山东督抚亲审。次年《启祯集》案发。此案又牵涉黄家,因为书内有黄培之叔、黄坦之父黄宗昌的传记,姜元衡抓住黄家这一大把柄,借此大做文章。"据其所告,此书中有《黄御史传》一篇,有云'家居二年握发以终',以为坦父不曾剃头之证。有《顾推官咸正传》一篇,有云'晚与宁人游',有云'有宁人所为状在',以为宁人搜辑此书之证。"姜元衡与顾炎武素昧平生,之所以要把顾炎武牵扯进来,是受了山东土豪谢长吉的唆使。谢长吉曾向顾炎武借银千两,不想偿还,就答应把章丘大桑家庄的田产抵押给顾炎武。而只要借官府之手杀了顾炎武,谢长吉就可以收回这些土地。于是,原先的"十四人逆诗案"便又转移到《启祯集》案上。山东抚院开审此案,禀称:"有《忠节录》即《启祯集》一书,元衡口供:《启祯集》二本皮面上有'忠节录'字样。陈济生所作,系昆山顾宁人到黄家搜辑发刻者。咨行原籍逮征。"

这时,顾炎武正流寓北京慈仁寺,听说了山东再审《启祯集》文字狱案之事,倘若这一案件被翻过来,不仅自己性命难保,而且一大批人会因此家破人亡。顾炎武清醒地意识到这一事件可能导致"起大狱以祸天下"的严重后果。面对这一突如其来的灾难,他十分冷静,决定与清廷斗智,来保护自己和因此案而被牵连的人。顾炎武毅然出京,前往山东济南府对簿公堂。行至德州时,得知朝廷已派人到江南去缉拿自己。为防意外,顾炎武焚毁了有关书信,并致函李因笃,请他设法解救。顾炎武到达济南府,即被关进监狱。

顾炎武入狱后,一方面立即致函从叔父顾兰服和外甥徐元文,要徐元文迅速北上营救。另一方面,又写信给朱彝尊的姑表兄弟、时任登州知府的谭吉璁等人,说明姜元衡所供之书与前此沈天甫"伪造"之书为同一书,故此案无须再审。与此同时,顾炎武的朋友们也多方展开了营救活动。李因笃闻讯后,火速赶赴北京,向京城的友人告急求救,然后赴济南狱中探视;朱彝尊一听说此事,亦立即赶赴济南,住进了山东巡抚刘芳躅的幕署,为顾炎武开脱辩解;徐元文等人亦出面多方斡旋。当然,在这场与清廷斗智斗勇的激烈交锋中,顾炎武采取了"不承认主义"和"以攻为守"的斗争策略。他一口咬定《启祯集》是伪造的,与自己和朋友们毫无干系;《启祯集》中有字"宁人"者,但"宁人"二字前并无"顾"字,凭什么说此"宁人"就是顾宁人?且《启祯集》案已有定论,姜元衡之流企图翻案乃是出于不可告人的目的,更是目无今上的大逆不道的行为。他不仅要保护自己和被牵连的一大批江南读书人,还要让那些穷凶极恶之徒落一个诬告的罪名。

山东抚院开庭审理,"先取有同案中年老者四五人保识黄御史曾已遵制剃头口供,次辩《启祯集》中有宁人字无顾姓,又不在黄御史一篇传内,并审出衅起章丘地土情由。惟问姜要顾宁人辑书实证,无词以对"。此次开庭审理以有利于顾炎武的结果而结束。顾炎武虽仍身在囹圄,但已对胜利充满信心。他给淮安友人王略写信说:"虽南冠未税,而是非已定,不惟区区一身得以保全,而并为士类造无穷之福。"

不过,负责审理此案的山东巡抚刘芳躅对于案件的真相却是心知肚明的,多方面的顾忌使他既不便把

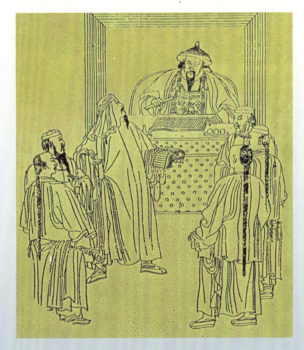

济南蒙冤,力辩公堂

案件继续查下去，也不敢匆忙结案。从三月入狱到九月出狱，顾炎武度过了七个月零五天"每日以数文烧饼度活"的监狱生活，受了很多的折磨。他出狱以后，归庄写信慰问他，一方面说他"迂怪"，怎么自己跑到监狱去受苦；另一方面却也十分敬佩顾炎武与清廷斗智斗勇的本领，说他"善处忧患"。

当然，康熙皇帝不敢兴大规模的文字狱，小规模的文字狱还是要兴的。"《启祯集》案"最后被归结到"十四人逆诗案"。康熙八年（1669）春，所谓的"十四人逆诗案"审结，四月一日（公历4月30日），黄培等人在济南被清政府残酷杀害。清政府要禁绝焚毁一切"违碍"书籍，但《天启崇祯两朝遗诗》和黄培的《含章馆诗集》的残本还是被人们艰难地保存下来了。

顾炎武出狱后，于次年（清康熙八年，1669年）收潘耒为弟子，作《亡友潘节士之弟耒远来受学兼有投诗答之》诗二首。

顾炎武虽身在北方，但始终与南方的明朝遗民和抗清志士保持着联系，南方的仁人志士们也深切地怀念着顾炎武。康熙十年（1671），61岁的方以智作《寄亭林居士山水册》，自题曰："辛亥暮春，病中强起，草草成此四帧，寄呈亭林士。弘智。"夏初，又带病为顾炎武作山水画十二帧，自题："辛亥首夏弘智负疴又为亭林居士写。"不久，方以智被当局迫害而死，消息传到北方，顾炎武十分悲痛。他一直精心保存着方以智的山水画册，晚年展视，不胜凄怆，作诗云："久留踪迹在尘寰，满腹珠玑岂等闲。可奈长辞归净土，那堪别泪洒人间。"

顾炎武青年时代的朋友、复社的豪杰之士，这些民族的精华、社会的精英，几乎无不惨死在清统治者的残酷迫害之下。每当想到这一切，顾炎武的心中就充满了无比的悲愤！

顾炎武在北方访学，也曾与投降清廷的一些"贰臣"有过交往，甚至有诗文唱和，这也是事实。谢正光先生在《明末清初士人交游考》一书中对此作了非常详细的考证。其实，顾炎武也不隐讳这一点。但是，他与"贰臣"们的交往是有原则的，并曾作诗以明志，其《谒夷齐庙》诗云：

言登孤竹山，忾焉思古圣。荒祠寄山椒，过者生恭敬。
百里亦足君，未肯滑吾性。逊国全天伦，远行辟虐政。
甘饿首阳岑，不忍臣二姓。可为百世师，风操一何劲。
悲哉尼父穷，每历邦君聘。楚狂歌凤衰，荷蒉讥击磬。
自非为斯人，栖栖无乃佞。我亦客诸侯，犹须善辞命。
终怀耿介心，不践脂韦径。庶几保平生，可以垂神听。

其《与人书五》，也许就是写给一位"贰臣"的。此人要顾炎武在文章中为他说好话，顾炎武就立即写了一封义正词严、令收信人哭笑不得而又令今人读来忍俊不禁的回信。他在信中写道：

君子将立言以垂于后，则其与平时之接物者不同。孔子之于阳货，盖以大夫之礼待之，而其作《春秋》则书曰"盗"。又尝过楚，见昭王，当其问答，自必称之为王，而作《春秋》则书："楚子轸卒。"黜其王，削其葬。其从众而称之也，不以为阿；其特书而黜之也，不以为亢，此孔子所以为圣之时也。孟子曰："庸敬在兄，斯须之敬在乡人。"今子欲以一日之周旋，而施诸久远之文字，无乃不知《春秋》之义乎？

顾炎武在信中坦率地承认自己的立言与待人接物不同，与"贰臣"们交往，讲话时恭维他们，是"从众而称之"，而在写书作文时痛斥"贰臣"，则是效法孔子的《春秋》之义。顾炎武的这封信，把他的性格鲜明地展现在我们的面前。

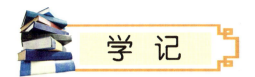

学 记

● 发人深省

本课最能使你有所启发的两句话是：

1.

2.

● 合作探究

1. 顾炎武首次北上考察的对象是哪里？他为什么要这样做？

2. 顾炎武"置产章丘，垦荒雁北"给你的启示是什么？

3. 如何评价顾炎武与"贰臣"的交往？

● 责任意识

通过本课学习，你认为一个人应该具有怎样的社会责任意识？

● 启示录

1. 本课对你为人的启示是：

2. 本课对你为学的启示是：

第5课

一身长瓠落,四海竟沦胥

——生命的最后岁月

(61—70岁,1673—1682年)

> 济南案结,顾炎武已年届五十有七。此后十余年间,他并未返乡安度晚景,依然常年往来于直、鲁、秦、晋间,志在九州,著述经世,一直到他生命的最后一息。
>
> ——陈祖武
>
> 国初名儒,予最服膺顾亭林先生。先生之学博矣,而无考据家傅会穿凿、蔓引琐碎之病;先生之行修矣,而无讲学家分门别户、党同伐异之习;先生之才识优矣,而无纵横家矜才逞智、剑拔弩张之态。
>
> ——宋 湘

顾炎武是一位以天下为己任的杰出学者,他早年奔走国事,中年图谋匡复,晚年则志在天下,著述经世,鞠躬尽瘁,死而后已。顾炎武一生的最后岁月,过得格外充实。

一、三藩起兵,归庄逝世

康熙十二年(1673),清廷下令撤三藩。被清廷封为"平西王"、负责镇守云南的吴三桂宣布恢复汉族衣冠,哭祭明朝永历皇帝,自称"兴明讨虏大将军",在昆明举起了"反清复明"的旗帜,并宣称明朝的朱三太子在其军中,从云南起兵北伐。镇守福建的"靖南王"耿精忠、镇守广东的"平南王"尚之信、广西将军孙延龄也先后起兵响应。同时,郑成功的儿子郑经也在台湾发出反清檄文。次年,吴三桂的军队即攻入湖南,连克衡阳、常德、长沙、岳州等地,耿精忠的军队攻取了浙江、江苏诸州县,郑经也率军从台湾进入闽浙。四川巡抚罗森、襄阳总兵杨东嘉、陕西提督王辅臣等也先后举起反清旗帜。接着,原夔东十三家农民军的谭洪、彭时亨等部也再次起兵,攻克阳平关。一时四方鼎沸,清廷为之大震。

吴三桂等"三藩"的个人人品以及

昆山千灯顾炎武事迹浮雕墙

他们反清的主观动机且不去说他,但他们的这次反清行动,却在客观上反映了民族自尊心尚未泯灭的广大汉族人民反对清朝民族压迫的心愿,李自成农民军余部的起兵响应就是证明。许多明朝的遗民也为这一突如其来的反清斗争形势而激动。吴三桂在云南起兵时,把曾经在江南兴"奏销案"大狱、杀害金圣叹等一大批江南读书人、后被康熙皇帝派往云南监视吴三桂的朱国治杀了祭旗,令江南读书人十分振奋。江南著名学者、著有《读史方舆纪要》的顾祖禹南下福州,参加了耿精忠的幕府。两广、湖南、江西的明朝遗民们也都以不同的方式来参与这场反清斗争。顾炎武的好友屈大均到吴三桂的军中做了幕僚,江西学者梁质人也在吴三桂麾下的一支部队中担任联络工作;隐居著书的王夫之也走出深山,奔走于沅湘之间,到处联络同志,并与广西将军孙延龄取得联系,赠其《双鹤瑞舞赋》,以"光赞兴王,胥匡中夏"相勉。

吴三桂在云南起兵时,62岁的顾炎武刚到北京,一听到这一消息,就立即离开京城,奔走于山西、山东、河南、陕西等地,到处与朋友联络,并且与远在江南的友人也加强了联系。如火如荼的反清斗争形势,确实使顾炎武大为振奋。在顾炎武看来,清朝军事贵族对汉族人民的残酷杀戮和压迫,使得广大汉族人民再也不能忍受;而当时的历史事实,亦正如顾炎武所指出,人心所向已经到了"人人欲从乱"的地步。因此,这是一场反抗民族压迫的战争,而不是像如今的某些历史学家所说的这是一场违背人民要求社会安定之愿望的战争。

也正在这时候,从南方传来了归庄逝世的噩耗,顾炎武不禁失声恸哭。回首平生交游,唯归庄可谓自幼至老、同心同德、生死不渝的最亲密的朋友。乃作文以祭之,曰:"先王道丧,士习懦愞,孔子有言:'必也狂狷。'归奇顾怪,一时之选。"又作《哭归高士》诗四首,情深意挚,非比寻常。诗云:

> 弱冠始同游,文章相砥厉。中年共墨衰,出入三江汭。
> 悲深宗社墟,勇画澄清计。不获骋良图,斯人竟云逝。
>
> 峻节冠吾侪,危言惊世俗。常为扣角歌,不作穷途哭。
> 生耽一壶酒,没无半间屋。惟有孤竹心,庶比黔娄躅。
>
> 太仆经铿铿,三吴推学者。安贫称待诏,清风播林野。
> 及君复多材,儒流嗣弓冶。已矣文献亡,萧条玉山下。
>
> 郦生虽酒狂,亦能下齐军。发愤吐忠义,下笔驱风云。
> 平生慕鲁连,一矢解世纷。碧鸡竟长鸣,悲哉君不闻!

在第四首诗中,他说归庄虽然嗜酒伴狂,却懂得军事,能够从军作战,又能够草拟气势磅礴的军事檄文,并且有战国时期的豪杰之士鲁仲连式的侠肝义胆和才智,如今南方的汉族军队已经开始北伐,预示着天明的"碧鸡"已经发出长鸣,可惜归庄再也听不到这振奋人心的声音了!

为了镇压汉族人民的反清斗争,康熙皇帝重新采用了他的祖先实行民族征服时的手段,即利用降清者作为征服汉族人民的工具。在西北,他利用死心塌地的降清者张勇,把当地的反清武装力量镇压了下去,并加封张勇为一等侯;又封张勇的儿子张云翼为大理寺卿,掌握全国刑狱和司法大权,利用他来严密监视明朝遗民的活动。顾炎武与当时在湖南的王夫之等人一样,都是清廷重点监视的对象。用顾炎武自己的话来说,这是一个"禁网之日密"的时期。由于当时有不少人为躲避南方的战乱而跑到北方,盛传南方的反清复明军队将士对顾炎武特别崇敬,这就使张云翼把对他的监视活动的重点放在了西北,具体地说,就是放在监视顾炎武和他的朋友们身上。这对顾炎武在西北的活动十分不利,使得顾炎武虽然很想有所作为,却很难有所作为。然而,顾炎武依然在频繁地奔走着、活动着。

二、以游为隐,矢志不渝

康熙十四年(1675)八月,顾炎武去了山西祁县学者戴廷栻的"丹枫阁",与朱彝尊等友人相会。戴廷栻是明朝的贡生,任曲沃教谕。清军入关后,坚守民族气节,隐居不仕。他居住的丹枫阁,与冒襄居住的如皋水绘园一样,都是当时具有反清思想的遗民士大夫经常聚会的地方,所谓"南有水绘园,北有丹枫阁"是也。戴廷栻为顾炎武筑室南山,朱彝尊为之在堂柱上题联,上联是:"入则孝,出则弟,守先王之道,以待后学。"下联是:"诵其诗,读其书,友天下之士,尚论古人。"顾炎武在此住到次年(康熙十五年)正月,就又奔赴山东。在山东,他作《汉三君》诗,仍然对南方的反清斗争寄予希望。诗云:

高　祖
父老苦秦法,愿见除残凶。三章布国门,企踵咸乐从。
虽非三王仁,宽大亦与同。传祚历四百,令名垂无穷。

光　武
文叔能读书,折节如儒生。一战摧大敌,顿使海㝢平。
改化名节崇,磨钝人才清。区区党锢贤,犹足支危倾。

昭　烈
卓矣刘豫州,雄姿类高帝。一身寄曹孙,未得飞腾势。
立志感神人,风云应时至。翻然遂翱翔,二豪安能制?

当时南方的反清复明军队正在长江流域与清军激战,在顾炎武看来,即使他们不能收复中原,倘能占据江南的半壁河山,也算是延续了汉民族的江山社稷和民族文化的血脉。

康熙十六年(1677)二月,顾炎武在北京再谒十三陵,作诗《陵下人言,上年冬祭时,有声自宝城出至祾恩殿,食顷止,人皆异之》痛斥"虏主"康熙帝。诗云:

昌平木落高山出,仰视神宫何崒嵂。
昭陵石马向天嘶,谁同李令心如日。
有声隆隆来隧中,骏奔执爵皆改容。
苌宏自信先君力,独拜秋原御路东。

纪念顾炎武诞辰400周年研讨会

诗中描写了"虏主"康熙皇帝及其侍从们拜谒十三陵时忽闻隧中传来巨大的声响,吓得面容改色、仓皇鼠窜的狼狈情景。同时,诗中还表明了顾炎武恢复故国山河的坚强信念:"昭陵石马向天嘶",乃是在呼唤像唐朝的西平王李晟那样的英雄豪杰来收复京师,实现唐朝的中兴;他又自比周代的著名忠臣苌弘,用苌弘所说的"先君之力可济"之意,来表达他对民族复兴之前途的憧憬。

清廷的"禁网日益密",也就必然伴随着政治上的日益腐败黑暗。三藩反清期间,顾炎武为了随时了解战局的进展,经常去北京探听消息。在徐乾学府上,他目睹了一些官场上的黑幕,实在使他难以忍受。他在《蓟门送子德归关中》中悲愤地写道:

> 与子穷年长作客,子非朱颜我头白。燕山一别八年余,再裹行滕来九陌。
> 君才如海不可量,奇正纵横势莫当。弹筝叩缶坐太息,岂可日月无弦望?
> 为我一曲歌伊凉,挈十一州归大唐。奇材剑客今岂绝,奈此举目都茫茫。
> 蓟门朝士多狐鼠,旧日须眉化儿女。生女须教出塞妆,生男要学鲜卑语。
> 常把汉书挂牛角,独出郊原更谁与?自从烽火照桑乾,不敢宫前问禾黍。
> 子行西还渡蒲津,正喜秋气高嶙峋。华山有地堪作屋,相与结伴除荆榛。

他64岁那年,徐乾学南归,想邀请潘耒到他府上当幕僚。顾炎武乃致函潘耒劝阻,他在《与潘次耕札》中写道:

> ……获游于贵要之门,常人之情鲜不愿者。然而世风日下,人情日诡,而彼之官弥贵,客弥多,便佞者留,刚方者去。今且欲延一二学问之士,以盖其群丑,不知薰莸不同器而藏也。吾以六十四之舅氏,主于其家,见彼蝇营蚁附之流,骇人耳目,至于微色发声而拒之,乃仅得自完而已……今次耕之往,将与豪奴狎客朝朝夕夕,不但不能读书为学,且必至于比匪之伤矣。

京城官场的黑暗、徐府上豪奴狎客朋比为奸的情形简直让顾炎武忍无可忍,加上南方的战局并不像他期待的那么顺利,因而他不时将火气倾泻到在朝廷做阔官的外甥徐乾学、徐秉义、徐元文兄弟的头上。有一次徐氏兄弟留他吃晚饭,他入座不久就要还寓,徐乾学等请终席张灯送归,他作色道:"世间惟有淫奔纳贿二者皆于夜行之,岂有正人君子而夜行者乎!"徐氏兄弟也只有曲意随顺他。

当然,顾炎武的多次北京之行也并非全无收获。除了了解时局的进展外,他还结识了一些新的朋友,了解到黄宗羲、吕留良、王夫之等人的情况。康熙十五年(1676)的秋天,他在北京见到了黄宗羲的两个学生陈锡嘏和万斯同,由此而获悉黄宗羲的近况。在此期间,他把黄宗羲的《明夷待访录》反复读了多遍,作《与黄太冲书》,对黄宗羲的这部杰作给予高度评价,并且告诉黄宗羲,他自己在北方游历十余年,也对"国家治乱之源,生民根本之计渐有所窥"。黄宗羲晚年在其深切怀念故交的《思旧录》一书中,专门写了关于顾炎武的条目,并全文照录了顾炎武这封信的内容。顾炎武在给李因笃的信中,对黄宗羲、吕留良备极推崇,说:"梨洲、晚村,一代豪杰之胤,朽人不敢比也。"(《答李子德》)与会见万斯同等人差不多同时,顾炎武还会见了来自湖南的僧人元瑛,听到了关于王夫之等人的消息,既为他们坚守民族气节而感到欣慰,又为故国的沦亡而不胜伤感。于是走笔疾书,写下了《楚僧元瑛谈湖南三十年来事,作四绝句》的诗篇。其中第一首就是咏王夫之的,诗云:"共对禅灯说楚辞,《国殇》《山鬼》不胜悲。心伤衡岳祠前道,如见唐臣望哭时。"诗中既讴歌了王夫之矢志不渝的爱国情操,也抒发了自己绵绵无尽的故国之思。

> 清廷之所以能把各地的反清斗争镇压下去,并不是因为它"得人心",而是因为它更为心狠手辣,如动辄屠城、滥杀无辜等等。康熙十七年(1678)三月,吴三桂见气数将尽,便在衡州称帝,国号大周,年号昭武。吴三桂当年曾为虎作伥,虽已反正,此时却自己做了皇帝,令许多明朝的遗民们十分失望。同年八月,吴三桂病死,其"大周"朝亦大势已去。

三、坚拒朝聘,不臣二姓

康熙十七年(1678),清廷为拉拢汉族士人,特别是一些素负重望的遗老,准备纂修《明史》,开博学鸿词科,令朝臣及各省督抚推荐人选。康熙皇帝的老师、大学士熊赐履要请顾炎武协助他修《明史》,顾炎武回答说:"愿以一死谢公。"顾炎武的同乡、内阁学士叶方蔼等人要推荐顾炎武参加博学鸿词科的考试,亦遭到顾炎武的严词拒绝,他十分愤怒地说:"七十老翁何所求?正欠一死。若必相逼,则以身殉之矣!"他的外甥徐乾学知道,如欲强逼,其舅必死,便向有关方面陈说顾炎武志不可屈之意,当局只好作罢。从此以后,顾炎武再也不进北京城。有人写信劝顾炎武说:"何不听人一荐?荐而不出,其名愈高。"他回答说:"此所谓钓名者也,夫今妇人之失所天也,从一而终,之死靡忒,其心岂欲见知于人哉?……若曰:必待人之强委禽焉,而力拒之,然后可以明节,则吾未之闻矣!"(《与人书二十四》)他又说,那些要推荐他出仕清廷的人都是些政治娼妓,干的是逼良为娼的勾当:"弹琵琶侑酒,此倡女之所为,其职则然也。苟欲请良家女子出而为之,则艴然而怒矣。"(《与人书十九》)那些跪在清朝皇帝面前自称"奴才"的人引以为荣的事情,顾炎武却看作是对自己莫大的侮辱。

顾炎武拒绝清廷威胁利诱的消息,很快就在民间传开了。消息传到江南,常熟爱国人士吴龙锡为之感叹,欣然赋诗,诗云:"终南山下草连天,种放犹惭古史笺。到底不曾书鹤板,江南惟有顾圭年。"

是年,顾炎武在陕西富平朱树滋家中见到三十年未见的《心史》一书,不禁感慨万千,作《井中心史歌》,以表示其誓死不与清朝统治者妥协的坚强民族气节。诗序云:

崇祯十一年冬,苏州府城中承天寺以久旱浚井,得一函,其外曰"大宋铁函经",锢之再重,中有书一卷,名曰《心史》,称"大宋孤臣郑思肖百拜封"。思肖号所南,宋之遗民有闻于志乘者。其藏书之日为德祐九年,宋已亡矣。而犹日夜望陈丞相、张少保统兵外来,以复土宇,至于痛哭流涕而祷之天地,盟之大神,谓气化转移,必有一日。于是郡中之人见者无不稽首惊诧,而巡抚都院张公国维刻之以传;又为所南立祠堂,藏其函祠中。未几而遭国难,一如德祐末年之事。呜呼悲矣。其书传至北方者少,而变故之后又多讳而不出。不见此书者三十余年,而今复睹之富平朱氏。昔此书初出,太仓守钱君肃乐赋诗二章,昆山归生庄和之八章。及浙东之陷,张公走归东阳,赴池中死;钱君遁之海外,卒于琅琦山;归生更名祚明,为人尤慷慨激烈,亦终穷饿以没。独余不才,浮沉于世,悲年运之日往,值禁网之逾密,而见贤思齐,独立不惧,故作此歌以发挥其事云尔。

诗云:

有宋遗臣郑思肖,痛哭元人移九庙。独力难将汉鼎扶,孤忠欲向湘累吊。
著书一卷称心史,万古此心心此理。千寻幽井置铁函,百拜丹心今未死。
厄运应知无百年,得逢圣祖再开天。黄河已清人不待,沉沉水府留光彩。
忽见奇书出世间,又惊牧骑满江山。天知世道将反复,故出此书示臣鹄。
三十余年再见之,同心同调复同时。陆公已向厓门死,信国捐躯赴燕市。
昔日吟诗吊古人,幽篁落木愁山鬼。呜呼,蒲黄之辈何其多,所南见此当如何!

康熙十八年(1679),清廷的各省督抚迫令被荐参加博学鸿词科考试的人赴京应试,其情形如同抓人一般。李二曲被绑架到西安城郊时,拔出刀来要自杀,这才未能成行。傅山则被强行用木板抬到北京,到京后既不肯下跪,也不肯应试,主管官员无奈,只得将他放回。但是,面对所谓博学鸿词科的诱惑和清廷的逼迫,顾炎武的其他一些朋友,如李因笃、朱彝尊等人却动摇了。李因笃目睹凶神恶煞的兵丁要强行绑架李二曲去北京,而李二曲则宁死不从,生怕二曲发生意外,就在一旁劝二曲姑且顺从他们。王山史听说李因笃去应考,还劝二曲同往,因此愤而与李因笃绝交。顾炎武也写信对李因笃大发脾气,说:"足下身蹑青云,当为保全故交之计,而必援之使同乎己,非败其晚节,则必夭其天年。"又说:"愿老弟自今以往,不复挂朽人于笔舌之间。"(《答李子德》)李因笃自觉心中有愧,在应考授官后辞去了官职。顾炎武的学生、与清廷有杀兄之仇的潘耒也在地方当局的强迫下去了北京,不得不参加考试,被录取为二等二名,授翰林院检讨,纂修《明史》。潘耒遵照师嘱,要辞去官职,但当局却不准他辞官。

对于李因笃、朱彝尊、潘耒等人未能抗拒清廷博学鸿词科的征招，顾炎武既表示惋惜，也表示了宽容。惋惜的是他们未能保持志节；而宽容，则是基于对清廷的残忍手段的认识，他看到的淋漓的鲜血太多了，不忍他的朋友和学生再遭劫难。他深信他的朋友和学生即使做了清朝的官，内心深处仍然怀念故国。顾炎武作《寄次耕，时被荐在燕中》，诗云：

> 昨接尺素书，言近在吴兴。洗耳苕水滨，叩舷歌采菱。
> 何图志不遂，策蹇还就徵。辛苦路三千，裹粮复赢滕。
> 夜驰燕市月，晓踏芦沟冰。京洛多文人，一贯同淄渑。
> 分题赋淫丽，角句争飞腾。关西有二士，立志粗可称。
> 虽赴翘车招，犹知畏友朋。傥及雨露濡，相将上诸陵。
> 定有南冠思，悲哉不可胜。转盼复秋风，当随张季鹰。
> 归咏白华诗，膳羞与晨增。嗟我性难驯，穷老弥刚棱。
> 孤迹似鸿冥，心尚防弋矰。或有金马客，问余可共登？
> 为言顾彦先，惟刀与绳。

顾炎武在诗中说这些被迫应招的人"定有南冠思，悲哉不可胜"，实际情况也正是如此。而顾炎武自己则在这首诗中再次表达了誓死不与清朝统治者合作的坚定信念。"心尚防弋矰"句，说明清廷从来就没有停止对顾炎武的监视，甚至有置他于死地的企图；而"惟办刀与绳"一句，则表达了以死抗争的决心。

康熙十八年（1679）春，顾炎武作《与施愚山书》，阐明其"经学即理学"的学术宗旨。随后，东出潼关，前往河南少林寺。在少林寺，他与寺院长老惠旸等人作了一番交谈，希望少林寺的僧人们毋忘当年帮助秦王李世民建功立业的辉煌历史，重振少林雄风，以等待"秦王"的到来。顾炎武作《少林寺》，诗云：

> 峨峨五乳峰，奕奕少林寺。海内昔横流，立功自隋季。
> 弘构类宸居，天衣照金织。清梵切云霄，禅灯晃苍翠。
> 颇闻经律余，多亦谙武艺。疆场有艰虞，遣之扞王事。
> 今者何寂寥，阒矣成芜秽。坏壁出游蜂，空庭雏荒雉。
> 答言新令严，括田任污吏。增科及寺庄，不问前朝赐。
> 山僧阙飧粥，住守无一二。百物有盛衰，回旋傥天意。
> 岂无材杰人，发愤起颓废。寄语惠旸流，勉待秦王至。

诗中所表达的意思，是明显地策动少林寺僧做好举行反清武装起义的准备，以便待时而动。这年冬天，吴江学者朱明德派人来到陕西华阴，请顾炎武为他所著的《广宋遗民录》一书作序。顾炎武见此书，不胜感慨，从内心深处把这位从未谋面的江南学者引为知己。他在为该书所作的序言中说：

> 子曰："有朋自远方来，不亦乐乎？"古之人学焉而有所得，未尝不求同志之人，而况当沧海横流、风雨如晦之日乎？于此之时，其随世以就功名者固不足道，而亦岂无一二少知自好之士，然且改行于中道，而失身于暮年，于是士之求其友也益难。而或一方不可得，则求之数千里之外；今人不可得，则慨想于千载以上之人；苟有一言一行之有合于吾者，从而追慕之，思为之传其姓氏而笔之书。呜呼！其心良亦苦矣。吴江朱君明德，与仆同郡人，相去不过百余里而未尝一面。今朱君之年六十有二矣，而仆又过之五龄，一在寒江荒草之滨，一在绝障重关之外，而皆患乎无朋。朱君乃采辑旧闻，得程克勤所为宋遗民录而广之，至四百余人。以书来问序于余，殆所谓一方不得其人，而求之数千里之外者也。其于宋之遗民，有一言一行或其姓氏之留于一二名人之集者，尽举而笔之书，所谓今人不可得，而慨想于千载以上之人者也。余既耹闻，且毫

矣,不能为之订正,然而窃有疑焉:自生民以来,所尊莫如孔子,而《论语》《礼记》皆出于孔氏之传,然而互乡之童子,不保其往也;伯高之赴,所知而已;孟懿子、叶公之徒,问答而已;食于少施氏而饱,取其一节而已。今诸系姓氏于一二名人之集者,岂无一日之交而不终其节者乎?或邂逅相遇而道不同者乎?固未必其人之皆可述也。然而朱君犹且眷眷于诸人,而并号之为遗民,夫亦以求友之难而托思于此欤?庄生有言:"子不闻越之流人乎?去国数日,见其所知而喜;去国旬月,见所尝见于国中者喜;及期年也,见似人者而喜矣。"余尝游览于山之东西、河之南北二十余年,而其人益以不似。及问之大江以南,昔时所称魁梧丈夫者,亦且改形换骨,学为不似之人。而朱君乃为此书,以存人类于天下,若朱君者,将不得为遗民矣乎?因书以答之。吾老矣,将以训后之人,冀人道之犹未绝也。

顾炎武的朋友不可谓不多,但他的内心则深感孤独。为什么呢?他看到,随着清朝统治的逐步巩固,很多人都变了,变得不再讲求民族气节,不再有爱国之心了,因而愤怒地谴责他们不是人。他认为,朱明德作此书的意义就在于"存人类于天下";而他之所以为该书作序,就在于"将以训后之人,冀人道之犹未绝也"。他在这里所说的"存人类于天下",就是不甘愿在清朝的民族压迫下当顺民的爱国之心和民族气节,与他在《日知录》中所说的"亡国"与"亡天下"之辨的意义是完全一致的。

顾炎武虽然逃过了博学鸿词科的牢笼,却遭到了清廷更为严密的监视,不断有清廷大吏派人来找顾炎武,以"聘请"为名,实际上是想把他管制起来。康熙十七年(1678)冬,甘肃提督、靖逆侯赠少师兼太子太师张勇之子张云翼奉其父之命请顾炎武去兰州,遭到顾炎武的坚决拒绝。不久,又有川督周某要请顾炎武去西安,陕西的潼商道大员、理学家胡戴仁要"聘请"顾炎武去他的官署,顾炎武都坚辞未往。最后是华阴县令迟维城亲自来请他,亦被顾炎武婉拒。康熙十八年十二月二十七日(公元1680年1月28日),时任大理寺卿(掌司法大全)的张云翼突然"深夜造访"。时值数九寒天,月黑风高,沉睡中的顾炎武不得不起来接待这个不速之客。显然,访问是假,侦探、搜查是真。这种极其卑劣下流的行径令顾炎武十分愤怒。过后,他写了一份《复张廷尉书》,告诉他:"鄙人侨居之计,且为后图,而其在此,亦非敢拥子厚之皋比,坐季长之绛帐。倘遂听不察,以为自立坛坫,欲以奔走天下之人,则东林覆辙,目所亲见,有断断不为者耳!"信中道破了张云翼充当朝廷爪牙和鹰犬的真实面目。

四、巨儒绝笔,终老曲沃

康熙二十年(1681)八月,由于清廷的监视和迫害加剧,顾炎武不得不离开他所特别钟情的陕西华阴,东渡黄河,前往山西曲沃。在曲沃,他住在一个名叫"宜园"的处所。这年十月,清军攻入昆明,吴三桂的孙子吴世璠服毒自尽,昆明军民遭到了一场惨绝人寰的大屠杀。至此,持续数十年之久的反清斗争可以说是完全失败了,顾炎武也彻底失望了。他在《酬李子德二十四韵》的五言古体长诗中,悲凉地发出了"一身长瓠落,四海竟沦胥"的哀叹。这首诗也是顾炎武的绝笔诗。诗云:

戴雪来青鸟,开云见素书。故人心不忘,旅叟计何如?
上国尝环辙,浮家卜未居。康成嗟耄矣,尼父念归与。
忽枉佳篇赠,能令积思摅。柴门晴旭下,松径谷风舒。

卜居华阴,著书立说

记昔方倾盖，相逢便执袪。自言安款段，何意辱干旄。
适楚怀陈轸，游燕吊望诸。讵惊新宠大，肯与旧交疏！
不磷诚师孔，知非已类蘧。老当为囿日，业是下帷初。
达夜抽经笥，行春奉板舆。诛茅成土室，辟地得新畬。
水跃穿冰鲤，山荣向日蔬。已衰耽学问，将隐悔名誉。
客舍轻弹铗，王门薄曳裾。一身长瓠落，四海竟沦胥。
契阔头双白，蹉跎岁又除。空山清浍曲，乔木绛郊余。
不出凤威灭，无营日景徐。但看尧典续，莫畏禹阴虚。
地阔分津版，天长接草庐。一从听七发，欲起命巾车。

明朝"沦胥以亡"了，反抗清朝军事贵族民族压迫的武装斗争也基本上被镇压下去了，孑然一身的顾炎武亦将从此"长瓠落"而去，这是何等执着的民族情结啊！

> 有学者认为，顾炎武在其著作中使用了清朝的年号，这表明了他对清朝的存在采取了现实的承认态度。例如，《天下郡国利病书》"北直隶"摘录清顺治十七年八月御史陆某奏稿等。顾炎武主张"年号当从实书"，"据其国之人所称而书之"；他认为，"南北朝、五代、辽、金并各自用其年号，此之谓从实"，"且王莽篡汉，而班固作传，其于始建国、天凤、地皇之号，一一用以纪年，盖不得不以纪年，非帝之也。后人作书，乃以编年为一大事，而论世之学疏矣"（《日知录·年号当从实书》）。从这些论述来看，《天下郡国利病书》中记录清朝统治下的民生利病和建置沿革时使用清朝的年号，并不包含任何价值判断，不能作为他认同清朝统治的"证据"，更不意味着顾炎武在坚守民族气节方面有任何瑕疵。

康熙二十一年正月八日（1681年2月14日），顾炎武在上马时失足坠地，第二天（1681年2月15日，正月初九），这位终生为民族复兴奋斗不息的伟大的爱国志士、大思想家、大学者便与世长辞了，享年七十岁。

同年三月，顾炎武的五弟顾纾从江南来到山西曲沃，与顾炎武的嗣子顾衍生一起，扶顾炎武的灵柩南归，葬于昆山顾氏家族的"祖茔之次"。至此，北游25年的顾炎武总算回到了江南故里。

可是，谁又想到，顾炎武的坟墓竟在"史无前例"的1966年被掘毁，遗骸被散乱抛弃于荒野呢？300多年前的志士仁人还遭罹此厄运，民族之灾难又安忍言哉！

魂兮归来，哀江南！

昆山千灯顾炎武墓

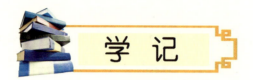

发人深省

本课最能使你有所启发的两句话是：

1.

2.

合作探究

1. 晚年顾炎武仍矢志不渝的文化根源是什么？

2. 如何评价清朝的统治政策？

3. 如何评价顾炎武不仕二姓？

责任意识

通过本课学习，你认为一个人应该具有怎样的社会责任意识？

启示录

1. 本课对你为人的启示是：

2. 本课对你为学的启示是：

第二章

学术：博古通今，学行合一

第6课

行万里路,读万卷书

——读书、游历、治学与文化坚守

> 炎武性好远游,足迹几遍天下,搜金石之文,手自抄纂,凡已见方志者不录,现有拓本者不录,近代文集尚存者不录,上自汉曹全碑,下至明建文霍山碑,共得五十五种。
> ——黄珅
>
> 顾炎武以友人所赠二马二骡装驮书卷,常年往返于秦、晋、冀、鲁之间,行万里路,读万卷书,把自己的后半生献给著述事业。
> ——陈祖武

读万卷书,是吸收前人经验和思想;行万里路,则是要多游历以汲取实际经验印证、扩展前人思想。

读书久了,容易掉进读死书的泥淖。书里的世界,只是某个人认知的世界,是有一定范围的,真正的世界,广阔无边。读书久了,能广泛游历,在实践中检验自己的学识,才可能会打开另一扇窗户。

行走,是顾炎武后半生的生活常态,更是他确立自己生命价值的一种方式。当然,他的这种行走,绝不同于现在小资作家们所谓的"行走文学"那般写意浪漫,也没有美国作家凯鲁亚克在《在路上》这部小说里描写的那般放诞无忌,而是充满了艰辛和探索学问的乐趣。

一、顾炎武北游

1. 顾炎武出游年表

时 间	年 龄	事 略
1648年	36	秋至湖上,冬抵镇江
1649年	37	秋至吴江,过八尺
1650年	38	至金坛、镇江、嘉兴
1651年	39	至南京、唐市、淮安、清江浦
1652年	40	自淮上至苏州、虎丘,归唐市,秋抵王家营,又至清江浦,南归度过数日,过扬州,至太湖洞庭山
1653年	41	至金陵,过镇江,归吴,过太仓,往南京
1654年	42	居南京钟山,游真州、太平、芜湖、燕子矶,归吴,南京度岁
1655年	43	归昆山

续表

时间	年龄	事略
1656 年	44	狱解,回昆山,赴吴兴,返南京,游栖霞,变姓名南游,不遂而返,钟山度岁
1657 年	45	春自南京返昆山,至莱州掖县,过即墨、青州,至济南
1658 年	46	至泰安、兖州、曲阜、邹县、邹平、章丘、济南、淮县,抵京,至蓟州,过玉田,抵永平
1659 年	47	自永平出山海关,返至永平,复至昌黎、昌平,出居庸关,返山东,抵邹平,过长清,南归扬州,旋复北上,度岁于天津
1660 年	48	二月至昌平,后入都,六月赴山东,秋南归,寓居淮上,至南京,冬过六合
1661 年	49	春回吴门,旋往杭州,渡钱塘江至绍兴,秋回苏州,旋往南京,赴山东
1662 年	50	入都,三月又至昌平,历密云,至古北口,至蓟州,复还至昌平、新乐,抵曲阳,至井陉、太原,十一月往大同之浑源州,渡汾河,往平阳
1663 年	51	自平阳至太原、代州、汾州、闻喜县裴村、蒲州,自蒲州入潼关,至华阴,抵西安,游富平,至乾州、盩厔,再至西安,到青门,再至太原
1664 年	52	至荣河、汾州、绛州,自大同至西口,第四次入都,七月至昌平,至山东,度岁于泰安
1665 年	53	由泰安至德州,再至济南,复至章丘,秋至曲阜,至河南辉县,又至山西平阳,又返山东
1666 年	54	二月由大桑家庄过兖州,至广平曲周,复至太原,六月至雁门,秋八月出雁门,过应州,至大同,旋至山东东昌,又至泰安,冬至兖州,度岁于兖州
1667 年	55	正月,自兖州至淮上,抵曲周,入都,九月至德州
1668 年	56	二月因狱案往山东,九月被保出狱
1669 年	57	正月入都,出都过涿州,二月至保定,至山东,三月入都,四月出都下江南,过顺德,历邯郸,至山东章丘,至德州,秋至大名,复至保定,冬抵平原
1670 年	58	四月出都,往德州,九月入都,出都至曲周,历河南,至山西,山东度岁
1671 年	59	入都,又至德州,后还都,至静乐,过孟县,抵太原
1672 年	60	春由山西至北京,五月至济南,八月入都,十月至德州,又至曲阳,过井陉,至太原,度岁于静乐
1673 年	61	正月由静乐南下,至扬州,又入都,四月至德州,继往济南,至章丘桑家庄,八月至济南,复至章丘,十月自章丘至德州,入都,度岁于北京
1674 年	62	正月出都,由易州往汾州,四月至德州,又至济南
1675 年	63	赴济阳,至德州,八月自河南抵山西祁县
1676 年	64	正月自山西至山东,二月入都,三月返山东,五月复入都,秋至蓟门,又还都
1677 年	65	二月至昌平,三月出都,至章丘,四月至德州、郑家口,抵曲周,往山西,至霍州灵石,九月入陕西,冬至富平、华阴,至山西太原祁县度岁
1678 年	66	春,自太原至富平,至华阴,又返富平,至华下
1679 年	67	春至同官,二月至华阴,三月出关,至河南洛阳、睢州,四月至曲周,五月游林虑,至黎城、汾州,至太原,十一月返华阴
1680 年	68	正月至富平,旋返华阴,往汾州
1681 年	69	二月由汾州往曲沃,至解州运城,四月返华阴,八月至曲沃
1682 年	70	正月病逝于曲沃

2. 顾炎武学友

顾炎武北游期间交游的学人对顾炎武的思想、著作等都产生了很大影响。对于自己学问有助益者,不论出处,顾炎武皆师之友之,学问得以日益增进,作品中也无不留有友人的痕迹。他向张稷若学习仪礼,向任唐臣请教音韵,习水利之书于耿橘,而其对金石的热衷,又无不与同样精于此道的吴志伊、张力臣有关。顾炎武的学问非在土室中可成,旅行对于其学问之增进,不言而喻。

(1) 顾炎武北游(45岁)之前的好友

姓名	字号	籍贯	姓名	字号	籍贯
归庄	字玄恭,号恒轩	江苏昆山	张弨(chāo)	字力臣,号及斋	江苏山阳
吴其沆	字同初	江苏昆山	路泽溥	字苏生	江苏苏州
潘柽(chēng)章	字圣木,号力田	江苏吴江	路泽农	字安卿	江苏苏州
吴炎	字赤溟,号赤民	江苏吴江	吴任臣	字志伊,号托园	浙江仁和
戴笠	字耘野	江苏吴江	陈璧	字文东,号谷阳生	上海松江
王锡阐	字寅旭,号晓庵	江苏吴江	吴应箕	字次尾,号楼山	安徽贵池
万寿祺	字介石,号年少	江苏徐州	王略	字禹功	江苏青浦
杨瑀	字雪臣	江苏武进			

(2) 顾炎武北游(45岁)之后的好友

姓名	字号	籍贯	姓名	字号	籍贯
赵士完	字汝彦	山东莱州	朱彝尊	字锡鬯(chàng),号竹垞	浙江秀水
任唐臣	字子良	山东掖县			
黄培	字孟坚,号封岳	山东即墨	屈大均	字翁山	广东番禺
徐夜	字嵇庵	山东新城	李浃	字霖瞻,号陶州	山东德州
张尔岐	字稷若,号蒿庵	山东济阳	戴廷栻	字枫仲,号符公	山西祁县
张光启	字元明	山东章丘	王撼(shū)	字虹友	江苏太仓
傅山	字青主	山西曲阳	陈锡嘏(gǔ)	字介眉,号怡庭	浙江鄞(yín)县
李因笃	字天生	陕西富平	万斯同	字季野	浙江鄞县
申涵光	字孚孟,号凫盟	河北永年	李颙(yóng)	字中孚,号二曲	陕西盩厔(zhōu zhì)
王弘撰	字无异,号山史	陕西华阴	马骕(sù)	字宛斯	山东邹平
程先贞	字正夫	山东德州	阎若璩(qú)	字百诗,号潜丘	山西太原
颜光敏	字修来	山东曲阜	孙奇逢	字启泰	河北容城

3. 北游与顾炎武的金石文字学研究

受家学影响,顾炎武从小就对古人的金石文字之学颇感兴趣,但开始并不了解金石的要义,后读欧阳修《集古录》,才知道金石不仅是搜奇猎艳把玩之物,更可以与史相证,补缺正误。于是极力搜访,虽然一生屡遭困厄,奔波各地,然搜寻之志未能稍息。他在《金石文字记》自序曾言:"余自少时,即好访求古人金石之文,而犹不甚解。及读欧阳公《集古录》,乃知其事多与史书相证明,可以阐幽表微,补缺正误,不但词翰之工而已。比二十年间,周游天下,所至名山、巨镇、祠庙、伽蓝之迹,无不寻求,登危峰,探窈壑,扪落石,履荒榛,伐颓垣,畚朽壤,其可读者,必手自抄录,得一文为前人所未见者,则喜而不寐。一二先达之士知余好古,出其所蓄,以至兰台之坠文,天禄之逸字,旁搜博讨,夜以继日,遂乃抉剔史传,发挥经典,颇有欧阳、赵氏所未具者。"

顾炎武在旅行中除了实地考察外,还特别注重实物资料的采集,尤其是金石方面的考据,注重金石与史集互证。顾炎武有关金石学的著述主要有《求古录》一卷、《金石文字记》六卷、《经石考》一卷。此外《日知录》《京东考古录》等著作中亦有一些关于金石考证的内容。

顾炎武曾与马宛斯访碑于邹平郊外,登泰山时,则砍斫榛莽,掘地得碑。他在《岱岳造像记》中说:"予尝游茅山,至玉晨,观其前有雷平寺,池南为伏龙冈,元靖葬其上,碑今在观中,四周皆刻文字,道士以亭覆之。"可知顾炎武对于金石之学,绝不只是从故纸堆中咀嚼反刍,而是亲历其地,以获得第一手的资料,每到一地,除观风土考民生结交贤豪外,必以探访图书,搜寻金石为务。在焦山定慧寺中,顾炎武见到一鼎,录下全部铭文,考其字体甚详,其后朱彝尊据他所载,推此鼎为周代之器;又曾在泰山东南麓见到"升元观碟"之碑,根据掌握资料推出此为宋代碑铭,并据此碑考查宋代碟文的样式;在霍山中镇庙西壁土中发现"建文碑",顾炎武认为自明洪武、永乐以来,祭告山川的碑铭文字甚多,而独缺建文一代的文字,后来的史家,每每感叹国史不存建文一代事迹,无从查考其历史细节,而此碑字书完好无缺,足可以补充建文一代国史的缺失。长期的漫游使顾炎武掌握了大量的资料,这些金石文字以丰富的史料参考性对他的著作起到了辨析正误的作用,还原历史真相,补充历史缺失。

昆山市第一中学高二年级教室

顾炎武所录诗碑如"灵岩寺宋李迪诗""滕涉诗""祖无择诗""孔舜思诗""张会宗诗""鲜于侁诗""蔡安持诗""路伯达诗""永寿王诗""金王庭筠诗""司马公祠堂诗"……这些诗作或其人不见于诗人之林,或其诗未收于诗集之中,然而既然得以刻石留传,可见在当时必当有一定的社会影响及文学声誉,保存这些诗作,对于文学史的丰富性、完整性有着极其重要的意义。顾炎武的研究方法,亦足以为当世学者效仿,其成果亦是书斋学者所无法达到的。游历丰富了顾炎武的视野,增加了创作材料的来源,也成就了他的大家身份。

> 顾炎武的金石之学为后世所推崇,其治学重考据,开清朴学之始,其金石上的成就,影响深远。此后,凡有清治经史之学者,无不重视金石之学,一时名家辈出,如朱彝尊、潘耒、张弨、吴任臣诸人于金石皆有所著作。自乾嘉后,研究金石之风愈盛,钱大昕、阮元、孙星衍、汪中、段玉裁等皆足以成名家。清代金石学之源,当推顾炎武。

4. 对顾炎武北游的认识

顾炎武在《日知录·夫子言性与天道》中说:"昔之清谈谈老庄,今之清谈谈孔孟……以明心见性之空言,代修己治人之实学,股肱惰而万事荒,爪牙亡而四国乱,神州荡复,宗社丘墟!"他对"置四海困穷不言"的不良学风痛心疾首,借古讽今,抨击士人逃避社会责任,空谈误国。通过这段话,可以洞察顾炎武学行操守的来源,准确定位先生的心路历程。我国历史上的爱国文人学者屡见不鲜,但一生矢志不渝为救国救民而实践奔波者,恐怕只有顾炎武一人。他跋涉关山,调查研究,为国家和民族的未来而思考。顾炎武的学术精神恰是其高度社会责任意识的凝结。历来史家及学者纷纷探究顾炎武北游的原因,并为此争论不休。如果从社会责任意识的视角去看顾炎武北游,我

昆山千灯顾园顾炎武雕像

们就会少一些猎奇,多一分感触与敬意。世事无常,人生亦无常,顾炎武北游就是这无常的一部分。然而,我们更该看到顾炎武自始至终未曾泯灭的高度社会责任意识。顾炎武不是固守书斋高谈阔论的文人,他的生命与事业是在行走中实现的。由于顾炎武具有高度的社会责任意识,即使没有家仇国恨,他也会本着这种意识和情怀,在行走中孜孜探求济世安邦之路。

当代学者陈平原说:"虽然很多人认为顾炎武是清代考据学的鼻祖,但后人很难有顾炎武那种生气淋漓的气象,原因就在于他们大多没有田野考察风餐露宿的经历,只是在书屋里做学问;更没有顾炎武那样强烈的痛苦和欲望,其学问缺少压在纸背的东西。顾炎武是一位有着真正属于他自己的原创性理论创造的大思想家。"行走丰富了他的人生经历,提升了他的学术内涵,也是他成为"儒林楷模"的重要因素。顾炎武是毛泽东十分推崇的知识分子,毛泽东把顾炎武标举为中国历史上少数几个"可师"的"文而兼武"之人。其原因,除了先生的爱国精神,更主要的在于他讲求经世要务、民生利病的治学之道,在于他年轻时参加复社反对宦官专权,明亡后又参加抗清斗争的政治实践,在于他后半生遍历华北各地,结交豪杰义士,观察山川形势,了解民生疾苦的"尚行"作风。在毛泽东看来,知识分子必须融入实践才能有所作为。

行走是顾炎武生命价值的体现方式,没有诗意的浪漫,只有感时忧世的情怀和民族复兴的使命感随之前行。如果说他留给后人最宝贵的精神财富是他高度的社会责任意识的话,那么这种行走实践,则是其宝贵精神财富的灵魂。忽略顾炎武的实践精神,我们就只能站在远离他的位置去看他,永远都不会清晰。顾炎武永远都是孤独的。

二、读书、游历与治学

至晚明,书籍出版的发展为中国带来了比以往历史上任何时期都要多的私人藏书,学者甚至开始将抱怨的对象由书的匮乏转向了书的过剩。因此,私人所拥有的书籍数量的大大增长,也成为晚明学术环境发生变化的一个重要因素。

晚明重视藏书和文献考证的学风的兴起,对顾炎武的影响不可小视。虽然顾氏未曾跻身于明清之

际著名的藏书家之列，但其晚年作《钞书自序》一文，追述了家族藏书的历史，表明了重视文献搜集的态度：

  炎武之先家海上，世为儒。自先高祖为给事中，当正德之末，其时天下惟王府官司及建宁书坊乃有刻板，其流布于人间者，不过四书、五经、通鉴、性理诸书。他书即有刻者，非好古之家不蓄，而寒家已有书六七千卷。嘉靖间，家道中落，而其书尚无恙。先曾祖继起为行人，使岭表，而倭阑入江东，郡邑所藏之书与其室庐俱焚，无孑遗焉。洎万历初，而先曾祖历官至兵部侍郎，中间莅方镇三四，清介之操，虽一钱不以取诸官，而性独嗜书，往往出俸购之，及晚年而所得之书过于其旧，然绝无国初以前之板。而先曾祖每言："余所蓄书，求有其字而已，牙签锦轴之工，非所好也。"其书后析而为四。炎武嗣祖太学公，为侍郎公仲子，又益好读书，增而多之，以至炎武，复有五六千卷。自罹变故，转徙无常，而散亡者什之六七，其失多出于意外。二十年来赢滕担囊以游四方，又多别有所得，合诸先世所传，尚不下二三千卷。其书以选择之善，较之旧日虽少其半，犹为过之，而汉、唐碑亦得八九十通，又钞写之本别贮二麓，称为多且博矣。自少为帖括之学者二十年，已而学为诗古文，以其间篡记故事，年至四十，斐然欲有所作；又十余年，读书日以益多，而后悔其向者立言之非也。自炎武之先人皆通经学古，亦往往为诗文，本生祖赞善公文集至数百篇，而未有著书以传于世者。昔时尝以问诸先祖，先祖曰："著书不如钞书。凡今人之学，必不及古人也，今人所见之书之博，必不及古人也。小子勉之，惟读书而已。"先祖书法盖逼唐人，性豪迈不群，然自言少时日课钞古书数纸，今散亡之余犹数十帙，他学士家所未有也。自炎武十一岁，即授之以温公《资治通鉴》，曰："世人多习纲目，余所不取。凡作书者，莫病乎其以前人之书改窜而为自作也。班孟坚之改《史记》，必不如《史记》也；宋景文之改《旧唐书》，必不如《旧唐书》也；朱子之改《通鉴》，必不如《通鉴》也。至于今代，而著书之人几满天下，则有盗前人之书而为自作者矣，故得明人书百卷，不若得宋人书一卷也。"炎武之游四方十有八年，未尝干人，有贤主人以书相示者则留，或手钞，或募人钞之。子不云乎："多见而识之。知之，次也。"今年至都下，从孙思仁先生得《春秋纂例》《春秋权衡》《汉上易传》等书，清苑陈祺公资以薪米纸笔，写之以归。愚尝有所议于左氏，及读《权衡》，则已先言之矣。念先祖之见背，已二十有七年，而言犹在耳，乃泫然书之，以贻诸同学李天生。天生今通经之士，其学盖自为人而进乎为己者也。

纪念顾炎武诞辰400周年研讨会

  家学渊源，加之当时读书、藏书风气的影响，顾炎武在青少年时期的阅读、抄书经历为其积累了深厚的学识基础。根据顾炎武的相关文章和书信可知，他自十一岁起从祖父阅读《资治通鉴》，十三四岁开始读朝廷邸报，自言"自庚申至戊辰邸报皆曾寓目，与后来刻本记载之书殊不相同"，崇祯己卯年（1639）科举考试失败之后，"感四国之多虞，耻经生之寡术，于是历览二十一史以及天下郡县志书，一代名公文集及章奏文册之类，有得即录，共成四十余帙"。后为编写《肇域志》，又"先取《一统志》，后取各省府州县志，后取二十一史参互书之。凡阅志书一千余部，本行不尽，则注之旁；旁又不尽，则别为一集曰《备录》"。可见顾炎武早年的读书和著述已经涉及经史、政治、文学、舆地等诸多方面，决定了其日后的治学方向。

> 顾炎武摸索出一套读书方法,他称其为"自督读书法"。具体做法是:首先,给自己规定每天必须读完的卷数;其次,限定自己每天读完后必须把所读的书抄写一遍,这样一部书就变成了两部书;然后,要求自己每读一本书都要做读书笔记,写下心得体会;最后,每年春秋两季都要温习前半年读过的书籍,边默诵边请人朗读,发现差异立刻查对。在温习读过的书籍时,他给自己立下规定,每天要温习200页。温习不完,决不休息。顾炎武的读书笔记,后来汇集成了著名的《日知录》一书。

顾炎武的学生潘耒对老师读书的勤勉扎实评价极高:"精力绝人,无他嗜好,自少至老,未尝一日废书。"全祖望在《亭林先生神道表》一文中,也特别强调了顾炎武阅读兴趣的广泛与视野的广博:"于书无所不窥,尤留心经世之学。其时四国多虞,太息天下乏材,以至败坏。自崇祯乙卯后,历览二十一史、十三朝实录、天下图经、前辈文编、说部,以至公移、邸抄之类,有关于民生之利害者,随录之,旁推互证,务质之今日所可行,而不为泥古之空言,曰《天下郡国利病书》。"近代梁启超评价顾炎武在清学界的特殊地位,除"开学风""开学术门类"外,还强调他"开治学方法",说他"勤搜资料,综合研究,如参验耳目闻见以求实证,如力戒雷同剿说,如虚心改订、不护前失之类皆是",也强调了顾炎武在做学问的同时对于书籍文献的重视和勤加利用。

观顾炎武一生,始终将祖父"抄书"的遗训付诸实践,而其早年对各类书籍文献的广泛涉猎和抄录,也对日后的治学产生了重要影响。观《日知录》一书即可发现,其引文虽大多自注出处,但并不都是原书照抄,很多都是对原著的概括及节略。由于当时成书情况较为特殊,顾炎武长年旅居,很大程度上要凭记忆写作,在当时北方书籍资料匮乏的情况下,青少年时期的读书经历就成为著作得以完成的有力保障。

1652年,在《天下郡国利病书》初稿已成,顾炎武决意北游之际,其友人杨彝、万寿祺等联名作《为顾宁人征天下书籍启》。这篇启文相当于一份私人介绍信,简要叙述了顾炎武的家世及其治学功力,希望"当世之大人先生"在顾氏"北学于中国"时,为其著书立说提供方便,提供天下好书、名书。文中还强调司马迁先有"遍游四方"的经历,才最终著成《史记》,因此期望顾炎武也能在游历名山大川的同时,遍览奇书异事,从而成就杰出的学问。这篇启文的价值在于通过顾炎武的经历,提出了读书、上路对于学者的重要性。

昆山市第一中学校园文化墙

> 顾炎武晚年在北方的游学,一方面,通过旅行、读书、交友印证了自己的学问,开拓了学术领域,另一方面,客观环境下书籍文献的缺乏也导致了其著书立说对于记忆的依赖,限制了其学术视野的展开和研究的深入进行。明末清初的北方地区,刻书业和私人藏书规模都远远无法与江南相抗衡,甚至连《十三经注疏》、二十一史这样在后来学者看来十分普通的书籍都难以得到。顾炎武曾经为朋友求购这两套书,在短时间无法买到的情况下,他只好写信告诉朋友,还需要假以时日慢慢访求。顾炎武也多次向朋友提到"北方难购书籍","北方藏书甚少,购买良难"。正是由于典籍文献资料的匮乏,当顾炎武决定北上避仇时,其好友联名写推荐信,希望北方的学者、藏书家能够为顾氏的著书立说提供方便。

人师 顾炎武

顾炎武离开江南"文献故里"后的 25 年间，一直在北方各地游走，一方面继续著书立说，完成了人生中最具代表性的几部著作，另一方面也结交天下名师，不断地访问遗老，搜寻古碑，印证自己的学问。而顾炎武给友人的两封书信，则可以看作是他本人对北游问题的回应。首先是《与戴耘野》，顾炎武提到自己"生罹多难，沦落异邦，长为率野之人，无复首丘之日。然九州历其七，五岳登其四，今将卜居太华，以卒余龄。百家之说，粗有窥于古人；一卷之文，思有裨于后代。"显然，顾炎武虽然对自己的背井离乡不无哀伤，但晚年对其游历生活也深感欣慰与自豪：作为读书人，足迹遍及七州四岳，同时遍览名家学说，希望自己的文章学问能造福于后世。其二是《与人书一》，提到"独学无友，则孤陋而难成；久处一方，则习染而不自觉"，指出读书人如果足不出户，单靠冥思苦想，绝对不能成大学问。正是这个原因迫使古往今来的读书人格外重视游历与治学的关系：读书、上路、求学、交友，在这个过程中也传播自己的知识、学问与人品。

关注顾炎武晚年的文章和书信，不难发现，避难、游学于北方的一段经历令其获益甚多。例如，他在看到完整保存在关中的唐代开成石经后，指出传世本《仪礼》中存在的诸多讹误与脱文、错乱；寄居山东章丘时，因为有机会看到当地的方志而修成《山东肇域记》；而且与当时北方的知名学者如张尔岐、傅山、李因笃、王弘撰、李颙、程先贞、孙奇逢、颜光敏等等皆有过交往和论学。就这一点而言，17 世纪中期，北方讨论经史之学的风气已经兴起，一个重视文献考证的学术圈子正逐步形成，并在 18 世纪获得全面繁荣。

顾炎武在北方完成的著作，如《音学五书》《日知录》，虽写作环境艰苦，但获得北方学者相助之处亦颇多。梁启超即指出顾炎武得以研究音韵学，是由于从任唐臣处得到了宋代吴棫的《韵谱》："亭林从假吴才老《韵谱》读之，自此始治音韵学。"顾炎武曾在《吴才老〈韵补正〉序》一文中提及此事："余为《唐韵正》，已成书矣。念考古之功，实始于宋吴才老，而其所著《韵补》，仅散见于后人之所引而未得其全。项过东莱任君唐臣，有此书，因从假读之月余。其中合者半，否者半，一一取而注之，名曰《韵补正》，以附《古音表》之后。"而且顾炎武不仅自己研究音韵之学，也与同道中人互相切磋，还将所藏《韵谱》赠送给申涵光、路泽浓、孙奇逢、王弘撰诸人。在《〈音学五书〉后序》中，顾炎武更是备言身处文献匮乏的北方地区进行音学研究的不易："余纂辑此书三十余年，所过山川亭鄣，无日不以自随，凡五易其稿而手书者三矣。然久客荒壤，于古人之书多所未见，日西方莫，遂以付之梓人，故已登版而刊改者，犹至数四。又得张君弨为之考《说文》，采《玉篇》，仿《字样》，酌时宜而手书之；二子叶增、叶箕分书小字；鸠工淮上，不远数千里，累书往复，必归于是，而其工费则又取诸鹾产之直，而秋毫不借于人。其著书之难，而成之不易如此。"其时，顾炎武虽身居北方，但其学术活动却同时得到南、北学者的关心与协助。

顾炎武 25 年间游走在北方地区，在当时可谓十分艰难。不管当中是否有图谋政治大业的准备，实际效果是顾炎武在这二十多年间完成了其最具代表性的学术著作，访名山大川、名人名书，并圆满了自身的学术系统。对此，顾炎武自己曾有概括总结："……绝江逾淮，东躐劳山、不其，上岱岳，瞻孔林，停车淄右。入京师，自渔阳、辽西出山海关，还至昌平，谒天寿十三陵，出居庸，至土木，凡五阅岁而南归于吴。浮钱塘，登会稽，又出而北，度沂绝济，入京师，游盘山，历白檀，至古北口。折而南谒恒岳，踰井陉，抵太原。往来曲折两三万里，所览书又得万余卷。爰成《肇域记》，而著述亦稍稍成帙。"可见在北方的经历，对于顾炎武的治学与文章，意义是非常重大的。顾炎武的好友归庄提出的假设也更加凸显了意义："宁人之学有本，而树立有素，使穷年读书山中，天下谁复知宁人者？今且登涉名山大川，历传列国，以广其志而大其声施。焉知今日困厄，非宁人行道于天下之发轫乎？"(《送顾宁人北游序》）正是被迫离乡、身驰万里的经历，换来之后的名闻天下。正是由于"九州历其七，五岳登其四"，见多识广，并不断在旅途中结交朋友，印证自己的学问，才最终使顾氏实现文章"有裨于后代"的理想。清人邹福保评价顾炎武的学问时说："余尝谓先生之学卓然成大家，足与前代之郑渔仲、王伯厚、魏鹤山、马贵与诸公相颉颃。厥故有二：一多读人间有用书，一多交海内有益友。凡群经诸史、金石图篆、文编说部，有关于历代掌故、国家典制、天文舆地、河漕兵农之属，咸悉心研搜，穷极根底，因原竟委，考正得失。"

"行万里路,读万卷书",顾炎武做学问的方式开启了一种新模式:行路如何与读书结盟。"独学无友,则孤陋而难成;久处一方,则习染而不自觉",这一点迫使读书人必须上路,在旅途中通过实际见闻验证自己的学问、与同道中人切磋琢磨,古今中外皆是如此。顾炎武的读书方式也更加凸显出"上路"对于学者的意义。

三、行走中的文化坚守

在漫长的游历中,顾炎武坚忍前行,从来没有想过退缩半步。如果说最初是为了报仇雪恨,抗清复明,后来在行万里路、读万卷书的过程中,在穷尽天地之灵气、探寻古今之流变的索求中,渐渐演变成为一种深刻的文化意义。

一个孤单的旅人,乘坐一匹瘦马,或者肩荷行囊,艰辛地行进在北方的崇山峻岭之间。无论风霜雨雪,酷暑严寒,无论日出日落,荒途野岭,他的脚步始终不曾停止。他的所有文字中,没有血迹,不见泪痕,连苦涩的叹息都未留半点。后人开卷,只依稀看见一个前行的背影,在时光的长河里作文化的跋涉,永远没有归宿,没有止境。即使生命的消亡可以使脚步停止,精魂却永远会这样行走下去……

中国的文化资源无比丰沛。先秦诸子、汉唐气象、宋明风韵,五千年文脉涵养出泱泱中华。天开万象,鬼斧神工,厚德载物,多元一体的中华民族创造的文化争奇斗艳、万紫千红。顾炎武将人生的跋涉与文化的跋涉融会在了一起。生命的历程,正是一种文化的历程。生命给文化以动力,文化又给生命以启迪。

昆山千灯顾炎武故居读书楼

顾炎武认为,个体生命的终极归属,应该是崇高的文化价值,而不是效忠于某一个王朝或某一个权贵。他认为,忠、孝、节、义不是死板的道德信念,任何时候,即使是身心分裂的情况下,也要强调一种心的坚守、文化的坚守。

一方面,他奉劝清朝统治者,要为遗民提供比较好的生存处境,让一批遗民存在于政权之外,这是国家政治清明的一种象征。另一方面,他也劝导明朝的遗民以及遗民的后代,必须坚守自己遗民的立场。改朝换代之际,很多文人士大夫变节了。原来在明朝当官的,又做了清政府的官,改变了自己的政治角色。顾炎武选择了坚守。哪怕清政权的统治已成为无法改变的现实,仍可以坚守自己的文化价值,守住这条底线。

在漫长的文化苦旅中,顾炎武忧愤而犀利的目光越过了天崩地裂、动荡纷争的当时,在苍茫的历史时空中苦苦追寻,追寻"不可绝于天地间"的一线历史之脉、文化之脉。这种卓尔不群的追寻,让顾炎武的晚年孤峭、悲凉、沉重,却也让他的生命意义显现出凝重、高洁、永恒的光彩,足可以"垂示后来者"。

顾炎武并不孤独,支持他的有祖国辽阔的山河,有秦人硬朗的风骨,有知音者始终不渝的互相激励,正是这些伟大的力量使他以独立完整的人格形象屹立于中华民族的历史之上。梁启超对顾炎武的评价可谓到位:"他不但是经师,而且是人师。"是的,顾炎武可为百代之人师!得知顾炎武去世噩耗的王弘撰十分悲痛,他特意搜集了顾炎武的衣冠,在潜村的东南方不远处为老朋友建了一座衣冠冢,并要求子孙后代永远祭祀他。这就是人师的力量!

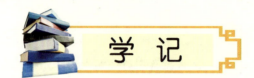

学 记

发人深省

本课最能使你有所启发的两句话是：

1.

2.

合作探究

1. 你如何看顾炎武北游？

2. 毛泽东为什么推崇顾炎武？

3. 如何评价顾炎武的文化坚守？

责任意识

通过本课学习，你认为一个人应该具有怎样的社会责任意识？

启示录

1. 本课对你为人的启示是：

2. 本课对你为学的启示是：

第 7 课

旷世学者,著述宏富

——学术思想及学术成就

> 顾炎武以前的传统学术思维是一种不确定思维,其典型表现是宋明理学的思辨性演绎思维,反之,清代朴学则是机械性归纳思维。在理学与朴学之间起到了承先启后作用的顾氏实学思维具有归纳与演绎之辩证统一的特点,它以其实践性与创造性区别且高于朱熹理学的先验性守成思维,又以其求"经世之用"区别且高于轻视实用的朴学思维。
>
> ——周可真
>
> 天不假年,亭林欲将《日知录》续写杀青之志未能遂其愿。康熙二十一年正月初旬,先生上马失足坠地,迅即撒手而去,实足年龄不及七十。挚友王弘撰在江东惊闻先生之殁,十分意外,深以不获抚棺一哭为憾。兹后两度赴千墩镇,拜谒顾亭林之墓,泣云"独拜荒丘凄宿草,更挥老泪问遗书",为先生殁后的孤寂伤感。
>
> ——王家范

顾炎武是明末清初著名思想家、史地学家、音韵学家,与黄宗羲、王夫之齐名。他学问渊博,于国家典制、郡邑掌故、天文仪象、河漕兵农及经史百家、音韵训诂之学,都有研究。其学以博学于文、行己有耻为主,合学与行、治学与经世为一。顾炎武被称作是清朝"开国儒师"、"清学开山始祖",为清代学术开辟了众多门径,成为开启一代学术先路的杰出大师。

顾炎武阅历深广,学问渊博,著述宏富,代表作有《日知录》《天下郡国利病书》《肇域志》《音学五书》《韵补正》《金石文字记》《亭林诗文集》等。

一、旷世学者

1. 学术思想和治学路径

(1) "明道救世"的经世思想。面对当时黑暗的社会现实,顾炎武认为当务之急在于探索"国家治乱之源,生民根本之计"。顾炎武在"明道救世"这一经世思想的指导下,提倡"利民富民"。他从不同的角度对"私"做出了肯定,并对公与私的关系做了辩证的论述。从"明道救世"的经世思想出发,顾炎武还萌发了对君权的大胆怀疑。

顾炎武"明道救世"的经世思想,突出地体现在他提出的"天下兴亡,匹夫有责"的思想。顾炎武一生

人师 顾炎武

以"天下为己任",奔波于大江南北,病中还在呼吁"天生豪杰,必有所任……今日者,拯斯人于涂炭,为万世开太平,此吾辈之任也",充分表达了他"天下兴亡,匹夫有责"的高尚情操。

（2）"经学即理学"的学术新途径。晚明以来,阳明心学乃至整个宋明理学已日趋衰颓,思想学术界出现了批判理学的实学高潮。顾炎武顺应这一历史趋势,在对宋明理学的批判中,建立了他的以经学济理学之穷的学术思想。顾炎武对宋明理学的批判,是以总结明亡的历史教训为出发点的,其锋芒所指,首先是阳明心学。他认为,明朝的覆亡乃是王学空谈误国的结果。在顾炎武看来,不唯陆王心学是内向的禅学,而且以"性与天道"为论究对象的程朱理学亦不免流于禅释。顾炎武沿着明季先行者的足迹而开展复兴经学的学术途径。他在致友人施愚山的书札中就明确提出了"理学,经学也"的主张,并指斥"今之所谓理学,禅学也"。他认为,经学才是儒学正统,批评那种沉溺于理学家的语录而不去钻研儒家经典的现象是"不知本"。他号召人们"鄙俗学而求六经",主张"治经复汉"。他指出:"经学自有源流,自汉而六朝、而唐而宋,必一一考究,而后及于近儒之著,然后可以知其异同离合之指。"在他看来,古代理学的本来面目即是朴实的经学,正如全祖望所概括的"经学即理学",只是后来由于佛道二教的渗入而禅化了。因此,他倡导复兴经学,要求依经而讲求义理,反对"离经而讲道"。顾炎武认为,只有这样才能称为"务本原之学"。

昆山市第一中学顾炎武思想课程基地展馆

此外,顾炎武还倡导"读九经自考文始,考文自知音始"的治学方法。他身体力行,潜心研究,考辨精深,撰写出《日知录》《音学五书》等极有学术价值的名著。

（3）"博学于文""行己有耻"的为学宗旨与处世之道。"博学于文""行己有耻"二语,是孔子在不同场合答复门人问难时所提出的两个主张。顾炎武将二者结合起来,并赋予了新的时代内容,成了他的为学宗旨与处世之道。他所理解的"博学于文"是和"家国天下"之事相联系的,因而其"文"也就不仅仅限于文献知识,还包括广闻博见和考察审问得来的社会实际知识。所谓"行己有耻",即是要用羞恶廉耻之心来约束自己的言行。顾炎武把"自子臣弟友以至出入往来、辞受取与"等处世待人之道都看成是"行己有耻"的范围。有鉴于明末清初有些学人和士大夫寡廉鲜耻、趋炎附势而丧失民族气节,他把"博学于文"与"行己有耻"结合起来,强调二者的关系。他认为只有懂得羞恶廉耻而注重实学的人,才真正符合"圣人之道",否则,就远离了"圣人之道"。所以,"博学于文""行己有耻",既是顾炎武的为学宗旨和立身处世的为人之道,也是他崇实致用学风的出发点。此外,顾炎武"博学于文"的为学宗旨的一大特色,是他不仅强调读书,而且提倡走出书斋,到社会中去考察。他提倡读书与考察相结合的方法,就是我们今天所说的理论与实践相结合的方法。这个方法的提出和运用,开创了清初实学的新风。

（4）笃嗜金石考古。顾炎武从经世致用的学术思想出发,主张以金石文字考证经史,遂使不绝如缕的金石学走出低谷,继响有人。顾炎武"自少时即好访求古人金石之文",年长后遍游华北,每到一地都要访求名胜古迹,搜集金石刻辞以资研究。为了访求金石文字,顾炎武付出了艰辛的劳动。在长期访求和研究的基础上,顾炎武写出了一批极有见地的金石考古著作,主要有《金石文字记》《求古录》《石经考》《山东考古录》《京东考古录》。顾炎武研治金石学的目的,是为了矫正唐宋以来的改经弊症。他认为,"用金石文字与史书相证明,可以阐幽发微,补阙正误",还经籍本来面目,使士人学者有所本,学有所用。在他的倡扬下,清代学者往往兼治金石,名家名著如雨后春笋,所以,梁启超说:"清代金石大倡,亦亭林为嚆(hāo)矢。"

(5)文献编纂实践及思想。作为一代学术大师,顾炎武治学极为广博,在文献编纂学领域,也留下他独有创获的成果。顾炎武一生潜心于历史文献的研读和编撰,"历览二十一史以及天下郡县志书、一代名公文集及章奏文册之类",从青年时代起,他就着手搜集有关国计民生的资料,读书过程中,将这方面的内容分类摘录出来,在以后长达二十余年的漫游中,又做了大量的实地调查,在此基础上完成了《天下郡国利病书》和《肇域志》两大部资料长编。

在文献编纂方面,顾炎武主要有以下见解:

第一,征实去伪,保证历史文献的可靠性。顾炎武认为,要使所撰的书成为"信史",取信于后世,关键在于征实去伪。要做到征实去伪就必须"据事直书",这是"万世作史之准绳"。"直书"与"曲笔"历来是判别史学家"史德"的试金石,顾炎武主张秉笔直书,正体现了他优良的治史品德。

第二,重视表志,保持历史文献的完整性。经过他的提倡,乾嘉学者纷纷为历代史籍尤其是宋、辽、金、元四史补表作志,留下了一批富有价值的著作。

第三,"引古筹今",强调历史文献的实用性。顾炎武的为学特征就是"经世致用",即注意历史和现实的结合,理论和实际的结合。在明末学术界充斥着空泛疏陋之气的时候,顾炎武强调古为今用,学术研究为现实服务的思想,是具有历史进步意义的。他一生精心考据,研治音韵,搜求金石,结撰著作,都是从其"致用"的基点出发的。顾炎武的学术实践,为文献编纂学树立了典范。

2. 学术地位

> 中国学术界有个好传统,讲究道德、学问、文章的统一。古往今来,为了实现这样一个三位一体的人生境界,几多儒林中人,潜心学问,甘淡甘贫,视名利若粪土,为学术而终生奋斗。顾炎武一生,将此三者融为一体,执着追求,终身以之,成为数千年儒林的楷模。
>
> 在明清之际三大家中,顾炎武是唯一被后世公推为清代学术开山之祖的大家,他无疑是中国学术发展史上由宋明理学到清代朴学历史转变过程中具有往开来意义的一位学术领路人。近人支伟成编《清代朴学大师列传》,尊顾炎武为这一学术领域的首席"先导大师"。

顾炎武在世时是寂寞的。他在晚年写给友人的信中说:"吾辈学术,世人多所不达,一二稍知文字者,则又自愧其不如。不达则疑,不如则忌,以故平日所作,不甚传之人间。然老矣!终当删定一本,择友人中可与者付之尔!"(《与人书十二》)

但是,顾炎武的思想和学术成就,在他身前就已受到仁人志士们的高度推崇。他的学生潘耒在《顾亭林先生六十寿序》中说:"当天地闭塞之时,而有特立不惧、遁世无闷之君子。霰雪集而不凋者,松柏之所以待春也。风

透过昆山亭林园牌坊看亭林路

雨晦而不熄者，膏火之所以待晨也。是可以答天心矣……先生之得于天者独厚，故天特重困之而又曲全之，使不踬不颠，为剥而不尽之阳，以待七日之来复也。"在这段话中，潘耒运用《易经》中剥、复二卦的原理，把顾炎武比作"剥"之极而犹存的"一阳"，犹如在冰雪沍寒的严冬而不凋谢的松柏，在风雨如晦的黑夜中而不熄灭的火炬。同时，这"一阳"又是春天和光明行将到来的征兆："剥"极必"复"，而"一阳来复"之日，即是春天和光明到来之时。这一比喻意味深长。

与顾炎武并世的著名学者阎若璩则充分肯定了顾炎武的学术地位。他在《南雷黄氏哀辞》一文中说："吾从海内读书者游，上下五百年，纵横一万里，仅仅得三人焉，曰钱牧斋宗伯也，顾亭林处士及黄南雷而三。"顾炎武被称为与钱谦益、黄宗羲齐名的"海内三大读书种子"。这一论断亦表现了顾炎武不同凡俗的学术眼光。

与阎若璩齐名的著名学者胡渭亦深受顾炎武学术思想的影响。在《易图明辨》卷十中，他摘录了顾炎武《日知录》中关于卜筮的十段论说，认为顾炎武的论说"可以箴宋人之膏肓"。顾炎武的外甥徐乾学还曾在与康熙皇帝的对策中，将顾炎武关于赋税政策的思想提供给康熙皇帝。王鸣盛、赵翼、钱大昕都继承了顾炎武关于"引古筹今，亦吾儒经世之用"的史学思想。扬州学派的学者汪中说："中少日问学，实私淑顾宁人处士，故尝推之《六经》之旨，以合于世用。及为考古之学，惟实事求是，不尚墨守。"扬州学派的学者阮元在经史考据方面对顾炎武极为推崇。阮元编《皇清经解》，把顾炎武的《左传杜解补正》列于全书之首。同时，阮元还赞扬顾炎武"志趣远大"，有"经世之具"。

道光五年（1825），江苏布政使贺长龄从"足备经济，关于实用"的思路出发，倡议编撰《皇朝经世文编》，延请魏源专司其职，次年十一月编成。该书选录顾炎武的著述达97篇之多，居全书654位作者的首位。道光二十三年（1843），张穆在其《顾亭林先生年谱》自序中说："本朝学业之盛，亭林先生实牖启之，而洞古今，明治要，学识赅贯，卒无能及先生之大者。"

顾炎武的学说在晚清的社会改革运动中发挥了重要的作用。早期改良派学者冯桂芬、郭嵩焘等人都深受顾炎武思想的影响。冯桂芬在《校邠庐抗议》一书中多次引证顾炎武的论述来阐明自己的改革主张。郭嵩焘亦继承了顾炎武对宋明理学的批判，并以顾炎武为效法的楷模。

梁启超在《清代学术概论》《中国近三百年学术史》等著作中，对顾炎武等人的学说在晚清社会改革运动中的作用作了高度的评价。谭嗣同、梁启超等人在阐述自己的改革主张时，都经常引证顾炎武的观点。例如，谭嗣同在阐述关于改革科举制度的主张时就指出："顾亭林悼八股之祸，谓不减于秦之坑儒。愚谓凡不依于实事，即不得为儒术，即为坑儒之坑。"梁启超在戊戌维新失败后逃到日本，取顾炎武提倡"清议"之遗意而创办《清议报》，以"维持支那之清议，激发国民之正气"为该报宗旨之一。为了唤起中国知识分子的爱国心，他反复宣传顾炎武关于"天下兴亡，匹夫有责"的思想。他充分肯定顾炎武对宋明理学的批评和"经学即理学"说的思想解放意义。他指出，宋、元、明以来谈理学者，"宁得罪孔、孟，不敢议周、程、张、邵、朱、陆、王。有议之者，几如在专制君主治下犯'大不敬'律也。而所谓理学家者，盖俨然成一最尊贵之学阀而怒视群学。自炎武此说出，而此学阀之神圣，忽为革命军所粉碎，此实四五百年来思想界之一大解放也"。他认为，顾炎武"对于旧思想之解放，最为彻底"，"最近数十年以经术而影响于政体，亦远绍炎武之精神也"。

被梁启超称为"近代输入欧化之第一人"的严复，对顾炎武的思想有相当深的研究。严复最重视顾炎武提出的"合天下之私以成天下之公"的思想，他认为这一思想在本质上与西欧近代民主政治的理念是相通的。严复主张以顾炎武"合天下之私以为公"的思想来改革中国的政治制度。他说："居今之日，欲进吾民之德，于以同心合志，联一气而御外仇，则非有道焉使各私中国不可也。顾处士曰：'民不能无私也，圣人之制治也，在合天下之私以为公。'然则使各私中国奈何？曰：设议院于京师，而令天下郡县各公举其守宰。

是道也,欲民之忠爱必由此,欲教化之兴必由此,欲地利之尽必由此,欲道路之辟、商务之兴必由此,欲民各束身自好而争濯磨于善必由此。呜呼!圣人复起,不易吾言矣!"

顾炎武的思想也深刻地影响了资产阶级革命派的学者。资产阶级革命派的杰出代表人物章炳麟改名绛,号"太炎",明确表明他是顾炎武学说及其遗志的继承者。章太炎发表《革命的道德》一文,把顾炎武的道德学说作为医治中国社会道德沦丧之弊病、把革命党人

昆山市第一中学顾炎武思想课程基地报纸《亭林风》

从道德堕落中拯救出来的唯一良药。他在分析了中国社会16种职业的人们的道德状况,以及革命党人内部道德堕落的情形后写道:"道德堕废者,革命不成之原。"但在当时的情况下,完全以道德理想主义的精神来要求革命党人,也必至无效,只能提倡一种最低限度的道德,于是他找到了顾炎武的学说。他说:"昔顾宁人以东胡僭乱,神州陆沉,慨然于道德之亡,而著之《日知录》曰:有亡国,有亡天下……保天下者,匹夫之贱,与有责焉耳矣!"他在全文引证了顾炎武的以上一大段话以后,指出:"余深有味其言,匹夫有责之说,今人以为常谈,不悟其所重者,乃在保持道德,而非政治经济之云云。吾以为天地屯蒙之世,求欲居贤善俗,舍宁人之法无由!吾虽凉德,窃比于我职方员外。录其三事,以与同志相切厉,则道德其有瘳乎?"资产阶级革命派中的国粹派学者邓实也在《国粹学报》上发表了《顾亭林学说》一文,系统阐说顾炎武的思想。

资产阶级革命派对顾炎武学说的宣传,在青年中产生了极大的影响。熊十力先生说,他就是因为读了王夫之、顾炎武等人的著作才参加辛亥革命的。他说:"读船山、亭林诸老先生书,已有革命之志,遂不事科举,而投武昌凯字营当一小兵,谋运动军队。"

民国时期和新中国成立后,顾炎武的学术思想依然受到重视,研究成果也不断涌现。但是,顾炎武学术博大精深,今世学者还远未完全理解他的精神所在。在市场经济的冲击和学风浮躁的背景下,今人对顾炎武思想的研究和重视程度,还有许多遗憾。了解和继承顾炎武的思想和精神,仍有很长的路要走。正如王家范教授所说:顾炎武心中有个梦,念兹在兹,是希望他的著述,特别是集萃平生志业所思的《日知录》和"七论",身后能为"后王"或"抚世宰物者"所用,以期复治古之隆(有"复兴中华"之意)。

二、著述宏富

1. 著作概览

顾炎武一生著述宏富,其著作多达五十余种,五百余卷。但由于清朝政府统治下的政治高压,顾炎武的一些重要著作已经失传。现根据顾炎武的自述、与顾炎武同时期的学者的记述,以及诸多前辈学者的考证,将顾炎武一生著述的目录、主要内容、著作的主要版本及其流传情况作以下简介。

(1)《亭林文集》六卷。有《亭林遗书》本、《亭林遗书汇集》本。

(2)《蒋山佣残稿》三卷。旧有传抄本。

(3)《亭林余集》一卷。是书为乾隆初年长洲彭绍升根据其所搜集到的顾炎武原稿所刊行,有《亭林遗书汇集》本。

(4)《亭林佚文辑补》一卷。

(5)《亭林诗集》五卷。有《亭林遗书汇集》本。

（6）《亭林佚诗》一卷。有吴县朱记荣刊本。

（7）《熹庙谅阴记事》。藏日本大阪府立图书馆。

以上七种皆已被收入中华书局1959年出版的《顾亭林诗文集》。

（8）《日知录》三十二卷，《日知录之余》四卷。

（9）《菰中随笔》，有不分卷本与三卷本两种版本。《亭林遗书》本、《亭林遗书汇集》本皆为不分卷本，是乃通行本《菰中随笔》；另有三卷本，是乃别本《菰中随笔》。二书内容不同，通行本以读书笔记为主，而别本则是以记北游途中的实际考察为主。有《敬跻堂丛书》两种合刊本。

（10）《天下郡国利病书》，《四库全书总目》作一百卷，坊间作一百二十卷。

（11）《肇域志》一百卷，一百三十余万字。

（12）《左传杜解补正》三卷。有《亭林遗书》本、《皇清经解》本。《四库全书》入经部《春秋》类，其《提要》云："国初称学有根柢者，以炎武为最。李光地尝为作小传，今载《榕村集》中。是书以杜预《左传集解》时有嗣失，贾逵、服虔之注，乐逊之《春秋序义》，今又不传，于是博稽载籍，作为此书。至邵宝《左觿》等书，苟有合者，亦皆采辑……凡此之类，皆有根据。其他推求文义，研究诂训，亦多得左氏之意。昔隋刘炫作《杜解规过》，其书不传，惟散见孔颖达《正义》中，然孔疏之例，务主一家，故凡炫所规，皆遭排斥，一字一句，无不刘曲而杜直，未协至公。炎武甚重杜解，而又能弥缝其阙失，可谓扫除门户，能持是非之平矣！"

（13）《九经误字》一卷。有《亭林遗书》本、《皇清经解续编》本。《四库全书》入经部五经总义类，其《提要》云："是书以明国子监所刊诸经字多讹脱，而坊刻之误又甚于监本，乃考石经及诸旧刻，作为此书。其中所摘监本、坊本之误，诸经尚不过一二字，惟《仪礼》脱误比诸经尤甚……皆赖炎武此书校明。"

（14）《音学五书》三十八卷。

（15）《韵补正》一卷。

（16）《转注古音略》五卷。明杨慎撰，顾炎武批并跋，有北京市文物局藏本。

（17）《五经同异》三卷。有《亭林遗书汇集》本。但章学诚怀疑该书为后人所伪托，其《丙辰札记》云："顾氏之书，是为时所矜尚。其《五经同异》，则从未见人称及。今观其书，乃采取宋元明以来先儒说经之文，虽不离乎考据古今，而大要以说经为主。皆取先儒成说而不自为论断，其宗旨亦不与《日知录》说经之说相符合，疑未必出自亭林，为其学者所依托也。然此不得为著作，纂录前人同异，以待汇参正，学者治经之功力耳。今之经生有志于古之学者，正当以是，而特须中有定主，不可道听途说，不知所择，如决科之备策也。论全经大体之说，皆冠于前，而发挥篇章字句，则以经文为主，亦《日知录》之成例。"

（18）《圣安纪事》（又名《圣安皇帝本纪》）二卷。有《亭林遗书汇集》本、《明季稗史》本。1999年江苏古籍出版社出版的《南明史料（八种）》将该书收入。

（19）《明季实录》。有《亭林遗书汇集》本、《明季稗史》续编本等。上海图书馆藏清抄本作四卷。《续修四库全书提要》说："是书记明季甲乙之变，汇辑当时奏疏、塘报及时人笔记，汇为一编，名曰实录。据事直书，未尝参赞一

昆山市第一中学校园文化宣传栏

词,以凭传信。其要者,如诸臣乞贷疏,监国福王诏书、誊黄,福王登极诏书,新进士南归口述实录,燕邸实钞,从闯贼破京伪官考,泣鼎传真录,弘光元年钦定爱书,塘报稿,附录苍梧兄酉阳杂笔。其记事实,如有异同者,间附考略于下。"《提要》认为,该书体现了顾炎武"以实事求是为宗"的史学宗旨。

(20)《皇明修文备史》。有抄本。

(21)《山东考古录》一卷。有《亭林遗书汇集》本,《四库全书》入史部地理类存目。

(22)《昌平山水记》二卷。有《亭林遗书汇集》本,《四库全书》入史部地理类存目。

(23)《历代帝王宅京记》二十卷。有《亭林遗书汇集》本,《四库全书》入史部地理类。

(24)《建康古今记》十卷。有康熙年间抄本,1983年台湾成文出版公司影印本。

(25)《京东考古录》一卷。有《亭林遗书汇集》本,《四库全书》入史部地理类存目。

(26)《橘瓠十事》。有《亭林遗书汇集》本,《四库全书》入史部地理类存目,岳麓书社1994年出版的《日知录集释》将该书收入。

(27)《顾氏谱系考》一卷。该书考证顾姓的由来以及吴郡顾氏的世系。有《亭林遗书》本、《亭林遗书汇集》本。《四库全书》入史部传记类存目。

(28)《求古录》一卷。有《亭林遗书汇集》本,《四库全书》入史部目录类。

(29)《金石文字记》六卷。有《亭林遗书》十种本、《亭林遗书汇集》本。《四库全书》入史部目录类,其《提要》云:"(该书)前有炎武自序,谓:'抉剔史传,发挥经典,颇有欧阳、赵氏二录之所未具者。'今观其书,哀所见汉以来碑刻,以时代为次,每条下各缀以跋,其无跋者,亦具其立石年月,撰书人姓名,证据今古,辨正讹误,较《集古》《金石》二录,实为精核,亦非过自标置也。所录凡三百余种,后又有炎武门人吴江潘耒补遗二十余种。碑字间有异者,又别为摘录于末,亦犹洪适《隶释》,每碑之后,摘录今古异文,某字为某之遗意。《潜研堂金石文跋尾》尝摘其舛误六条……亦未为至确……是固未足以服炎武也。惟其斥石鼓之伪,谓不足侪于二雅,未免勇于非古。释校官之碑,谓东汉时有校官,亦未免疏于考据,是则其失之臆断者耳。然在近世著录金石家,其本末源流,灿然明白,终未能或之先也。"

(30)《石经考》一卷。有《亭林遗书》十种本、《亭林遗书汇集》本。《四库全书》入史部目录类,其《提要》云:"(该书)叙述石经本末,颇有端绪,于汉魏两代一字、三字之分,《后汉书·儒林传》叙述舛讹者,援引诸说,祛除疑窦,尤足决聚讼之是非。"

(31)《救文格论》一卷。有《亭林遗书汇集》本,《四库全书》入子部杂家类存目。

(32)《诗律蒙告》一卷。有别本《菰中随笔》附刻本。

(33)《杂录》一卷。有《亭林遗书汇集》本,《四库全书》入子部杂家类存目。

以下著作是只有一部分得以保存下来的:

(34)《营平二州史事》六卷。其中五卷已佚,幸而保存下来的仅有《营平二州地名记》一卷,载二州古地名,至五代时止。《四库全书》入史部地理类,有《亭林遗书汇集》本。

以下二十种著作为有存目而未见传本的:

(35)《易解》。顾炎武《与王山史》书云:"弟冬来读《易》,手录苏、杨二传,待驾归,得共山中之约,将《大全》谬并之本,重加厘正。程、朱各自为书,附以诸家异同之说,此则必传之书也。"《答汪苕文书》亦云"弟方纂录《易解》"。可见顾炎武确有此书之作,惜未见传本。

(36)《区言》五十卷。已佚。据清初学者何焯在《菰中随笔序》中记载:"亭林先生……身殁后,遗书悉归于东海相国(徐乾学),然不知爱惜,或为人取去……先生所著《区言》五十卷,皆述治天下之要。余曾在相国处见一帙言治河事,不识能宝藏否?"

(37)《下学指南》一卷。《亭林文集》卷六有《下学指南序》,未见传本。

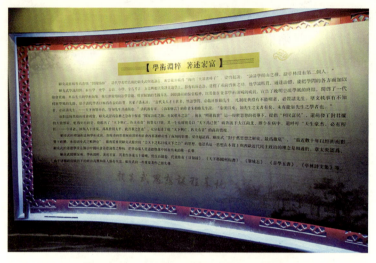

昆山市第一中学顾炎武思想课程基地展馆

（38）《圣朝纪事》一卷。无刊本。

（39）《三朝纪事阙文》二十卷。无刊本。《亭林文集》中有《三朝纪事阙文序》，谓此书乃其嗣祖顾绍芾据邸报辑录，起自万历四十八年（1620）七月，迄于崇祯七年（1634）九月，中间失天启二年（1622）正月至五年（1625）六月。顾炎武乃加以辑补，其不得者则阙之。

（40）《官田始末考》。张穆《亭林年谱》存目，未见传本。

（41）《岱岳记》八卷。该书作于南明永历十三年（清顺治十五年，公元1658年）春，顾炎武登泰山后所作。惜无刊本传世。

（42）《唐宋韵补异同》。朱记荣《亭林著述目录》存目，未见传本。

（43）《南都时事》。见《亭林文集》卷四《与戴耘野书》。

（44）《点定荀悦汉记》。见潘耒《重刻汉记序》，未见传本。

（45）《重修宋史》。全祖望《鲒埼集外编》卷四十三《答临川先生问汤史帖子》，谓宁人改修宋史，闻其草本急有九十余册，乃其晚年之作，去世后归外甥徐乾学保管，后散佚。

（46）《二十一史年表》十卷。顾衍生《亭林著书目》存目，未见传本。顾炎武《菰中随笔》自云曾作《宋辽金元四史年表》，其言曰："郑渔仲言：作史莫先于表。今观宋、辽、金、元四史，紊乱殊甚，不先作表，则史未易读也……今自混一之年，以迄崖山之岁，编成年表。"

（47）《十九陵图志》六卷。顾衍生《亭林著书目录》存目，未见传本。

（48）《北平古今记》十卷。张穆《亭林年谱》存目，未见传本。

（49）《万岁山考证》一卷。张穆《亭林年谱》存目，未见传本。

（50）《近儒名论甲集》。未见传本。顾炎武《与颜修来手札》云："弟向日录有《古今集论》五十卷。顷究李刘年翁延弟至署，删取其切于经学治术之要者，付诸梓人，名曰《近儒名论甲集》。"此为清康熙六年（1667）之事，时年顾炎武55岁。

（51）《昭夏遗声》二卷。李云沾《与人论亭林先生遗书笺》云："昭夏者，中夏也，选明季殉节诸公诗，每人有小序一篇。"未见传本。

（52）《当务书》六卷。顾衍生《亭林著书目录》存目，未见传本。

（53）《弗录》十五卷。顾衍生《亭林著书目录》存目，未见传本。

（54）《海道经》。朱记荣《亭林著述目录》存目，未见传本。

以下著作，极有可能为顾炎武所作，但又怀疑为后人所伪托：

（55）《惧谋录》四卷。顾衍生《亭林著述目录》中列有此书。有南京图书馆藏清嘉庆六年（1801）抄本，题为昆山顾炎武宁人氏录。《清史稿》艺文志兵家类列目，题顾炎武撰。该书乃兵法之书，有用兵之策，有战例。书中卷三"攻城"条还讲到了"明万历中，欧罗巴人入中国，始有西洋铳，而攻城守城之道大与古异"。谢国桢先生在《江浙访书记》一书中认为，该书"是否为顾宁人原作，亦不可知"。沈嘉荣先生在《顾炎武论考》一书中既认为顾炎武有可能作此书，又怀疑此书为后人所伪托。

以下四种著作，被学者断定为后人伪托，或怀疑为后人所伪托：

(56)《海甸野史》二十二卷。有北京图书馆藏传抄本。据谢国桢《增订晚明史籍考》："是书汇集范康生《指南录》、汪光复《续明季遗闻》、丁大任《癸巳小春入长沙记》、《永历纪事》等凡二十九种，并无甚罕见之本。余曾见一抄本，题顾炎武亭林氏辑，知必为后人所伪托也。"

(57)《明季三朝野史》。据谢国桢《增订晚明史籍考》卷二十三案云："宁人著有《圣安纪事》，此题曰《纪略》，间有按语，不似顾氏口吻；况炎武字宁人，而此题曰亭林，恐出于后人伪托也。"

(58)《一统志案说》。张穆谓其为坊刻伪托。

(59)《经世篇》十二卷。《四库全书》入子部类书类存目，王蘧常疑其伪托。

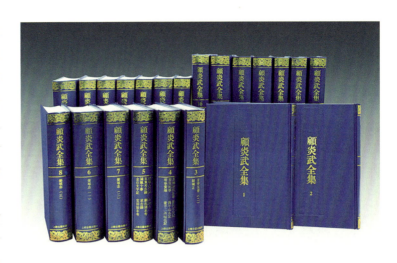

顾炎武全集

2.《顾炎武全集》总目

《顾炎武全集》（上海古籍出版社 2011 年出版）是经专家考订后确定无疑的顾炎武存世全部著作总集，收录了各类著作 34 种，其中经部 9 种，史部 17 种，子部 5 种，集部 3 种。

总目录：

第一册　左传杜解补正　五经同异　九经误字

第二册　音学五书（一）

第三册　音学五书（二）　韵补正

第四册　熹庙谅阴记事　圣安记事　明季实录　历代宅京记　昌平山水记　营平二州地名记

第五册　建康古今记　京东考古录　谲觚十事　金石文字记　石经考　顾氏谱系考　求古录　官田始末考

第六册—第十一册　肇域志（一至六）

第十二册—第十七册　天下郡国利病书（一至六）

第十八册　日知录（一）

第十九册　日知录（二）　日知录之余

第二十册　菰中随笔　亭林杂录　救文格论　惧谋录

第二十一册　亭林诗文集　诗律蒙告

第二十二册　附录

人师 顾炎武
Ren Shi Gu Yan Wu

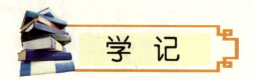

发人深省

本课最能使你有所启发的两句话是：

1.

2.

合作探究

1. 顾炎武的主要学术思想是什么？

2. 如何认识顾炎武的学术地位？

3. 我们该如何对待顾炎武的学术遗产？

责任意识

通过本课学习，你认为一个人应该具有怎样的社会责任意识？

启示录

1. 本课对你为人的启示是：

2. 本课对你为学的启示是：

第8课

论道经邦,远见卓识

——思想主张及理论创造

> 顾炎武是中国17世纪伟大的早期启蒙思想家。与历史上一切伟大的思想家一样,顾炎武的思想中充满着对社会的公共事务进行深刻而彻底的反省、对既往的思想文化进行冷峻而深沉之反思的哲学精神。他的理论创造和学术成就,不仅使他成为与黄宗羲、王夫之齐名的一代思想文化巨人,而且成为继往开来的一代学术宗师,并且对于晚清的思想解放运动和社会改革运动发生了深刻的影响。他崇高的爱国主义情操、独立不苟的人格风范和社会批判精神,至今仍是推进中华民族伟大复兴的精神力量之一。
>
> ——许苏民
>
> 能拨去罩在六经之上的"惊世绝俗"外衣,还其以平实史籍的本来面目,顾炎武这样的见解确实是卓越的。后世乾嘉学者章学诚的"六经皆史"说,显然是从顾炎武的主张中获取了有益的启示。
>
> ——陈祖武

在以清代明的历史条件下,顾炎武满怀深挚的爱国主义热情,认真总结明王朝覆灭的历史教训,重新审视中国传统社会的经济、政治和思想文化,以"明体适用""引古筹今"的远见卓识,汇集三千年中国历史中志士仁人论道经邦的优秀智慧,批判继承晚明以来中国社会的新思潮,并加以适乎时代要求的发挥,来建构未来民族复兴的蓝图,从而在哲学思想、史学思想、道德伦理思想、经济政治思想、文学思想诸方面都做出了新的理论创造。

一、哲学思想

顾炎武的哲学思想,从总体上看,是对程朱陆王的双向扬弃和在更高的基础上向先秦儒学的复归。他改造程朱理学,吸取其"道问学"的合理因素而拒斥其先验本体;扬弃陆王心学,吸取其"致良知"这一"圣学千古之秘"而排斥其末流之空疏放纵;熔程朱之"道问学"与陆王之"尊德性"于一炉而陶冶之,由此而形成其即体即用、即本体即工夫、"明体适用"的哲学观。其学术宗旨是:"博学于文""行己有耻"。"博学于文"是对程朱"道问学"的改造,认识的对象不再是体验无所不在的"天理"本体,而是人类面对的自然世界和历史文化世界,从而扩大了认识的对象和范围,并由此开辟了中国哲学的知识论方向。"行己有耻"是对陆王"尊德性"的肯定式的扬弃,把道德践履限定在出处、进退、取受、辞让的范围之内,而不讲"致吾心之良知于事事物物"的泛道德主义,由此开辟了中国哲学伦理学的日常生活批判的转向。

顾炎武的本体论思想,既是从《易》学中发挥出来,又是对张载的元气本体论的继承和发展。他以物质性的"气"为世界之本原,以"气"之聚散来解释万物的生灭成毁,并以此说明一切具体事物存在的有限性和相对性;以"气"之感应来说明事物之间的相互联系,并以此来揭示事物之间同类相感的必然性;以"气"之盛衰和聚散来说明精神现象的存在和消亡,由此而发挥出一整套"唯物""唯变"的哲学见解。从这一学说中,他引申出"非器则道无所寓"的道器论,为自强不息、与时偕行的实践观提供了哲学形而上学的依据;也是从这一学说出发,他发挥出"有恒"的思想,为坚守民族气节、奉常以处变的个人道德践履提供了坚强的信念。

昆山亭林园

顾炎武的认识论在某种程度上仍带有传统的格伦理之物、致道德之知的意味,但顾炎武还有许多超出了传统的认识论范畴的论述。他在认识论上的一个首要的和突出的贡献,就在于他不仅重视道德伦理的知识,而且还十分重视对于自然的科学认知,要人们去探求天文、地理、数学、声学等学科的知识,把精通天文学看作是"学究天人"的必由之路。在感性认识与理性认识的关系上,他主张要善于把对于事物的感性认识和杂多的知性认识,经过"观其会通"的思维工夫,运用归纳的方法,由博而返约,将其上升到理性认识的高度。同时,在认识的过程中还要善于运用演绎的方法,"举本以该末",由抽象到具体的认识方法。他明确认为,离开了"多闻""多见"的认识和实践活动,就不可能有由博返约的理性认识,更谈不上对于天道人事有任何卓越的见识。他深知真知难求,个人的认识能力实在有限,所以他总是充满着一种对于在认识中很容易犯错误的"理性幽暗意识",反对"执一而不化""果敢而窒"的独断论,把认识看作是一个无穷的发展过程。他的认识论思想,有力地针砭了晚明读书人"山间林下,三三两两,相与讲求性命"、把哲学贵族化的倾向,向人们展示了一个真正"究天人之际,通古今之变,成一家之言"的广阔知识天地。

在认识社会发展的辩证规律方面,顾炎武同样做出了卓越的理论贡献。他从事物的共时性存在的方面看到了差异和矛盾的普遍性,"物之不齐,物之情也",不可能用一种尺度去要求事物一一齐同,消解事物的差异和对立;从事物存在的历时性的方面,他看到了自然界和人类社会的发展都是有规律可循的,"造化人事之迹有常而可验,变化云为之动日新而无穷"。他把这一辩证发展的观念运用于社会历史领域,提出了"天下势而已矣""势有相因而天心系焉"的历史演化观,主张认识"相因之势",探询"势"之所以形成的因果关系和其中的辩证转化的环节,并由此得出了"圣人以人占天""势有相因而天心系焉"的哲学结论。他从"不能使四方之风有贞而无淫""邪说之作与世升降"的历史事实中,看到了前进与后退、上升与下降总是在同一条道路上显示出它们固有的二重性;他意识到,在历史的发展中,似乎隐然有一个先肯定、再否定、再否定之否定的规律在起着作用,社会的发展有一个由"质"到"文"、又有一个在更高的基础上向着"质"复归的倾向,只有通过发展经济,使社会的物质财富极大地丰富起来,从而使得人们不需要"机智"

和"奸伪"就可以满足其对于"厚生"的要求以后,才有可能使人性在更高的基础上重返原始的淳朴。基于对社会发展规律的考察,顾炎武从《易》中发挥出"过中则变"的"时"与"变"之义。他从时代的变化和"百王之治至殊"的历史事实中看到,"天下之变无穷,举而措之天下之民者亦无穷",认为传统的制度已"居不得不变之势",并由此总结出"通变宜民""唯变所适"的辩证法则。

二、史学思想

如果说王夫之是明清之际早期启蒙思潮的哲学代表、黄宗羲是早期启蒙思潮的政治学代表的话,那么,顾炎武就是明清之际早期启蒙思潮中最杰出的的历史学代表。他的三大奇书——《日知录》《肇域志》《天下郡国利病书》——对于历史地认识中国国情,至今仍具有极其重大的现实意义。

他继承了前辈学者王阳明、李贽、钱谦益提出的"六经皆史"的思想并加以发展,在中国史学史上第一次对"六经皆史"的命题做了具体论证,试图建立以史学统摄经学、经史合一的历史科学。他不仅通过"读九经自考文始,考文自知音始"的论说而开创了清代经学研究的语言学转向,更以对于"六经皆史"的史实论证而开创了清代经学研究的历史学转向。他对《易》学源流、《尚书》学源流、三《礼》学源流的考证,对于汉唐儒家经学历史地位的重新认识等等,不仅体现了他的经学研究的鲜明的历史主义特征,而且多有创造,有力地驳斥了宋儒从"道统论"出发对汉唐儒学所做出的非历史主义的否定。

> 周可真说:顾氏经学的特质,不仅在于其研究范围极广,举凡经、史、子、集之类皆在其视域之内,更在于其据"六经皆史"之观点,将经学本质地理解为史学,从而导致了其运用史学方法来开展经学研究。其经史研究方法以归纳与演绎法的结合为基本特征,但其运用最多最广的,是作为其归纳法之基础的考据法。其考据活动最显其实学功夫,是其实学思维的集中体现,也是其思维方式根本区别于宋明理学之所在。

在历史学的方法论方面,他反对以政治伦理的原则凌驾于实事求是的原则之上,以价值中立的本质属性,努力为近代实证主义史学奠定方法论基础。他认为《春秋》本是"纪实"之书、"阙疑之书",孔子作《春秋》的方法只是"多闻阙疑,慎言其余"八个字,而所谓"《春秋》笔削大义微言"的说法不过是误解孔子之意的"郢书燕说"。只有按照孔子作《春秋》时所使用的史学方法去理解《春秋》一书,才是一种"甚易而实是"的方法;从《春秋》中去寻找什么"笔削大义微言",则是一种"甚难而实非"的方法。

昆山市第一中学顾炎武思想课程基地展馆

基于对《春秋》的以上认识,顾炎武主张,历史事实是怎样的,就应该怎样书写,所以他坚决反对以政治伦理的需要去歪曲历史,主张在史学研究中贯彻价值中立原则。他敏锐地意识到:"史策所载,未必皆为实录。"为了廓清历史中的谎言,据实恢复历史的本来面目,他提出了考辨史实真伪、订讹补阙的多重证据法,包括将正史的纪传表志互相对勘的方法,以野史与正史相互参订以寻求历史真实的方法,借助金石铭文等文物资料和对历史遗迹的田野调查来为史书订讹补阙的方法等等。

人师 顾炎武

> 顾炎武所倡导的史学研究的实证主义方法为王国维所继承。侯外庐先生在《中国思想通史》第五卷中指出："只有王国维才是最后继承炎武的人"，"从炎武到王国维是近代中国学术的宝贵遗产"。这一实证主义的史学方法与西方近代实证主义的史学方法的会通融合，将中国传统史学的近代转型推进到了一个新的阶段。

在历史学的价值论方面，他认为历史学具有"鉴往训今""引古筹今""稽天成德"三大功能。"鉴往训今"是为了总结历史的经验，从历史经验中获得有益的教训；"引古筹今"是为了从历史中吸取论道经邦的智慧，来解决社会发展所提出的现实问题；"稽天成德"是为了认识历史发展的规律，不断完善"人文化成"的历史文化世界。

三、伦理思想

与中国传统的主流伦理学说相区别，顾炎武的伦理学说并不具有道德理想主义的特征。他不是从"至善"的道德理念出发，而是从现实存在的人性的实际和社会生活的实际出发，来探讨最合乎人性的实际和社会生活发展切实可行的道德伦理规范。这是顾炎武的道德伦理学说与宋明理学相区别的最显著的特征，是中国传统伦理学从道德理想主义向着经验主义或现实主义转型的一个重要标志。

顾炎武不像宋明道学家那样讲所谓"存天理，灭人欲"，而是认为人们的"私"和"欲"的存在都有其一定程度的合理性；不讲"饿死事极小，失节事极大"的道学说教，而是讲"不能使天下无再适人之妇"和先王的"恤孤之仁"。

顾炎武从现实的人性和社会生活的实际出发，对儒家传统的道德观做了一系列重要的修正。他反对"爱有差等"说，尤其反对将这一学说运用于社会公共生活所导致的庸俗关系学；反对孟子所说的"穷则独善其身"的观点，认为"穷而在下位者"亦有救世之责；反对不切实际的空洞的道学说教，而只给人们预设了一个"行己有耻"的道德底线。他对中国人的"窝里斗"的劣根性犹为深恶痛绝，并由此而探讨社会生活的理性化之路。

顾炎武反对朱熹所说的对"狂者"要加以裁抑的观点，认为"大凡高迈亢爽之人易于入道"，主张带有个性解放意味的豪杰精神。

所有这一切，都是顾炎武道德伦理思想中值得重视的近代性因素。

由于顾炎武特别注重社会实际的考察，因而对社会生活中的弊病有更为深刻的认识，从而能够在理论上对道德与经济发展、道德与政治制度的关系多创特解。这对于当今中国市场经济条件下的道德建设，依然具有不可忽视的借鉴意义。

> 资产阶级革命派的杰出代表人物章炳麟改名绛，号"太炎"，明确表明他是顾炎武学说及其遗志的继承者。章太炎对宋明理学和顾炎武的学说都有很深入的研究。在章太炎看来，程朱理学看上去特别强调道德，其实乃是乡愿之学，程颐、朱熹不过是"乡愿之秀"而已，"盖程朱之学修之于家为有余，施于有政则少懦也"。但顾炎武的学说则不同，特别强调知耻、重厚、耿介，与程朱理学本质上的乡愿风格有着明显的区别。1906年10月8日，章太炎发表《革命的道德》一文，把顾炎武的道德学说作为医治中国社会道德沦丧之弊病、把革命党人从道德堕落中拯救出来的唯一良药。

四、政治思想

顾炎武的政治思想具有三大理论特色：

第一，在批判历代统治者奉行的"宁赠友邦，勿与家奴"的反动政治哲学的基础上，确立起民族利益至高无上的政治原则。纵观三千年中国政治史，顾炎武发现，这种"宁赠友邦，勿与家奴"的反动政治哲学由来已久，它几乎成了三千年中国君主专制主义政治史的一大通病。于是，彻底揭露和清算这一反动政治哲学对于民族的危害，就成为顾炎武着重予以解决的一个重大历史课题。在这一方面，无论是黄宗羲还是王夫之，都没有像顾炎武这样花费大量的笔墨，它构成了顾炎武政治思想的一个最显著的特色。他的民族利益至上的爱国主义的政治思想，对于针砭以一家一姓、一党派之私利凌驾于民族利益之上的自私狭隘的阴暗心理和陈腐观念，唤起国人的爱国心，具有十分重要的意义。

> 顾炎武在《日知录·楼烦》中说：盖自古用蛮夷攻中国者，始自周武王，牧野之师有庸、蜀、羌、矛、微、卢、彭、濮。而晋襄公败秦于崤，实用姜戎为掎角之势。大者王，小者霸，于是武灵王踵此用以谋秦，而鲜卑、突厥、回纥、沙陀自此不绝于中国矣！
>
> 在顾炎武看来，周武王姬发为了夺取商朝的天下，不惜借助当时的蛮夷之兵来杀中国人。此端一开，后世踵相效法。他认为夷狄之祸之所以"不绝于中国"，乃至在历史上多次造成亡国之祸，根源就在于历代那些想当皇帝的人，为了实现其"惟辟作威，惟辟作福，惟辟玉食"的一己之私欲，不惜丧心病狂地借助外族的军队来屠杀我华夏民族的人民。周武王是正统儒家推崇的上古三代的圣王之一，是不容批评的大圣人，顾炎武敢于揭露"自古用蛮夷攻中国者，始自周武王"，这样的胆识除了直斥周文王立制"恃一人之耳目以弱天下"的王夫之、大声疾呼"为天下之大害者，君而已矣"的黄宗羲以外，在当时几乎是无人能够比拟的。

第二，不再从儒家的性善论出发讲"修齐治平"的传统政治哲学，而是从现实的人，尤其是从皇帝和官员们的"私"和"欲"的现实存在出发，来探讨有效防止政治腐败的理性化的制度建设之路。传统的政治思想要人们天真地相信，官员们只要加强道德修养，就可以只干好事而不干坏事，《大学》的所谓"三纲领"（亲民、明德、止于至善）"八条目"（格物、致知、诚意、正心、修身、齐家、治国、平天下），就是传统政治哲学的集中表述；而顾炎武的政治哲学则不同，他是从现实的人，尤其是从皇帝和官员们的"私"和"欲"的现实存在出发，来探讨有效防止政治腐败的理性化的制度建设之路，包括分权制衡、法制建设和"以名为治"的制度设置等方面。

"雨我公田，遂及我私"，先公而后私也。"言私其豵，献豜于公"，先私而后公也。自天下为家，各亲其亲，各子其子，而人之有私，故情之所不能免矣，故先王弗为之禁，非惟弗禁，且从而恤之。建国亲侯，胙土命氏，画井分田，合天下之私以成天下之公，此所以为王政也。至于当官之训，则曰以公灭私，然而禄足以代其耕，田足以供其祭，使之无将母之嗟、室人之谪，又所以恤其私也。此义不明久矣。世之

昆山市第一中学校园文化宣传栏

君子必曰：有公而无私。此后世之美言，非先王之至训也。

——顾炎武《日知录·言私其豵》

第三，确认每一个人的合理的私人利益，以此为前提来探讨如何"合天下之私以成天下之大公"的途径。除了基于帝王和官员们的"私"与"欲"而主张实行权力制衡的制度化建设以外，顾炎武还紧紧抓住了确保政治体制健全运作的另外两个关键因素，即"选举"与"舆论"。"天下之人……皆得举而荐之"的选举，被他看作是人才兴国的一大要务；而"政教风俗苟非尽善即许庶人之议"的社会舆论监督作用，则被他看作是弥补体制内的权力制衡之不足的又一种权力，把它看作是保证政治清明和国家长治久安的至关重要、不可或缺的因素；并且将此二者也纳入了制度化建设的轨道，成为他的政治思想的重要组成部分。

当然，他在进行这些新的理论探索的时候，也没有抛弃传统政治哲学注重道德修养的合理因素，而是将其纳入他的新的理论框架之中。尽管他在解决上述问题的具体论述中仍不免带有"药方只贩古时丹"的托古改制的意味，但其思想的精髓和意义却从根本上超出了传统政治哲学的范畴，从而展示出中国传统政治近代转型的理性化方向。

五、经济思想

在经济思想方面，顾炎武的思想中也包含着丰富的近代性因素。主要表现在以下三大方面：

第一，他探讨了市场经济的发展规律，以及如何解决经济发展与阻碍经济发展的非经济因素的矛盾问题，提出了一系列适合市场经济发展规律的新见解。顾炎武基于对中国社会商品经济发展状况的考察，认识到"民享其利，将自为之，而不烦程督"的经济规律，从而鲜明地提出了"为天子为百姓之心，必不如其自为"的近代经济学命题。他认为，只有让人民"自为"，而不是让那些口称"为天子为百姓"的官员们来"程督"百姓们如何作为，才能最大限度地激发人们勤劳致富的积极性，促进经济的繁荣发展。他认为中国社会的商品经济之所以难以走上健康发展的轨道，主要就是有来自各种非经济因素的破坏和干扰，这些非经济因素主要包括专制统治者对人民的超经济强制式的掠夺、对某些经济部门商品贸易的垄断，以及官商勾结垄断市场等等，而最大的破坏性因素乃是政治腐败。

其论说与马克斯·韦伯所说的儒家士大夫为维护其乱收费的特权而阻挠自由贸易的观点，可谓不谋而合。为了解决各种非经济因素与商品经济发展的矛盾，顾炎武提出了以下对策：一是保障私有财产，取消对民间工商业者实行横征暴敛的税收政策。二是整顿市场经济秩序，力主行政权力退出市场竞争。三是主张无地域限制的自由贸易，包括开放海禁，允许民间商人出海开展对外贸易活动。

天下之人各怀其家，各私其子，其常情也。为天子为百姓之心，必不如其自为，此在三代以上已然矣。圣人者因而用之，用天下之私，以成一人之公而天下治……故天下之私，天子之公也。

——顾炎武《郡县论五》

第二，他探讨了在市场经济条件下国家对于经济发展所应发挥的作用。他认为在行政权力退出市场竞争以后，国家应从货币政策、税收政策和生产关系的调整等方面，来保障市场经济的健康发展。他主张实行统一而稳定的货币政策，主张赋税政策既要有利于促进商品经济的发展，又要考虑到东西部经济发展不平衡的状况，因时因地制宜。他主张调整不合时宜的生产关系，解决官田问题、生员问题、私租问题、奴婢问题，废除官本位特权以减轻农民负担，限制地主对农民的剥削，主张以雇佣劳动制度取代传统的蓄奴制度。

第三，他把发展经济看作是解决中国社会一切问题的根本途径，同时也要认识到保护自然生态环境的重要性。他主张要正确认识商品经济发展的二重性，确认经济发展的优先地位，反对以"道德"的名义阻碍和破坏商品经济发展。他认为贫穷乃是中国社会的最大忧患,一切社会问题的解决,最终都只能通过发展生产的途径。因此,他十分注重经济发展问题的研究,把"生财之方"看作是与用人行政同等重要的立国之本。主张开放矿禁,主张把手工业也看作是"富国之本业",主张通过发展农业、畜牧业和手工业来推进商品经济的发展。主张藏富于民,以"利尽山泽而不取诸民"为"富国之策"。此外,他还提出要正视中国大地上自然生态环境遭到严重破坏的现实,认为经济的发展必须以尊重自然规律、维护自然界的生态平衡为前提。

  河政之坏也,起于并水之民贪水退之利,而占佃河旁污泽之地,不才之吏因而籍之于官,然后水无所容,而横决为害。贾让言:"古者立国居民,疆理土地,必遗川泽之分,度水势所不及,大川无防,小水得入陂障,卑下以为污泽,使秋水多得有所休息,左右游波宽缓而不迫,故曰:'善为川者决之使道。'"又曰:"……《元史·河渠志》谓,黄河退涸之时,旧水泊于池,多为势家所据,忽遇泛滥,水无所归,遂致为害。"由此观之,非河犯人,人自犯之。予行山东巨野、寿张诸邑,古时潴水之地,无尺寸不耕,而忘其昔日之为川浸矣。

——顾炎武《日知录·河渠》

六、宗教思想

  在宗教思想方面,顾炎武从"气化论"的观点和关于物质与精神之关系的唯物论观点出发,廓清先儒对于"鬼神"的神秘主义论说,并批判了佛教的"轮回"之说和"灵魂不灭"的观念。他深刻揭示了鬼神迷信存在的社会历史根源和认识论根源,提出了"鬼神之情,人之情也""鬼神之道亦与时为代谢""王政行于上,而人自不复有求于神"等深刻命题,认为专制政治所造成的人民的苦难和人民对统治者的不信任乃是导致人们相信鬼神的根源,而传统儒家利用鬼神迷信以维护专制统治又反过来强化了民间的鬼神迷信;他揭示了佛教的"地狱"之说、道教的"人鬼感应说"与民间之鬼神迷信的关系,认为这些教义无不是从民间的鬼神迷信发展而来,并表达了"岂真有上帝司其祸福"的无神论思想。他驳斥了所谓"孔子前知千古,后知百世"的谬说,对汉儒假托孔子之名所宣扬的谶纬神学作了深刻的批判,他以大量的历史事实证明谶纬不可信,对于谶纬的迷信只会导致政治上的举措失当。他揭露了宗教信仰的虚幻性,对于历代统治者迷信

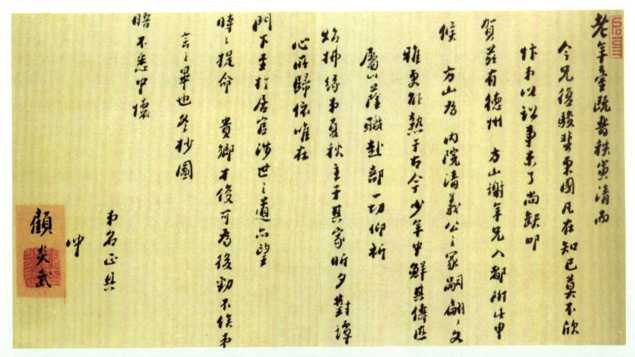

顾炎武手迹

道教和佛教、不惜劳民伤财,士大夫迷信道教和佛教、放弃社会使命和责任的行为,一一作了严厉的批评。但在天人关系方面,他一方面试图用自然科学的观点来解释天文现象,另一方面却仍然保留着天人感应的神秘观念;一方面讲"人定能胜天"和"圣人以人占天",另一方面却仍然保留着对于"天道幽且深"的虔诚而神圣的敬畏。

> 顾炎武在《日知录·图谶》中以大量的历史事实证明,谶纬是不可信的,实际发生的历史事实并不以人们对于谶纬的解读为转移:始皇备匈奴,而亡秦者少子胡亥。汉武杀中都官诏狱系者,而即帝位者皇曾孙病已。苻生杀鱼遵,而代生者东海王坚。宋废帝欲南巡湘中,而代子业者湘东王彧。齐神武恶见沙门,而亡高者宇文。周武杀纥豆陵,而篡周者杨坚。隋炀族李浑,而禅隋者李渊。唐太宗诛李君羡,而革唐者武后。周世宗代张永德,而继周者艺祖。

七、文学思想

在文学思想方面,顾炎武继承了晚明"性灵派"的创作理论,特别是关于诗歌要表现真性情的观点,批评宋明理学家"以理为宗,不得诗人之趣",强调"诗本乎情""诗主性情",从理论上进一步揭示了诗歌的"情感审美"本质。他以历史主义的观点看待诗文体裁的演变,认为一代有一代之诗文,反对"取古人之陈言一一而模仿之",主张文学应"有我",应表现个人独特的思想见识,以及作为独一无二的个体的创作风格和个性特征。他对文学的历史发展过程中"似"(继承)与"不似"(创新)的辩证关系所作的深刻论述,既充分强调了人们创造性的发挥,又克服了晚明学者只讲创新而忽视继承性的弊病。他反对专制统治者以所谓"定格"来束缚文人学者的思想和才华,呼唤不拘一格的"俊异之才"。他特别重视文人的社会使命和责任,强调"士当以器识为先"和"文须有益于天下"。他继承了中国古代文学的现实主义传统,高扬"《十月之交》国风之义",提倡文学的社会批判精神。他所提出的"立言不为一时"的主张,更是近世学者大力提倡的"独立之人格,自由之思想"的先声。

八、学术方法与规范

顾炎武以其在学术领域的艰辛探索和卓越建树,而成为清代朴学的开创者,成为扭转学术风气的一代思想大师。他提出了"经学即理学"的观点,昭示了宋明道学以后中国学术的新方向。他提出了"读九经自考文始,考文自知音始"的命题,确立了由音韵训诂以通经义的朴学宗旨。他提出了"采铜于山"的方法论原则,开创了以金石铭文等文物资料与文献资料相互印证的研究方法(即后人所谓的"二重证据法"),开创了不尚空谈、注重实证的一代新学风。他还为清代学术的发展建立了一整套完备的学术规范:一是治学当从第一手资料出发,而不是从第二手、第三手的资料出发;二是凡著书,要著前人所没有著过且为后世所不可缺少的书,著自成一家之言的书;三是凡立论必有充分的证据,在证据不充分时,应当阙疑,不可据孤证以立论;四是不可改窜前人之书或窃他人之书为己作;五是凡引述前人的言论,应当引述其原文,注明前人姓名及引文出处,即使是得之于同时代学者的言谈,也当予以说明。这些学术规范体现着求真的要求,也体现着善的道德准则,因而对于学者人格的陶冶也发挥着重要的作用。

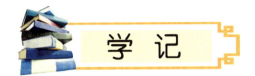

学 记

发人深省

本课最能使你有所启发的两句话是：

1.

2.

合作探究

1. 为什么说顾炎武是中国17世纪伟大的早期启蒙思想家？

2. 试评价顾炎武的伦理道德思想。

3. 顾炎武是如何看待人与自然的关系的？

责任意识

通过本课学习，你认为一个人应该具有怎样的社会责任意识？

启示录

1. 本课对你为人的启示是：

2. 本课对你为学的启示是：

第9课

经年累月，积金琢玉

——《日知录》及研读

> 《日知录》并不好读，我已经读了几十年，很多篇章也没有读好，也不敢说就读懂了……这本书是可以读一辈子的。
>
> ——陈祖武
>
> 越是有学问、有见识、有成就的人，就越尊重他人的劳动成果，越不忌讳引证前人和时贤的见解。顾炎武正是这样一位既谦虚而又有自信心的人。他的《日知录》，不仅其所引证的资料皆标明原作者及出处，不以前人之功为己功，而且所有的资料都分门别类地纳入了他自己设计的框架，每一条目的内容都是合数条乃至数十条资料而成；但又不是纯粹的资料汇编，而是在其中体现和贯彻自己的学术宗旨，在掌握丰富的第一手资料的基础上发表自己的见解。他的《日知录》，可以说是既讲求科学实证又注重学术道德的典范。
>
> ——许苏民

《日知录》是顾炎武的代表作品，对后世影响巨大。该书是经年累月、积金琢玉撰成的大型学术札记，是顾炎武"稽古有得，随时札记，久而类次成书"的著作。以明道、救世为宗旨，囊括了作者全部学术、政治思想，富含经世、警世内涵。顾炎武把写这部书比作"采铜于山"，其对此书的价值很是自信，自言"平生之志与业皆在其中"。该书确如潘耒在《日知录序》中所评价的，"先生非一世之人，此书非一世之书"。

一、《日知录》的问世

《论语·子张篇》记载了一句子夏的言论："日知其所亡，月无忘其所能，可谓好学也已矣！"意思是，每天学到一些过去所不知道的东西，每月都不忘记已经学会的东西，这就可以叫作好学了。顾炎武自年少时，就如子夏所言，注重对知识不断地进行积累和巩固，养成了做读书笔记的习惯，并经常改定。后来，为了"明学术，正人心，拨乱世以兴太平之事"，遂将自己三十余年的学术笔记汇成一编，内容涉及天文、地理、政治、哲学、史学、诗文、律法、音韵、训诂之学等诸多方面，是为《日知录》。

> 愚自少读书，有所得辄记之。其有不合，时复改定。或古人先我而有者，则遂削之。积三十余年，乃成一编，取子夏之言，名曰《日知录》，以正后之君子。
>
> ——《日知录》卷首《题记》

该书把关乎修身、齐家、治国、平天下的所有学问都列作为学内容，包罗宏富，长于考辨，严谨精深，体现了作者"博学于文"和经世致用的主张。同时，该书还突破了以往长篇巨著的刻板形式，采用了提出问题、解决问题的"琐记体"，字数长短视内容需要而定，最长者《苏淞二府田赋之重》有5000多字，最短者《召杀》仅有9字，全书累计1130余条，看似内容繁杂，实则结构完整。

《日知录》共32卷，在顾炎武生前只出过八卷本。此书的结撰，可谓不间寒暑，精益求精，耗尽了顾炎武毕生的心力。他将此书的结撰喻为采铜于山，可见其劳作的艰辛和学风的严谨。甚至于晚年，顾炎武仍对该书精雕细琢，不肯轻易对已完成的书稿再度付刻。直至其逝世13年后，遗稿由学生潘耒整理删削，才在福建建阳刻印。

《日知录》有多个版本，其撰写与流传过程，可以反映出时代语境的变迁。符山堂初刻本为顾炎武亲刻，反映了作者作为亡明遗臣的政治立场和文化心态。遂初堂刻本为潘耒刊刻，反映了明末清初鼎革的政治背景和

昆山千灯顾园

夷夏文化之争的语境。《四库全书》抄本为清朝官修，反映了康乾时期稳定的政治局面与深度汉化的文化政策。黄汝成《日知录集释》反映了清代学者对《日知录》的研究以及顾炎武对清初学风的影响。抄本《日知录》虽然抄于雍正年间，却发现于民国初年，一方面引起了学者的研究高潮，另一方面在推翻帝制、鼓动民族情绪方面起了显著作用。

顾炎武将《日知录》内容分作三部，"上篇经术，中篇治道，下篇博闻"。"经术"包括了中国上古社会史和上古史文献学的有关内容；"治道"涵盖了中国历代政治制度史和社会制度史的有关内容；"博闻"则包罗了周边民族史、天文地理、民风风俗和一些琐碎的见闻等。该书的核心为治道，阐发了顾氏对"圣贤六经之指，国家治乱之源，生民根本之计"的看法。

清康熙三十四年（1695）潘耒遂初堂刻本《日知录》

潘耒把《日知录》的内容大体划为八类，即经义、史学、官方、吏治、财赋、典礼、舆地、艺文。《四库全书总目提要》卷一百十九《子部二十九·杂家类三》则将全书分作十五类，谓："大抵前七卷皆论经义，八卷至十二卷皆论政事，十三卷论世风，十四卷、十五卷论礼制，十六卷、十七卷皆论科举，十八卷至二十一卷皆论艺文，二十二卷至二十四卷杂论名义，二十五卷论古事真妄，二十六卷论史法，二十七卷论注书，二十八卷论杂事，二十九卷论兵及外国事，三十卷论天象术数，三十一卷论地理，三十二卷为杂考证。"

这两种划分都有其价值。前者重视《日知

录》的经世意义,抓住了其主要的方面,并说这书只有宋元时期的名儒才能做出来,明朝三百年来没有这样的书,将来治国者采用其说,会大有益于"世道人心",如果仅叹服其考据的精辟,文辞的博辨,那不是作者著书的本意。后者则偏重其学术意义,划分虽更为细致,却不免得其体而遗其神,评价也与前者相左,盛称顾氏考据之学而贬低其经世思想,认为"其说或迂而难行,或愎而过锐"。

《日知录》作为一部学术著作,彰显了顾炎武高尚的道德情操和严谨的治学风格。其中不少名言警句,传诵千古,如"士大夫之无耻,是谓国耻";如"保天下者,匹夫之贱与有责焉",经后人归结而成"天下兴亡,匹夫有责"。顾炎武说:"尝谓今人纂辑之书,正如今人之铸钱。古人采铜于山,今人则买旧钱,名之曰废铜,以充铸而已。所铸之钱,即已粗恶,而又将古人传世之宝,舂剉碎散,不存于后,岂不两失之乎?承问《日知录》又成几卷,盖期之以废铜。而某自别来一载,早夜诵读,反复寻究,仅得十余条,然庶几采山之铜也。"(《与人书十》)他所谓的铜是指资料,采铜于山是教人要搜集原始资料和第一手资料。旧钱或废铜是指转用别人用过的资料,其结果是不知资料本原,所得出的结果像废铜铸出来的钱那样,质量水平很差,甚至还会将原始资料曲解散碎。《日知录》积三十余年,计一千一百余条,平均每年也就三十多条。数量虽少,却是采山之铜,而不是买旧钱来充铸。

> 近代学者丁寿昌在《日知录校正》中曾这样评价:"明人经学承宋元之后,师心自用,家法荡然。自亭林出而知求之注疏,证之史传,可谓卓识。但蹊径初开,说犹未畅,后之儒者知尚实学,不为空言,我朝经学,直接汉唐,先生轫始之功,不可没矣。"

二、《日知录》的影响

《日知录》是顾炎武最具代表性的著作,是其平生综合学术成就的总结晶。他对此书的价值很是自信,说:"虽未敢必其垂后,而近代二百年来未有此书,则确乎可信也。"该书体裁虽为随笔札记,其宗旨实为一部建国大纲,而内容则寓四部之学。书中顾炎武所寄予的经学精神与史学寄托,具有超越朝代的持久的文化意义,并不完全以明清存亡为转移。

著名书法家苏泽立为昆山市第一中学课程基地题字

《日知录》是通儒之作。清初学者、顾氏弟子潘耒认为"先生非一世之人,此书非一世之书",并在《日知录序》的一开始就说这是"通儒之学",于该书对经义、史学、官方、吏治、财赋、典礼、舆地、艺文等学术门类的追本溯源和考证谬误之功极为称道,指出其社会风俗论切中时弊,而该书涉及的范围之广、见识之精、文字功底之深,更是令人叹服。晚清理学大师唐鉴也在《学案小识·昆山顾先生》中指出,顾炎武之所以被称为通儒,是因为他精深严谨和崇实致用的学术风范。全祖望在《亭林先生神道表》中指出,此书"尤为先生终身精诣之书,凡经史之粹言具在焉"。钱大昕在论顾炎武的学术时说:"亭林先生博学通儒,所撰述行世者,皆有关于世道风俗,非仅以该博见长。"

有通儒之学,有俗儒之学,学者将以明体适用也,综贯百家,上下千载,详考其得失之故,而断之于心,笔之于书,朝章国典,民风土俗,元元本本,无不洞悉,其术足以匡时,其言足以救世,是谓通儒之学。若夫雕琢辞章、缀辑故实,或高谈而不根,或剿说而无当,浅深不同,同为俗学而已矣。

凡经义、史学、官方、吏治、财赋、典礼、舆地、艺文之属,一一疏通其源流,考正其谬误。至于叹礼教之衰迟,伤风俗之颓败,则古称先,规切时弊,尤为深切著明,学博而识精,理到而辞达。

——潘耒《日知录序》

夫先生之为通儒,人人能言之,而不知先生之所以通,不在外而在内,不在制度典礼而在学问思辨也。是以平心察理,事事求实,凡所论述,权度惟精,往往折衷于朱子。

——唐鉴《学案小识·昆山顾先生》

四库馆臣对顾炎武学术观点推崇备至,在《四库全书总目》中频繁征引顾炎武的学术观点。《周易本义》《书传会选》《古书世学》《仪礼注疏》《四书大全》《说文长笺》等数十部典籍的提要中,都大段引用《日知录》上的文字,作为立论的依据。如《〈书传会选〉提要》引用《日知录·书传会选》三百余字,并下按断曰:"以炎武之淹博绝伦,罕所许可,而其论如是,则是书之足贵,可略见矣。"

《日知录》体现了顾炎武经世致用的学术宗旨。他在致友人的信中说:"有王者起,得以酌取焉,其亦可以毕区区之愿矣。"(《与友人论门人书》)其门人潘耒也说:"异日有整顿民物之责者,读是书而惕然觉悟,采用其说,见诸施行,于世道人心,实非小补。如第以考据精详,文辞之博辨,叹服而称述焉,则非先生所以著此书之意也。"(《日知录序》)可见,著者本人及其弟子,对《日知录》经世致用的价值尤为重视,而考据学则非其关注的核心内容。

但是,四库馆臣却认为:"潘耒作是书序,乃盛称其经济,而以考据精详为末务,殆非笃论矣。"这显然是推崇顾炎武的考据之学,而轻视其经世致用之学,甚至认为他"以复古为志,其说或迂而难行,或愎而过锐"。这一方面是因为乾隆中后期学术风气转变,考据学占据了核心位置。另一方面也有政治的因素,四库馆臣是大清的臣子,《四库全书》又是官修之书,当然要体现统治者的思想,而顾炎武是明朝遗民,有反清复明之志,其经世致用之学,有些地方就是痛悼明代覆亡、反对清廷的,自然会受到四库馆臣贬斥。

> 《日知录》虽被四库馆臣尊崇,但其书《四库全书》本卷六被删掉"素夷狄行乎夷狄"条,卷十八被删掉"李贽""锺惺"两条,卷二十八被删掉了"胡服""左衽""纳女""王女弃归""罢官不许到京师"等五条,卷三十二被删掉了"胡咙""胡"两条。这十条中,"夷狄""胡""左衽"等语,是因为轻蔑少数民族,犯了清朝统治者的忌讳。

《日知录》还对后世的学术发展做出了突出贡献,明确了治学的方法和态度,在历史地理学、官制之学和考据学方面产生了深远影响,为文字、声韵、训诂、版本、目录、校勘、辑佚和考证等学科的建立奠定了基础,顾炎武因而被称颂为清代"经学之祖"、汉学和考据学的鼻祖。

《日知录》刊刻出版以来,学者不断对其进行整理和研究。顾炎武的治国安邦之策、治学的方法、文献学和史料学的贡献,以及清代学者的治学态度和学术风貌等,都被后人作为研究对象,可谓无一处不见价值。晚清时期,龚自珍、魏源、谭嗣同和梁启超等人,更是继承发扬了该书经世致用的精神,从学问中探求济世救国之道。时至今日,《日知录》中的许多思想依然有其现实意义,如《廉耻》《名教》《直言》《除贪》诸篇对当今的廉政建设有积极意义,"天下为公""保天下者,匹夫之贱与有责焉"等语论对民主制度建设有促进作用等。

> 近代学人从研究《日知录》的过程中探求救国之道。
> 以陈垣先生为例。"九一八"事变爆发后,民族危机日益加深,他身处北平,直接感受到日本军国

人师 顾炎武

主义的步步进逼,中国面临着亡国灭种的现实危险。作为一个有强烈爱国心的史学家,此时他已不满足于以"把汉学中心夺回中国"作为报国之道,还要直接以史学作为战斗的武器。正是在这样一个大背景下,陈垣先生开始作《日知录校注》,同时在史学教学中开创了一门新的课程——"史源学实习",并把《日知录》作为这门课程的主要教材之一。

1943年11月24日,身在沦陷区北平的陈垣先生,给在迁往大后方的浙江大学任教的方豪写信说:"至于史学,此间风气亦变。从前专重考证,服膺嘉定钱氏;事变后颇趋实用,推尊昆山顾氏;近又进一步,颇提倡有意义之史学。故前两年讲《日知录》,今年讲《鲒埼亭集》,亦欲以正人心,端士习,不徒为精密之考证而已。"("事变"指"九一八"事变;"昆山顾氏"指顾炎武;"趋实用"指注重顾氏经世致用之学;所说的"讲《日知录》",就是指他创设的"史源学实习"课。)

《日知录》还影响到日本汉学界。日本汉学家对顾炎武《日知录》及顾氏其他著述多有论及。这些学者或征引、补充《日知录》条目,或模仿其札记体例,或称道、唱和其诗文,反映了日本汉学家对顾氏的谙熟程度。

《日知录》体现了顾炎武卓绝的学术成就和高尚的人格操守,该书所呈现的思想魅力、学术贡献和史学价值,是中华文化的瑰宝,值得我们继承和弘扬。

三、《日知录》选读

1. 全文导读

(1) 省　官

【导读】

各个朝代的官总是愈设愈多,有识之士也常主张设官要简省。顾炎武提出省官关键在省事,即为政不要太苛碎,文书不要太繁杂,这样才能真正做到省官。这对于今天来说也不无参考价值。

【原文】

光武中兴,海内人民可得而数,裁十二三,郭塞破坏,亭燧绝灭,或空置太守、令长,招还流民。帝笑曰:"今边无人而设长吏治之,如《春秋》素王矣。"以故省并郡国及官僚,屡见于史,而总之曰:"兵革既息,天下少事,文书调役,务从简寡,至乃十存一焉。"以此知省官之故,缘于少事。今也文书日以繁,狱讼日以多,而为之上者主于裁省,则天下之事必将丛脞而不胜,不胜之极必复增官,而事不可为矣。

晋荀勖之论,以为省官不如省事,省事不如清心。昔萧曹相汉,载其清静,民以宁一,所谓清心也。抑浮说、简文案、略细苛、宥小失,有好变常以徼利者,必行其诛,所谓省事也。此探本之言,为治者识此,可无纷纷于职官多寡之间矣。

【参考译文】

光武中兴,海内人民能统计出来的只剩了十分之二三,郭塞破坏,亭燧绝灭,有的空设太守、令长,来招还流民。光武帝笑着说:"如今边疆没有人而设置长吏去治理,等于《春秋》素王了。"因此省并郡县减少官员僚属的事情,多次见于史书,而总起来说是:"战争既已停息,天下少事,文书调役力求简省,至于十存其一。"据此可知省官的原因,是由于少事。如今文书一天天繁杂,狱讼一天天众多,而在上边的主张裁省,这样天下之事必将细碎得对付不了,对付不了的结果一定是再增设官员,而事情就不可收拾了。

西晋荀勖曾有议论,认为省官不如省事,省事不如清心。以前萧何、曹参相汉,清静无为,人民宁一,就是所谓清心。抑制浮议,精简文书,省略苛细,宽宥小过,有喜欢变更常规以图利的,一定要惩罚,这就是所谓省事。这是探求根本的话,统治者懂得这个道理,就可以不在职官的多少上议论纷纷了。

(2) 馆 舍

【导读】

这里的馆舍是指州县城廓、屋宇以至馆驿的官舍。顾炎武发现在唐代这些官舍还盖得颇像样子,唐以后就日渐苟简。他指出这是"国家取州县财纤毫尽归之于上",州县本身无力修建之所致。这是讲了事情的一方面,还有另一方面顾炎武没有讲到,即地方政府也不应滥用民财,把官舍修建得过于奢华。

【原文】

读孙樵《书褒城驿壁》,乃知其有沼有鱼有舟,读杜子美《秦州杂诗》,又知其驿之有池有林有竹,今之驿舍殆于隶人之垣矣。予见天下州之为唐旧治者,其城廓必皆宽广,街道必皆正直;廨舍之为唐旧创者,其基址必皆弘敞。宋以下所置,时弥近者制弥陋,此又樵记所谓"州县皆驿",而人情之苟且十百于前代矣。

今日所以百事皆废者,正缘国家取州县财纤毫尽归之于上,而吏与民交困,遂无以为修举之资。延陵季子游于晋,曰:"吾入其都,新室恶而故室美,新墙卑而故墙高,吾是以知其民力之屈也。"又不独人情之苟且也。

汉制:官寺、乡亭漏败,墙垣陁坏不治者,不胜任,先自劾。古人所以百废具举者以此。

【参考译文】

读孙樵《书褒城驿壁》,才知道驿里有池有鱼有船,读杜子美《秦州杂诗》,又知道那驿里有池有林有竹,而如今的驿舍几乎等于隶人的房屋了。我所见天下的州凡属唐代旧筑的,城郭必定都宽广,街道必定都正直;廨舍凡属唐代旧建的,基址必定都弘敞。宋代以后所建筑的,时代越近形制越简陋,这又是孙樵在《书褒城驿壁》中所说的"州县皆驿",而人情的苟且十百倍于前代了。

今日之所以百事俱废,正由于国家收取州县的钱财一丝一毫都归之于上,而州县的官吏和百姓交困,就没有修建举办的力量了。延陵季子游于晋国,曾说:"我进入晋国都城,见到新建的室差而旧有的好,新建的墙低而旧有的高,我由此得知晋国民力的衰竭。"这又不仅是人情的苟且了。

汉代制度:官寺、乡亭破坏穿漏,墙垣塌陷失修的,是官吏不胜任,应先自行弹劾。古人之所以百废俱兴的原因在此。

2. 名句解读

(1)

【名句】

士风之薄始于纳卷就试,师道之亡始于赴部候选。(《日知录·教官》)

【解读】

顾炎武认为,科举制度之所以会败坏读书人的心术,主要问题出在两个环节上:一是"纳卷就试"的环节,二是"赴部候选"的环节。

科举考试时,考官防读书人像防贼一样,"上以盗贼待士",实行严格的搜索防奸之法,其搜查之仔细,不是我们今天所能想象的,简直是对人格的侮

昆山市第一中学校园文化墙

辱。而统治者正以此来摧折读书人的自尊心和廉耻之心,造成了"士亦以盗贼自处"的心灵扭曲或心理变态。为什么受这样的侮辱还要去应考,还要往官僚政客的堆里钻呢?儒者的"士可杀而不可辱"的豪言壮语又到哪里去了呢?原因很清楚,官本位体制的政治经济特权的吸引力,早就使读书人将廉耻抛之脑后了。对于专制统治者来说,维护皇权的独占性的政治伦理原则高于一切。说到底,还是那句老话:专制统治者需要的是奴才,而不是人才。这是科举制度造成读书人心术败坏的第一个环节。

科举制度之所以会败坏读书人的心术,还有第二个环节,即"赴部候选"的环节。读书人在取得科举功名以后,就要赴吏部候选,通过这一环节后,才能获得官职。在这一环节上,所需要的唯一的本领,就是钻营奔竞。善于钻营奔竞的,就能优先获得官职,并且到油水多的地方去做官。不善于钻营奔竞的,就只能到贫穷边远的地方去做官,甚至得不到官职,只好等待来年再赴部候选。专制主义的政治体制总是把读书人的聪明才智引向钻营奔竞的方面,因此也就不用担心读书人没有钻营奔竞的本领。正如顾炎武所指出的,这些获得了科举功名的人,"一第之后,尽弃其学,而以营升纳贿为事者,以其得之浅而贵之骤也"(《日知录·出身授官》)。只要专制政治体制不改变,这种钻营奔竞的习性就会像病毒一样,遗传到一代又一代的读书人身上。

顾炎武认为,在科举制度下,历代读书人钻营奔竞的主要途径就是卖身投靠。中了举人、进士以后,就赶紧去拜座主,以获得其荫庇,有助于获得官职和他日之升迁。通过这种途径而获得官职后,就要"知恩图报",以致"市权挠法,取贿酬恩"。历代的朋党之祸,就是肇始于贡举之士的钻营奔竞和卖身投靠。

在顾炎武看来,主考官录取考生,只是在行使一种公共权力,根本谈不上什么私人的恩典,主考官与被录取的考生的关系,也只是公共权力的行使者与公共权力的行使对象的关系,说不上是什么师生关系。顾炎武的这一认识,是高度理性化的现代社会才有的认识。可是在传统社会中则不然,主考官录取考生被看作是私人对私人的恩典,而官场上唯一通行的道德也就是所谓的"知恩图报",什么"礼义廉耻"只是说说而已,庸俗关系学的准则才是真正通行的潜规则。正因为如此,深谙此种潜规则的新科举人、进士们在"赴部候选"时就必须以卖身投靠作为获取官职的捷径。这种所谓的"中国特色"是早就应该被抛到历史垃圾堆里去的东西,所以顾炎武痛斥之为"师道之亡",把它看作是科举制度败坏人才的罪恶之一。

(2)

【名句】

天下风俗最坏之地,清议尚存,犹足以维持一二。至于清议亡,而干戈至矣!(《日知录·清议》)

【解读】

清议乃是原始氏族民主制之遗风,是民众表达其对于社会公共事务之意见、议论政教风俗得失、评议官员人品高下的一种自发的方式。开明的君主和政治家对于民众这种自发地参与政治的方式一般皆持比较宽容的态度,如顾炎武所列举的"子产不毁乡校,汉文止辇受言"等等。但历史上的君主并非都是重视倾听民间呼声的开明君主,那些暴虐之君和政治上的黑恶势力是决不允许社会上有不同声音存在的,如周厉王之监谤、秦始皇之坑儒、东汉之党锢之祸、晚明东林党人之惨遭镇压等等。

"清议亡而干戈至",是顾炎武对中国历史上一种带有规律性的现象的总结,既是对专制统治者扼杀社会正义呼声的严正批判,也深刻地揭示了社会正义呼声与社会长治久安的依存关系。在顾炎武看来,一个社会要健康发展和避免动乱,除了要有权力制衡以外,还要允许不同的声音存在;即使在政治最腐败的时候,只要民众还能够通过"动口"来表达自己的心声,政治就还有改良的希望;如果统治者连民众的这一和平地表达意见的权利也要剥夺,使得人民再也无法通过正常的渠道来公开地表达自己的意见,那么,干戈就会代清议而兴,血与火的批判方式就会取代和平的批判方式,统治者和整个社会都将为此而付出极为惨重的代价。"清议亡而干戈至",既是对中国历史上兴亡治乱之规律的总结,同时也深刻揭示了扼杀言论自由与社会动乱的因果关系,阐明了体现社会公正和正义的批评之声对于社会稳定和健康发展的重要意义。

(3)

【名句】

陈寿作《三国志》……改汉为蜀……异代文人不察史家阿枉之故,若杜甫诗中便称蜀主,殊非知人论世之学也。(《日知录·主》)

【解读】

我们的历史书至今还在说三国时期的三国为"魏蜀吴",可是顾炎武不同意这一观点,他说这一说法是《三国志》的作者陈寿为了谄媚当权的司马氏集团而造出来的,并不合乎历史实际。

在《日知录·主》中,顾炎武广征博引,证明刘备于蜀中称帝,其国号是"汉",不是"蜀";刘备是称帝,不是称"主"。可是《三国志》的作者陈寿为了谄媚司马氏集团,却把刘备的国号"汉"改为"蜀",又以"晋承魏统,义无两帝"为理由,创立先主、后主之名,称刘备为"先主",称刘禅为"后主",这些做法都是违背历史事实的。顾炎武还进一步考证道:"诸葛孔明书中亦多有称先主者。本当是先帝,传之中原改为先主耳。主者,次于君之号。苏林解《汉书》'公主'云:'妇人称主。'"证明称刘备为"先主"乃是为了贬低其地位,而诸葛亮的著作也经过了篡改,其始作俑者亦是陈寿。可是后人"不察史家阿枉之故",竟沿用陈寿的说法,说什么"魏蜀吴三国鼎立"等等,这是明显不合乎历史实际的说法。顾炎武批评这样的史学皆"殊非知人论世之学",这样的史学研究者仿佛都像陈寿似的成了"曹氏、司马氏之臣"。

(4)

【名句】

人之为学,不可自小,亦不可自大……自小,小也;自大,亦小也。今之学者,非自小则自大,吾见其同为小人之归而已。(《日知录·自视欿然》)

【解读】

学者最可贵的品格是大气。这大气,不仅指学问大,更是指胸怀的宽广和富于智慧洞察的眼光。然而,在实际生活中,人们所见到的大气的学者实在是太少了,更多的乃是那种不是自小就是自大的人。对于这两种类型的学者,顾炎武提出了严厉的批评。

他说从普通老百姓到皇帝,所有的人都是"取于人者",所以任何人都不应该自大。从社会中人的相互依赖关系来看,这句话是对的;但从谁养活了谁的观点看,这句话又不够准确。应该说,所有的读书人、官僚乃至帝王,全都是从事"耕稼陶渔"的普通老百姓养活的,都是取于普通老百姓的,所以没有任何人可以有自大的理由,真正值得尊敬的是那些普通的劳动者。

从读书人所应承担的社会责任感来看,读书人担负着"以斯道觉斯民"的责任,应该把天下民众所遭受的痛苦看作是"若己推而纳之沟中",自己是应该有那么一份罪恶感和负疚之心的。所以,在如何看待读书人的社会角色的问题上,读书人就不应该自小,不应该只是把自己看作是专制统治者的奴才和仆从,更不应该助纣为虐、为虎作伥,而应特立独行,努力承担起"拯斯民于涂炭"的社会责任。

顾炎武对于"自大"与"自小"的关系的这一辩证分析,同样闪烁着近代平等观念的思想光辉。当然,关于自大与自小,还可以从学问的气象方面来看,自大的人自以为真理在握,容不得不同意见;自小的人缺乏远大的学术眼光,盲目崇拜古人和洋人,同样缺乏海纳百川的胸怀。所以,这两种人的归宿不是道德意义上的小人,就是学术意义上的小家子气的人。

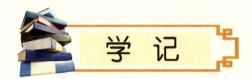

学 记

● 发人深省

本课最能使你有所启发的两句话是：

1.

2.

● 合作探究

1.《日知录》是一部怎样的书？

2.《日知录》的思想魅力、学术贡献和史学价值分别是什么？

3. 在《日知录·南北学者之病》中，顾炎武批评北方学者"饱食终日，无所用心"，批评南方学者"群居终日，言不及义，好行小慧"。对此，谈谈你的认识。

● 责任意识

通过本课学习，你认为一个人应该具有怎样的社会责任意识？

● 启示录

1. 本课对你为人的启示是：

2. 本课对你为学的启示是：

第10课

读经考文，考文知音

——《音学五书》及音韵学成就

> 昆山顾炎武宁人有特识在胸，能上下古今，考其同异，订其是非。否则，彼以为韵则韵之，何异侏儒观优乎？
>
> ——江　永
>
> 陈第作《毛诗古音考》《屈宋古音义》，而古音之门径始明。然创辟榛芜，犹未及研求邃密。至炎武乃探讨本原，推寻经传，作《音学五书》以正之……皆引据古人之说以相证验。中惟所论入声变乱旧法，未为甚确。余皆元元本本，足以订俗学之讹。盖五书之纲领也……然全书持论精博，百余年来，言韵学者虽愈阐愈密，或出于炎武所论之外，而发明古义，则陈第之后，炎武屹为正宗。陈万策《近道斋集》有《李光地小传》，称光地音学受之炎武。又万策作《李光地诗集后序》，称光地推炎武音学，妙契古先。故所注古音不用吴棫《韵补》，而用炎武《诗本音》。则是书之为善本，可概见矣。
>
> ——《四库全书总目提要》

顾炎武一生著作等身，成就突出，即使是在人们称为"绝学"的音韵学领域，也有不凡成就。北宋以后，经学吸收了道、释二家的思想，发展成为理学。理学在明末空谈心性，流于禅释，完全废弃了汉代以来的训诂注疏传统，传统经学日趋衰退。面对这种局面，顾炎武强调研读经典，恢复经学原有的面貌。他说："读九经自考文始，考文自知音始。"在这一思想的指导下，顾炎武广搜材料，考求古音，写出了《韵补正》《音学五书》等音韵学巨著。其中，《音学五书》堪称我国古代历史语音学的"扛鼎之作"。

一、撰修《音学五书》

音韵学也称声韵学，是研究古代汉语各个历史时期声、韵、调系统及其发展规律的一门传统学问，是古代汉语的一个重要组成部分。传统的汉语音韵学分为三科：古音学、今音学和等韵学。古音学以研究先秦古音为内容，也可称为

清康熙六年（1667）符山堂刻本《音学五书》

上古汉语语音学，在这三种音学中开始得最早，研究也最为深入。清代的古音学研究尤为突出，推动汉语音韵学研究发展到了一个新的高度。顾炎武的《音学五书》，承前启后，揭开了古音学研究的新篇章，是清代古音学研究的开山之作。

顾炎武治学的一个重要特点，就是以音韵文字为治学的门径，以经世致用为治学的目标。他提出由音韵文字而通诸子百家的主张："读九经自考文始，考文自知音始。以至诸子百家之书，亦莫不然。"在他看来，治音韵是通经的关键，知音才能通经，通经才能明道，明道才能救世。所以，他以阐幽抉微之心，抱明道救世之志，深入研究古音，考证古韵，开辟了清代学者以音明经、通经明道、明道救世的学术路线。此后，乾嘉学者极力推崇顾炎武的音韵学成就，并把由音韵以通训诂、就古音以求古义作为他们治学的基础。在这种观念的导引下，乾嘉学者对音韵文字、训诂考据的研究都十分重视，清代的小学（小学，又称中国传统语文学，包括分析字形的文字学，研究字音的音韵学，解释字义的训诂学）、经学（经学，是一门研究儒家经典、解释其字面意义、阐明其蕴含义理的学问）研究高潮迭起，开创了中国学术史的新局面。

明清之际的语言和上古语言有很大的差异。顾炎武在《音学五书》的序中写道："天之未丧斯文，必有圣人复起，举今日之音而还之淳者也。"为了还原上古汉语的本来面貌，帮助后代更加准确地理解前人的作品，顾炎武开始研究古音，作《音学五书》以专论上古音韵。这部书的撰修经历了长时间的反复雕琢，倾注了作者毕生的心血和学力。在该书的后序中，顾炎武记述道："余纂辑此书三十余年，所过山川亭鄣，无日不以自随，凡五易稿而手书者三矣。"可见该书撰修过程的艰辛和不易。

顾炎武《古北口》诗（余秋雨书）

顾炎武从整理研究前人的古音学研究成果入手，运用科学的方法对先秦韵文《诗经》《周易》等进行系统的分析和归纳，从而形成了自己较为完整的古音学理论。该书于顾炎武55岁那年（清康熙六年，公元1667年）刊刻于淮上，比《日知录》八卷本早三年问世。

二、《音学五书》提要

《音学五书》共三十八卷，包括《音论》三卷，《诗本音》十卷，《易音》三卷，《唐韵正》二十卷，《古音表》二卷。从《音学五书》的整体编排来看，《音论》集中了顾炎武研究各个方面的理论，放在全书首位便于读者了解其古音理论的全貌。《诗本音》是对《诗经》音的注读，是被人研究最多的一部分，也是顾炎武认为最重要的一部分，因而放在《音论》之后。《易音》和《诗本音》体例相似，但没有将《周易》原文韵字全部注读，因此置于《诗本音》之后。《唐韵正》是对《诗本音》和《易音》的详细注解，编排在《诗本音》和《易音》之后。《古音表》是顾氏离析全部上古韵字的总结，因此置于全书的最后。

1.《音论》

《音论》是对音韵学源流的综论，是《音学五书》的总纲，共十五篇论文。上卷是音韵正名例文、韵书编制的源流、音韵学研究史略，同时对唐韵韵谱的异同进行了分析。中卷谈古人韵缓不烦改字、古无叶音、古韵的部类、古调类的性质及入声的调类系统。下卷则论六书转注、反切以及语音和语义的关系等问题。其中最重要的观点有五个：古人韵缓不烦改字、古诗无叶音、古人四声一贯、入为闰声、近代入声之误。

古人韵缓不烦改字。韵缓，意为韵宽。改字，意为改读某音。顾炎武认为，先秦古人用韵比较宽缓，作诗押韵不似唐诗那样严格，诗歌用韵只要声音相近，听起来和谐，即可押韵。因此，今人读《诗经》不必改变某些韵字的读音。

陆德明于《燕燕》诗以"南"韵"心",有读"南"作泥心切者,陆以为古人韵缓不烦改字。此诚名言。今之读古书者,但当随其声而读之,若"家"之为"姑","庆"之为"羌","马"之为"姥",声韵全别,不容不改。苟其声相近可读,则何必改字?如"燔"字必欲作符沿反,"宦"字必欲作俱员反,"天"字必欲作铁因反之类,则赘矣。

——《音学五书·音论·古人韵缓不烦改字》

古诗无叶音。顾炎武完全赞同明代音韵学家陈第的主张,即认为古今语音是变化发展的,古人不存在任意改读的情况,并认为宋人提出的所谓叶音,其实正是古人的实际读音。他引用了宋代徐蒇《韵补序》、元代戴侗《六书故》和明代陈第《毛诗古音考》中的许多例子,以印证其论点,体现了其严谨的学术态度。他的这一观点,彻底否定了叶音说,开创了古音研究的新局面。

> 叶音(读"谐音")也称叶韵、叶句。"叶"也作"协"。指以改读字音的(错误)方式,来读《诗经》《楚辞》等先秦的韵文。叶音这个称呼由朱熹提出。

古人四声一贯。这是顾炎武对上古声调的主张,实质上是对叶音说的批判。他指出,古人已有四声,四声是可以通转的,比如平声可转上、去、入,上声可转为去、入,而且这种通转是有规律的,入声多转为去声。因此,先秦古人作诗押韵可以不必拘束,不像唐诗那样要求押韵字必须声、调相同。这一理论是对于诗歌而言的,其前提条件是实际语言中的四声是有定的,只有"歌者"才可以四声并用。

> 古代汉语有平上去入四个声调。到了元代时,平声分化为阴平和阳平,就是现在的一声和二声,上声有一部分字归并到去声里,剩下的是现在的三声,去声和由上声归并的一些字是现在的四声,古代的入声在元代时分化到了阴平、阳平、上声、去声四个声调当中。入声的发声短促,一发即收。吴语、闽语、粤语、赣语、湘语、徽语、晋语、江淮官话都有入声。现在普通话中则没有入声这个声调。

"古人四声一贯"的提出,对古音学研究,特别是对上古声调的研究,产生了很大影响。顾炎武的这一观点,揭示了古人诗歌中四声分押和通押的常变关系,从而突破了叶音说和通转(指一个汉字在押韵、谐声、假借等方面显示出读音从一个韵部转入另一个韵部的现象)说的桎梏,并给后人以很大启发。清代江永对这一观点就给予了极大的肯定,认为顾炎武对确定字的本音做出了突出贡献。可随着古音学研究的深入,段玉裁、王念孙、江有诰等认为,古韵语在声调方面与后代不同,多半是因为古字所属的调类与后代不同。这就对"四声一贯"的说法提出了挑战。

四声之论虽起于江左,然古人之诗已自有迟疾轻重之分,故平多韵平,仄多韵仄。亦有不尽然者,而上或转为平,去或转为平、上,入或转为平、上、去,则在歌者之抑扬高下而已,故四声可以并用。

——《音学五书·音论·古人四声一贯》

入为闰声。闰,可解释为余,也可解释为变。顾炎武认为,上古时期已有入声,为声之余,以入声配阴声。同时,他还认为,入声为声之变,可以通转其他三声。在他看来,长言的平上去声可相互通转,短言的入声则不可与三声直接通转,需变成相近的长言之后才可通转。这一观点讲求临时改变声调以求和谐,有沦为叶音的嫌疑,因此常为后人所诟病。但他对入声的认识自成体系,目的在于解释诗韵声调的古今差异,以求得诗韵今读仍然和谐。顾炎武不以三声为闰声,而独以入声为闰声,视入声为声调研究的主题,又是他的高明之处。

平声音长,入声音短;平声字多,入声字少;长者多,短者少,此天地自然之理也,故入声之部,合之三声,但有其四。而五方之音,或有或无,尚不能齐。必欲以配三声,或以其无是声也而削之,则均之不达矣。《诗》三百篇中亦往往用入声之字,其入与入为韵者什之七,入与平上去为韵者什之三,以其什之七而知古人未尝无入声也,以其什之三而知入声可转为三声也。故入声,声之闰也,犹五音之有变宫、变徵,而为七也。

——《音学五书·音论·入为闰声》

近代入声之误。顾炎武认为,不应该将《广韵》部目平上去入相乘的模式误以为是古韵平入相配的模式。他从整理《诗经》的用韵、经籍异文、文字谐声及《广韵》又音等材料中,发现近代入声之误有三,即统计上的错误、收字上的错误、古韵分合上的错误。上古入声配阴声不配阳声,由谐声偏旁与平入通押都可以证明。他将入声改配阴声,对后儒建立阴、入、阳三声对转的格局具有启示作用。同时,他离析"屋、沃、觉、药、铎、麦、昔、锡"等入声八韵,对古韵入声韵系统的确立具有重要意义。

"屋"之平声为"乌",故《小戎》以韵"驱、昇",不协于东、董、送可知也。"沃"之平声为"夭",故《扬之水》以韵"凿、襮、乐",不协于冬、肿、宋可知也。"术"转去而音"遂",故《月令》有"审端径术"之文。"曷"转去而音"害",故《孟子》有"时日害丧"之引。"质"为"传质为臣"之"质";"觉"为"尚寐无觉"之"觉";"没"音"妹"也,见于子产之书;"烛"音"主"也,著于孝武之纪。此皆载之经传,章章著明者。至其韵中之字,随部而误者,十之八;以古人两部混并为一而误者,十之二。是以审音之士谈及入声,便茫然不解而以意为之,遂不胜其舛互矣……后之为韵者,以"屋"承东,以"术"承谆,以"铎"承唐,以"昔"承清,若"吕之代嬴,黄之易芈"。

——《音学五书·音论·近代入声之误》

2.《诗本音》

《诗本音》是顾炎武自认为五书中最重要的一部。该书以《诗经》音为主,并参之以其他的经书和方言中的古音资料作为旁证,从而考定《诗经》的音韵。简言之,就是考正三代以上古音,匡正宋儒叶音之流弊。具体做法是:在《诗经》原文的韵脚下,分别注明《广韵》的韵部。如果遇到《广韵》跟古韵有出入或完全不同时,则分别加以注明。凡是他认为古今读音不同的字,就在其韵脚下注明《诗经》的古读,并统计出这个韵字在《诗经》和其他经书中作为押韵字出现的次数,以证明所考证的古读。例如,《周南·桃夭》"桃之夭夭,灼灼其华"下注云:"古音敷。考'华'字,《诗》凡八见,《易》一见,《楚辞》一见,并同。《尔雅》:'华,荂也。后人误入九麻韵。'"顾炎武所注明的多少见即是指该韵字的古读在《诗经》《周易》和《楚辞》中出现的次数。

> 《广韵》全称《大宋重修广韵》,五卷,是我国北宋时代官修的一部韵书。宋真宗大中祥符元年(1008),由陈彭年、丘雍等奉旨在前代韵书的基础上编修而成,是我国历史上完整保存至今并广为流传的最重要的一部韵书。

《诗本音》一书最大的特色有二:一是以"古音某"注明古今音异之韵字。其后清儒皆仿效之,从此"古音某"代替了"叶音某",这是顾炎武对古音学的重大贡献。二是以四声一贯注释《诗经》韵例。得者,可以破除叶音说之谬;失者,过于泛滥,限制了人们对《诗经》韵部的细密考求。

> 顾炎武在《音学五书·叙》中说:"故《三百五篇》,古人之音书也。""炎武潜心有年,即得《广韵》之书,乃始发寤于中而旁通其说,于是据唐人以正宋人之失,据古经以正沈氏唐人之失。"《后叙》中说:"然此书为《三百篇》而作也。'先之以《音论》,何也?'曰:'审音学之原流也。'《易》文不具,何也?'曰:'不皆音也。'《唐韵正》之考音详矣,而不附于经,何也?'曰:'文繁也……'"于此可见顾炎武著《诗本音》一方面以明确《诗经》用韵的体例,破除叶音说之谬,更重要的是他认识到《诗经》具有古代韵书的作用。

3.《易音》

《易音》专论《周易》的用韵,体例基本上依仿《诗本音》,但又有所区别。比较而言,《易音》注读《周易》中的押韵字的古韵方法不同于《诗本音》。《诗经》和《周易》的用韵大致相同,但顾炎武认为,《周易》中个别韵字的押韵是因为受到方音的影响,这是《易音》和《诗本音》的不同之处。他认为,《周易》中有很多地方是没有韵的,所以只摘录其中用韵的部分,然后注出其《广韵》的韵部,而且是按"象辞""爻辞"等项而聚类在一起的,与《周易》原文的顺序不尽相同。

4.《唐韵正》

《唐韵正》是《音学五书》中卷数最多的一部。之所以叫《唐韵正》,意为改正唐宋韵书,用考订的古韵来整理《广韵》的韵读,实际上就是对《诗本音》和《易音》的详细注释。顾炎武以其考证的先秦古音为正,来纠正《唐韵》的古韵注读。凡是《唐韵》注读与他考订古音不合的韵读,顾炎武都认为《唐韵》的注读是错误的。为了纠正《唐韵》注明的古音,顾炎武在押韵字下先注明《广韵》所订的反切,再注明他所考证的古音韵读,然后追本溯源,征引隋唐以前的韵文、音读、声训及谐声等语言文字材料来证实他注读古音的正确性,最后指出该字读音及所隶属的韵类音变的起始年代。

纪念顾炎武诞辰400周年研讨会

该书对中古的一些韵加以离析,对一些韵的字该移出的移出,该移入的移入,使中古音与上古音的对应关系清楚明了,这就彻底打破了宋代以来的通转说,使古韵分部走上科学的道路。为了考证《唐韵》中的古音,顾炎武广征博引,在其考证材料中保存了大量的文字和训诂(即用易懂的语言解释难懂的语言,用现代的语言解释古代的语言,用普通话解释方言)材料,以及大量的异文(与"正字"相对而言,同一本书的不同版本,或不同的书记载同一事物但字句有异,或通假字和异体字等)资料,以古音正唐韵之伪,具有极大的文字学和训诂学价值。

5.《古音表》

《古音表》是顾炎武对古音学的总结,是对其古韵分部的概括,主旨在于离合《唐韵》,将二百零六韵综合归纳为古韵十部,因此可视为《唐韵正》的纲要。该书离析《唐韵》以求古音,以平声为首,其他三声与之配合,将古韵分为十部,用表的形式列出。顾炎武还改变了入声的分配系统,以入声配阴声。这种表格的形式和入声的分配方法在古音研究中是首创,奠定了清代古音学研究的基础。

三、《音学五书》的影响

清代著名古音学家江永说:"凡著述有三难:淹博难、识断难、精审难。"著述不仅要有广博的知识,还要对收集的材料进行精准的分析判断。顾炎武知识广博,善于分析判断材料,并从中归纳总结出规律,这对《音学五书》的成书至关重要。顾炎武正是在分析大量古代文献的基础上,谨慎地考证自己的古音学理论,提出了新颖的观点,初步建立起古音学的韵类系统,可以说是后代著书立说的典范。

《音学五书》在古音学的研究方法上给后人以极大的启迪。

首先,它创造了"合流而溯源""借今音离合以求古音"这个重要的考证方法。顾炎武继承了前人古音研究的成果,采用科学的方法对《诗经》《周易》等先秦韵文进行了细致的分析和归纳。在这一过程中,顾炎武发现上古汉语和当时汉语有很大的差异,研究古音不能仅仅依据《诗经》《周易》等先秦韵文的押韵,还必须进一步从汉字的谐声系统上来观察字的归类。用先秦韵文与谐声偏旁相结合以考定古音,为溯古音之源、析《广韵》之流提供了一种科学实用的方法。这就既注意了语音的系统性,又照顾到语音的历时发展,弥补了当时古音学界拘泥于《广韵》和缺乏语音学系统性研究的弊端。后世学者受此启发,才有了一套更趋精细的见解。江永的《古韵标准》、段玉裁的《六书音韵表》等韵学名著都不约而同地采用了这种方法。

其次,它注重广泛地搜集材料,让语言事实说话,而不以主观臆断随意雌黄。除对先秦韵文的钩稽归纳外,该书还从谐声、异文、异读、音训、前代传注及方俗语词等多方面广求证据。顾炎武善于以札记形式,通过排比资料,相互参照,从中发现问题。他每每提出疑问后,即广征博引,援古证今,批驳舛谬,辨正疑误。例如,为了证明"行"字古代只有"杭"音,其引用的材料竟有372条之多。

顾炎武发明的这些治学方法,包括重视纂辑、明察流变、梳理归纳、多方求证、实地考察等,后来都成为乾嘉学者治学的法门。

> 吴门顾宁人家传诗学,天才渊悟,一日出其所著《诗本音》示予,喟然为之叹服,惜三百篇以来无能发其覆者,而始遇之今日也。往者吾乡陈君季立依吴才老之书为《毛诗古音》一编,焦澹园先生以为独得古人之传,而一字数音未有条理,至宁人则秩然不紊而博学旁通至当归一,三代之元音其在是乎!百世以下,岂必无后夔之教,尼父之删,将有取于是焉。而在今之学者,离经辨志,尤为切要,实诗学之权舆云。
>
> ——曹学佺《顾氏音学五书叙》

《音学五书》初步建立了上古汉语语音的韵类体系,一举奠定了清代音韵学的学术框架,全面反映了顾炎武古音研究的理论成果。纵观全书,顾炎武差不多梳整了1900多个韵脚,发现了上自秦汉魏晋,再至齐梁唐宋的声韵衍变规律,每个时段自成体系,且又相互交叉,另有异同。其时,他还在综合前人成果的基础上离析唐韵,对古声韵的归类重新编排,将原来的206个小韵脚,划并为10个大的韵脚,将古韵分为十部,给上古汉语韵部体系描绘出一个粗略的轮廓。这些都对后世的古韵分部研究产生了重大影响。

被雍正帝称为"一代完人"的清代名臣、理学名家李光地(1642—1718),曾与顾炎武有过一段交往。李光地做庶吉士时,曾于康熙十年(1671)到北京与顾炎武会面,探讨了音韵学和历法两大问题。那时候的李光地对音韵学几乎一无所知,就向顾炎武请教。顾炎武向他详细介绍了自己的研究所得,可当时的李光地对顾炎武的意思没有完全领会。其后几年,经过反复琢磨揣测,李光地逐渐领会到顾炎武的要义。七年之后,李光地再度去北京时,顾炎武已经过世,他获得顾炎武的《音学五书》,用它来和自己的体会所得相参照,认为自己的所得没有谬误。这段交往对李光地的音韵学研究有很大影响。有学者说李光地《音韵阐微》即本之顾炎武《音学五书》,"亭林之学又传之安溪李文贞公。康熙间御定《音韵阐微》即出文贞之手"。顾炎武还对李光地谈到了自己学问的缺陷,即仅仅关注于单个问题的解决,而缺乏对问题的整体思考和研究。从顾炎武的话中李光地体会到了读书的诀窍,确定了自己以后应该努力研究的方向。在《音学五书》雕版要被毁掉之际,李光地积极联系购买,为该书流传后世做出了贡献。

从易学角度看,顾炎武的《易音》开启了以科学的方法系统研究《周易》古音系统之先河,并总结出区别于一般古音研究的较为完整的《易》音研究条例。它们得到清代学者的承继拓展,从而使得《易》音研究与易学研究发生了细致入微的联系,极大地推动了易学研究的精深化。

四库馆臣对《音学五书》评价甚高,认为顾炎武在古音学研究领域起了承上启下的作用。四库馆臣认为,《音论》材料充分,观点精辟,其后百余年来的音韵学者虽然研究更加细化并有所发展,但对于古音的研究,自明代陈第之后,以顾炎武为学术正宗。对古音学史上的研究者,四库馆臣最为推崇的是陈第、顾炎武、江永等人，认为陈第的《毛诗古音考》为顾炎武《诗本音》、江永《古韵标准》的"以经证经"开出先路立了首功。而江永《古音标准》虽后出转精，对《诗本音》多有驳正，但四库馆臣认为，研习古音者，不能以江永的著作代替《诗本音》，而是应该作为《诗本音》的辅助用书。《四库全书总目》对顾炎武的考证法也有极高的评价，认为"博极群书，精于考证，国初称学有根柢者以炎武为最"，推崇之情，溢于言表。阎若璩是清代考据学发轫之初最重要的代表人物之一，《四库全书总目》认为，其考证之学，"百年以来，自顾炎武外，罕能与之抗衡者"。

北京报国寺顾亭林祠

清代中晚期，音韵学著述不绝，对古韵的分部，有江永的13部、段玉裁的17部、孔广森的18部、王念孙的21部。到了近代，又有章太炎、黄侃师徒的23部。他们的古韵研究几乎都是以顾炎武古韵研究为基础，在他的分部上进一步离析各部韵字，修正了顾炎武分部的不足，最终得到自己的古韵分部，从而逐步把古声韵的研究推向深入。但论及原始摹本，无人不把开辟的功劳归到顾炎武的身上。

梁启超也在《中国近三百年学术史》中以专门的篇章探讨了顾炎武的古音研究及贡献。他指出："亭林学术之最大特色，在反对向内的——主观的学问，而提倡向外的——客观的学问。"这里所说的"向外的——客观的学问"，是指顾炎武重考证、重客观事实的学风。梁启超肯定了顾炎武在学术领域一代宗师的地位，提出"论清学开山之祖，舍亭林没有第二个人"，并称："清儒多嗜音韵学，而且研究成绩极优良，大半由亭林提倡出来。"胡适在《治学的方法与材料》一文中也表达了类似的观点，认为顾炎武奠定了中国三百年的学术局面。

清代学术发轫于亭林顾氏，黎洲黄氏，习斋颜氏，船山王氏。顾氏开经学之先，黄氏创史学之例，颜氏厉躬行之实，王氏得批评之精。四家之中，惟顾氏之学，其业日光。至乾嘉时，吴皖两派为极盛，而经学之壁垒以坚。吴派以惠定宇为大师，皖派以戴东原为大师。要而论之，吴学一派，笃信好古，撷拾旧闻，今之为结帐式之整理国学者，由此派而出者也；皖学一派，好学深思，心知其意，今之为科学式之整理学术者，由此派而出者也；焦氏之学，以经证经，条分缕析，脉络分明，今之以分类方法求学术之统系者，由此派而出者也；要之，皆为亭林学派之所推衍。

——胡韫玉《清代学术丛书序》

现代历史学家赵俪生对《音学五书》有着极高的评价。他指出："当这部书揭示人们在念字、发声、调韵方面，唐宋有所不同于汉晋，汉晋又有所不同于先秦的时候，这实际上已经是一部中国声韵衍变史的内容了。""在《五书》中，有着中坚的组成部分《唐韵正》，在这部书中，作者不惜动员数百条证据来证明某字古今声韵之不同，替历史考证方法，做下了辉煌的范例。"现代语言学家王力对顾氏离析唐韵和古音表中的阴入相配两方面的内容给出了较高的评价，说"顾氏的最大功劳是开始离析唐韵"，肯定了顾氏对古音学研究所做的巨大贡献。

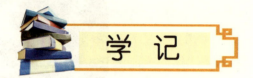

发人深省

本课最能使你有所启发的两句话是：

1.

2.

合作探究

1. 顾炎武为什么要从事音韵学研究？

2. 顾炎武在音韵学领域的主要成就是什么？

3. 后世是如何评价《音学五书》的？

责任意识

通过本课学习，你认为一个人应该具有怎样的社会责任意识？

启示录

1. 本课对你为人的启示是：

2. 本课对你为学的启示是：

第 11 课

舆地利病,宅京山水

——地理学研究及成就

> 国史儒林传以顾亭林先生为首,读其书,笃信紫阳,不为陆、王昇说所夺,则自宋以来儒者相承之嫡派也;于经史古义、注疏旧说,爬罗剔抉,不遗一字,则又本朝治汉学者之先河也;至于朝章国典、吏治民风、山川形胜、闾阎疾苦,博考而详论之,原原本本,如示之掌,则永嘉诸儒犹有未逮,而百余年来老师宿儒,未有讲求如先生者。呜呼,是宜为一代儒林之冠矣!
>
> ——俞樾
>
> 光绪帝下旨应允王夫之、黄宗羲、顾炎武三人从祀文庙。而促使他下决心的,实与"炎武所著《宅京记》《肇域志》《郡国利病书》,所言皆天下大计,卓然名论";"夫之著书行世较晚,而咸丰、同治以来,中兴名臣大半奋迹衡湘,则亦未始非其乡先生教泽之所留贻"有关。
>
> ——黄珅

顾炎武不仅是著名的经学家、史学家,而且是杰出的地理学家。华东师范大学黄珅教授说:"在顾炎武百科全书式的学养中,最为人称道的,一是音韵之学,一是地理之学。"顾炎武好友卫尔锡言其地理之学用心尤多。顾炎武地理学的代表作是《肇域志》和《天下郡国利病书》。此外,他还撰写过《历代帝王宅京记》《昌平山水记》《营平二州地名记》《山东考古录》等十多部地理学著作。

顾炎武地理学著作的鲜明特点:一是经世致用,二是规模宏大,三是具有开创性。所以,梁启超在《中国近三百年学术史》中称赞其"实为大规模的研究地理之嚆矢"。在编写中,他一面钩稽文献,一面实地考察,正如他勉励外甥徐元文所言:"必有体国经野之心,而后可以登山临水;必有济世安民之识,而后可以考古论今。"顾炎武在地理学上的贡献足以使他跻身于我国古代优秀的地理学家之林。

一、顾炎武的地理学研究

1. 时代背景

中国古代地理学通常称为舆地学或地志学,重在对地理事物及现象的描述,较少关注地理规律的探索。先秦地理学有考察自然、研究自然的传统。自东汉班固《汉书·地理志》伊始,地理学走上了史学地理、经学地理和沿革地理的主体道路。很长一段时间,地理学附庸于历史学而存在。在专制王权的主宰下,地理学工作者也以为专制统治服务为目的。由此,中国传统地理学有如下特点:对人文(即历史、意识形态和道德)的关怀大于对自然的关怀;对地理事物与现象的描述多于对地理规律的观察和总结;对各王朝主观规划色彩的侧重多于对民生现实的客观记述。

顾炎武生活的17世纪,正是明末清初社会大变动时期。明中叶以来孕育的资本主义生产方式萌芽的影响逐渐凸显,知识界经世致用之风有了新的发展。中国地理学初步摆脱了传统舆地学的枷锁,开始向近代地理学过渡,涌现了以徐霞客为代表的一批著名地理学者。

与传统舆地学相比,17世纪的中国地理学发展大致有四个方面的特点:其一,探讨地理规律,推动古代地理学向近代地理学转化;其二,提出经世致用说和人地相关论;其三,大兴地理考察之风,初步建立了地理学的工作方法;其四,萌发了近代历史地理学思想。这些在当时的中国地理学界,乃至整个世界范围,均具有超越时代的意义。待德国的洪堡(1769—1859)成为近代西方地理学奠基人,建构近代地理学理论基础,已是百年之后的事情。

2. 研究方法

顾炎武无疑为明清之际地理学领域的一颗璀璨明珠,后世学者对其在该领域的成就给予了高度评价。清代学者认为,"炎武博极群书,足迹几遍天下,故最明于地理之学","炎武娴于地理,所纂述多可依据"。他的地理学研究方法体现了明显的时代特色,引领了有清一代地理考据的方向和方法。当然,其后地学研究重蹈"堕入纸堆,伏案考据"之覆辙则是后话了。从"经世济用"的顾氏学术研究原则来看,"世"是指他生活的社会,体现为他的地理学造诣;"用"指其学问价值,指地理学在农田、水利、兵事、涉外方面的应用。他通过博览群书积累了深厚的学识功底,通过实地考察印证和反思所学内容,通过著书立说传播学问成果。

纪念顾炎武诞辰400周年研讨会陈祖武先生发言

(1)博览群书。顾炎武的广博学识一方面来自良好的家庭教育,另一方面得益于他日后坚韧不拔的求学精神。青少年时期,继嗣祖父绍芾对其产生了深刻的影响。他教导顾炎武读兵家《孙子》《吴子》诸书,还有《左传》《国语》《战国策》《史记》和《资治通鉴》;教他研求实学,凡天文、地理、兵农、水土及一代兴革之书,无一不读。家族传统影响之深可见一斑。然而,顾炎武在科举上屡试不第,因此"退而读书",自27岁起正式从事科学研究。青少年时期的刻苦阅读,为他终身的学术事业打造了深厚的文献基础。

顾炎武在北游期间问书访友,途中也不忘积累知识。"每出以二马二骡载书自随,轮蹄所经,必咨询其山川风俗、古今沿革治乱之迹。所至厄塞,呼老兵退卒,询其究竟,发书勘验同异,披寻搜讨,有一疑义,反复参考,归于至当。有一独见,援古证今,畅其说而后止",是"行万里路,读万卷书"的真正践行者。凭着自幼笃学的基础,加上数十年的实地踏勘,他不断检校着往日见闻及史志籍载。

(2)游历考察。顾炎武一生游历经过,主要分为五个阶段:早年的读书应试优游生活,明亡前后的武力抗清,卜居南京的联络义士以待再起,中年的北游山东和晚年的游学关中。他以游为生,在旅行中关注民生和历史,出游内容也由传统文人的游山玩水转为遗民的谒陵祭庙、地理民生考察,边游边收集一切可能有用的文字材料和风土见闻,并及时记录,及时验证。

45岁以后，顾炎武开始北游，正如他自己所说，"九州历其七，五岳登其四"。对"九州"的解释有很多种，以最寻常的《禹贡》说法，顾炎武只荆、梁二州，亦即四川、云贵、湖广足迹未到，其余七州，亦即江浙、山东、河北、河南、山西、陕西，几乎被他踏遍了。他不止一次到过东岳泰山、西岳华山和北岳恒山，晚年又去了嵩山，只剩下衡山未到。在其著作中，他批评有些学者往往只"琐琐于典籍文字之间，而不稽之于道里徒步之下"。而顾炎武的许多学问可以说是既已"琐琐于典籍文字之间"，又曾经"稽之于道里徒步之下"。因此，人们历来对他的学问高度信赖。

（3）著书立说。顾炎武"自督读书"，每读一本书都要记笔记，写下读书心得。如果发现笔记有错误，便会及时修改；发现与古人的议论重复，就会删除。这些笔记和心得，再加上他通过访问得到的材料，编成一本涉及政治、经济、史地、文艺，内容广泛的书，即《日知录》。顾炎武的代表性地理著作还有《历代宅京记》《肇域志》《天下郡国利病书》《营平二州地名记》《山东考古录》《京东考古录》《昌平山水记》。《历代宅京记》为古都学的开创性著作。《肇域志》《天下郡国利病书》两书为未定稿；《营平二州地名记》主要考证营平二州的地名沿革，"全文当是随笔杂钞，失于删削，不但非其完书，并为未定之稿本"。《山东考古录》是顾炎武在山东游历的基础上杂考山东地理掌故的一部地理著作，《京东考古录》则对从北京直到山海关一带的许多历史地理问题作了考证，这两部书的内容多与《日知录》重复。《昌平山水记》详细地描述了明十三陵入葬帝后陵寝的建制等。（昌平州在明代还包括顺义、密云、怀柔三县，所以这本书还记述了昌平顺义、密云、怀柔等县的历史地理情况。）另有许多地理考证收集在《谲觚十事》和《亭林文集》中。

至于《山东肇域记》，是《肇域志》辑成后，年逾花甲的顾炎武"未遑删定以成一家之书"，他"叹精力之已衰，惧韦编之莫就"，预期有生之年难以完成全书的删定工作，于是决定"先成其数卷为例，以待后之人"，希望后人"续而传之，俾区区二十余年之苦心，不终泯没"。这本书是顾炎武利用旅居山东济南修志馆的有利条件写成的。他在山东做过长期的文献研究和实地调查，对齐鲁地区的地理情况十分熟悉。顾炎武撰著《山东肇域记》时，吸收了许多以前的研究成果，可谓集山东地理研究之大成。

3. 地理学贡献

顾炎武的地理学，不是平铺直叙、面面俱到的中国地理志，也不是历代地理沿革的简单罗列，而是处处都跟兵防、涉外、民生等现实问题密切联系的军事地理和经济地理。

纵观顾炎武的地理学成就，以人文地理最为卓越。他广泛收集了明代以前赋税、田亩、水利、河渠、漕运、盐铁、矿产、交通等资料，满足了时代的要求，树立了当时地理学为社会为实践服务的典范，且对后来的地理学紧密联系实际、为生产服务产生了良好和深远的影响。更难能可贵的是，在他的地理学著作中，我们还看到了其探讨自然地理客观规律的思维之光。如《日知录·潮信》中，他通过自己的观察，来探究潮汐涨落的现象及周期规律；在《天下郡国利病书》中，他以纵览全局的视角，历列了气候、地形、水文等自然地理情况和农业、交通、矿产、兵防等人文地理情况，展示了人地之间的相互关系。地名考据是顾炎武对地理学的杰出贡献之一，他在地名用字、地名读音、异地同名、方位地名、地名定位、地名辨误等诸多方面都作了大量考察和辩证工作。他用一种思辨和崇实的态度研究地理学，勘正了《大明一统志》的许多谬误。

二、顾炎武的地理学著作

1.《肇域志》

《肇域志》是顾炎武最早的著作。明崇祯十二年（1634），他27岁，"感四国之多虞，耻经生之寡术"，从此不再参加科举考试，专心著述。"先取《一统志》，后取各省府州县志，后取二十一史，互参书之，凡阅志一千余部"，编纂成这部地理巨著。书名取自《诗经·商颂》："邦畿千里，维民所止，肇域彼四海。"意思相当于现在所说的"大中国志"。书中关于"人地关系"的思想，要比欧洲"人地相关论"的创始人李戴尔早一个世纪。

该书内容包含沿革、形势、城郭、山川、道路、驿递、街市、坊宅、兵防、风俗、寺观、水利、陵墓、郊庙等项，有的府州还附有长篇的食货、官职资料，内容十分丰富，是一部明代的地理总志。

昆山市第一中学顾炎武思想课程基地展馆

这部书一大特点是收编了大量地名。它收集的地名数量不仅超过《寰宇通志》和《大明一统志》，而且有的地区比《读史方舆纪要》还多。它除记载了各省府州县著名山川古迹外，还收录了许多小山、支水、盐场、坑冶、镇市、渡口、巡检司和课税司所在的小地名，有的地区甚至比专志以及《古今图书集成·方舆汇编》所辑录的小地名还多，这是难能可贵的。另外，它与《天下郡国利病书》一样，保存了大量已经失传的明代方志资料和许多罕见的专志资料，这些珍贵资料可以作校勘其他古籍参考。此书在乾隆末年已佚京师、江西、四川、广西四部分。据复旦大学历史地理研究所王文楚教授介绍，《肇域志》因顾炎武生前未能定稿，故未能刊印，仅有少数抄本流传于世。原稿共15部，现存11部，流传至今主要有云南省图书馆藏本、四川省图书馆藏本以及上海图书馆藏本汪士铎整理本三种版本。1982年开始整理点校试样后，确定选用云南省图书馆藏本作底本。据统计，历经22年的点校，全书共出校勘记13000余条，引用史书、子书、类书、字书、文集及明清民国总志达数百种，对《肇域志》进行了一次全面的整理。2004年由上海古籍出版社出版整理点校本，全书共计320万字。

该书的另一大特点是搜集资料极为广博，有地志、正史、实录、奏疏、文集、笔记、图经、碑刻等，引用材料不但大大超过《大明一统志》，也超过了《读史方舆纪要》。顾炎武取材特重方志，引用了各种志书一千多种，因此，《肇域志》被誉为"明代方志资料的大集成"是不为过的。经过历史的沧桑，《肇域志》所引图书多已散佚，有的仅存孤本，由于是书的引录，许多明代的资料才赖以保留下来，如陕西部分的嘉靖《商略》《陕西行都司志》，云南部分的洪武《云南志》、万历《云南通志》等珍贵史料，皆赖顾炎武摘录才得以保存。

《肇域志》的资料来源大体有五类：一为二十一史，多注出篇名，大量抄录的是《元史·地理志》；二为政书和实录，如《通典》《明会典》《明实录》等，对《明会典》给予特殊的重视；三为重要史地著作，如《水经注》《华阳国志·南中志》《广志绎》《皇舆考》《皇明清类天文分野书》等；四为疏、表、记及碑文，如朱泰祯《疏》、刘庭惠《〈霁虹桥〉记》、杨廷和《新建永昌府治记》、侯琎《筑腾冲司城记》、陈善《（武定）府城记》、卫炳《（邓川）州治记》、《杨慎碑》等；五为地理总志、通志及府州县志。

"《肇域志》是顾炎武经世致用学术思想的实践"，华东师范大学历史系王家范教授如是评价《肇域志》的学术价值。他认为，顾炎武一向有"学期致用"的志趣，治史同时重视地理沿革的研究，这决定了《肇域志》不会单纯成为一部自然地理学著作，而是广泛记录了各地自然资源、民风习俗、农田水利、赋役漕运、兵防交通乃至黄河流变患害等。

王家范认为，《肇域志》更是一部全方位研究其所处的近现代社会史的实录，顾炎武是怀着一种强烈的文化追求在书写。他一方面关心中国的土地，但更关心的是社会生活和生活在这片土地上的人。他是在将我国历代治国平天下的经验加以汇总和反思，从他辑录的失败的经验居多可以看出，他的主要态度是反思。在传统专制社会走入末路而西方民主思想还未传入的历史时期，顾炎武试图对传统社会进行全面总结，具有重大的启蒙意义。

2.《天下郡国利病书》

《天下郡国利病书》是《肇域志》的姐妹篇。顾炎武在《肇域志》的序言中说："本行不尽，则注之旁；旁又不尽，则别为一集曰《备录》。"这个《备录》就是《天下郡国利病书》。商务印书馆影印的《天下郡国利病书》，每个分册上都有顾氏亲笔所书"备录"二字。《天下郡国利病书》偏重于辑录有关各地民生利害、政治经济利弊以及军事得失等内容，对于各地物产、赋役、屯田、水利、漕运、军事、边防、关隘等，均有详细的记载，被称为"明末社会的百科全书"。此书于清康熙元年（1662）辑成，也是未定稿，通行版本有四川成都龙万育所刻120卷本、商务印书馆"四部丛刊三编"影印本、上海科技文献出版社2002年标点本。

《天下郡国利病书》卷首顾炎武手书序文

> 《四库全书总目》称《天下郡国利病书》"盖杂取天下府州县志书，及历代奏疏、文集，并明代实录，辑录成编"。《中国历史大辞典》"天下郡国利病书"条目云："顾氏二十七岁开始，即搜集史籍、实录、方志、文集、说部、邸钞中有关国计民生的资料，并参以游历时实地考察所得，进行考证。五十岁时，粗略成书，后仍不断修改增订。历时五十年，尚未完稿……所记赋役、屯垦、水利、漕运、兵防、马政、盐政、少数民族、农民起义，及风俗、山川沿革考订资料不少……实为研究明代社会、政治、经济之重要著作。"赵俪生认为："（《天下郡国利病书》）透过基层的人们（编者按：指府州县的官吏及府州县志的编纂者、主稿者、序跋者，以及与地方基层有关的其他人）对某一件政事的回忆、总结、评论，或者仅仅是反映些意见，把这些内容，从全国的范围聚拢到一起，这件事本身所提供的价值就是非常高的。"

讲求利弊是《天下郡国利病书》贯穿始终的主线，它集中体现了顾炎武经世致用的学术思想，侧重各地水利、贡赋等，为研究明代历史提供了丰富的社会经济史料。同时又因辑录了一些今已失传或罕见的地方史志、碑刻资料，为后人书籍辑佚带来了方便，开创了后世利用、整理地理志资料的先例。

> 赵俪生称："在考查明朝社会经济方面，《利病书》与《明实录》《皇明经世文编》有三鼎足之妙：自上而下（自中央到地方）的材料，多见之于《实录》；自下而上（自地方志书和个人著述中来）的材料，则多见之于《利病书》和《经世文编》。倘将三书联合使用，对于有明一朝的社会经济，庶几乎可以获致到一个主要的轮廓。"

《天下郡国利病书》全书内容大体可分为六类，各部分所引的地方志资料或多或少，视其对于所在地的利弊得失，以及分析的好坏程度而异。有的摘引，有的全文抄录。

（1）地形图。书中辑录了大量的地图、地形图、海防图、边防图，如边境总图、夷中地图、边外地图、海防总图、凤阳府图、宜兴县图、华亭县图、太湖图等,并有"图说",分析利弊。

> 《山东上》收录了一幅《新旧河总图》,相当直观。还辑录了《兖州府志》的《漕渠图说》:"论曰:《禹贡》:济河,惟兖州浮于济漯,达于河。海岱及淮徐,惟徐州浮于淮泗,达于河。九河南徙,淮泗变迁,邈哉,不可寻矣。国家定鼎燕京,仰给东南,岁漕四百万石以给京师。惟会通一渠为咽喉,而兖以全郡受之,亦甚要矣……世祖至元二十年,以江淮水运不通,自任城开渠,达于安山。为一闸于奉符,以导汶水入洸;为一闸于兖州,以遏泗水会洸,合而至任城会源闸,南北分流。此天井闸所由始也……故漕之利在汶与泗,其要害在河,可坐而策也。以漕渠为经,以诸水为纬,从其出入,志其源委,而河别纪焉。"全文约700字,从兖州所处的地理位置,国家漕运的重要性开始,讲述了兖州地区历代兴修水利的历程,以及设闸的由来,最后落脚点是归纳出利弊所在。

(2)山川。如苏州府记虎丘山、太湖、三江等内容,辑录了自苏州现存最早的志书唐陆广微《吴地记》以来至明末诸多志书,如嘉靖《吴邑志》、莫旦《吴江志》、隆庆《长洲志》以及崇祯《吴县志》《太仓志》等,以明代志书为主。

(3)兵防。如苏松部分,《天下郡国利病书》辑录了《嘉定县志》《崇明县志》《华亭县志》《上海县志》《吴县志》《松江府志》等志书中的内容。其中《嘉定县志·兵防考》下设戍镇、城池、镇臣、战舰、兵器、火器、汛期诸条目,后附《知县杨旦条陈五事》之其三《重水战》是一篇重要军事论文:

> 今日之慎守藩篱者,惟有水战一节耳。今吴淞江、刘家河、福山港、青村、南汇等处,皆有福船、苍船、沙船以为哨守,分布非不密也,但海洋空阔,不守要害,则贼来不能知,贼去不能追,纵使能追,亦已晚矣……为今之计,如大样福船,各港共得几十只,此船惟利于深水大洋,则为之修其贡具,坚其篷缆,预给两月口粮,得熟惯忠勇将官一二员,率领各船直至陈钱、马迹、洋山等处,择其避风㠏港,停泊窥伺。以小巡船十只,四面哨探,遇贼流来则击之。此第一层藩篱也。但此计虽善,而劳险难行,人多阻之,咸谓海岛中不可泊船,是以计虽善而终不行也。其次样苍船,各港共得几百只,此船极利于乘风巡哨,则为之分为三班,每日一班出哨,直出高家嘴外。如一班三十只,遇贼来时,则以二十九只与贼对敌,其一只飞回本港通报,尽发各船出应,此第二层藩篱也。其小样沙船,惟利于沿涯浅水,则亦分与信地延袤,往来巡哨,遇贼来时,有福船所不尽剿、苍船所不尽御者,则沙船共击之,不使登岸,此第三层藩篱也。沙船又不能御,贼有登岸者,始以旱兵剿之,此第四层藩篱也……此据险要者,诚今日之急务也。

这是一篇近海防御海盗、倭寇实用性很强的文章。文章出自当地知县之手,分析利弊也很到位,恐怕多半来自实践,具有较高的可操作性。《松江府志》对于本府的军事设施著录较为详细,5个寨、2个营、234个墩台、29个巡简司、12个烟墩以及信地等,都作了记载。其中与水战有关的各种船的性能优缺点也逐一作了介绍,有游艇、艨、楼船、走舸、斗舰、海鹘船、福船、广船、黄鱼船、沙船、蜈蚣船、壳哨船。

(4)水利。对前人水利著作作了详细的摘录。如苏州府下就有"历代水利",历数从唐元和五年(810)"堤松江为路"(即今石塘)起,至明"万历三年,令巡江御史督理江南水利"的主要水利事务。著名的水利专志单锷《吴中水利书》也在其中。河南部分辑录了《开封府志》的"河防",以及《卫辉府志》《祥符县志》《汝阳志》《兰阳志》等志中有关黄河的利弊及治理情况。《山东上》辑录了《曹州志》的"河防",全文约2200字,除了记述一年四季不同的水名外,还讲了历史上黄河几次变道,以及当时如何应对治水情况。在明代弘治(1488—1505)年间的几次治水中,得出的结论是:"兖州之境,地平而土疏,比之河南之地,尤为卑下。河南北方上流不塞,则本州地方正当下流,虽筑堤岸亦不能保。目前虽若事小,恐后黄河之水不由南行,俱往东注,酿成大患,悔难及矣。"另外,还辑录了《曹县志》的"修守事宜"若干条,具体为筑堤、塞决、筑顺水堤、栽柳护堤、栽苇护堤、昼防、夜防、风防、雨防、官守、民守、冬春预备、贾鲁堤、旧老堤、北大堤、大行堤、缕水堤、遥月堤、拦水坝堤、月堤等,既讲述了应对各种情况的防护措施,又介绍了各种堤坝的修筑办法。有些方法和措施,对今天的防汛仍有参考价值。

(5)赋役。关于赋税改革的后果,特别记载了"一条鞭法"的实行和影响。关于这一内容,几乎没有哪部书比《天下郡国利病书》搜集得更丰富。山东部分《曹县志》称:"万历三年,知县王圻莅任,思为一条鞭法,即古免役,一切照丁地征银,官为顾役,民甚便之。"并辑录了知县王圻的《平赋问答》,述之甚详,堪称"一条鞭法"的"司法解释":

平赋之法既具,圻窃不自安,再进阖邑之论曰:"是法也,革大户,禁打讨,便矣。并审户编徭之旧而尽去之,得无庚乎?"曰:"户则之低昂,不外于丁地。以赀论者,盖千百之一二也。今户虽不审,而计丁计亩征银,丁地多者出银多,丁地少者出银少,户则高下在其中矣。虽不编徭,而征银雇役成规井井不乱,夫何庚?"曰:"审若是,是亦宜民之政……今曹之士庶,罔有异议,则行之曹可矣。它邑之便不便曷计焉?"曰:"据若言,法果可行矣。更为善后之策奈何?"曰"科索有罚,包揽有禁,征收有时,出纳以公,又勿轻于加派,则法虽世守焉可也。否则,朝令而夕改矣。"圻闻斯言,惕然惊惧,乃并录之以呈于上,以告于后之令曹者。

这篇全文不满600字的辑文,写于万历四年(1576)十月,不但详细介绍了一条鞭法的优点,而且分析了可以推广的原因,回答了当时社会上对此法的一些主要质疑,简洁明了,堪作"答记者问"的范文。河南部分辑引了《固始志》的"户口"、《嵩县志》的"食货"、《南阳府志》的"田赋"、《怀庆府志》的"田赋"和"藩封"、《河内县志》的"驿传"、《怀庆府志》的《京边戍役论》、《汝州志》的张维新《改折漕粮疏略》等,这些都与赋税有关,是反映当时当地社会经济情况和意见的极其宝贵的历史资料。

(6)屯垦。主要记载屯田的设置,土地的分配、管理和征取制度,以及商业交换行为对屯田的瓦解作用。通过对军田被非法卖为民田,民田被卫所军官霸占或买为军田,此军份地被彼军买占,以及军队召佃户垦种等方面的记述,使得大量国有土地私有化的问题得到凸显。读者可以清晰地看出,这些问题不仅对社会经济,而且对军队组织的张弛、国防力量的强弱和国家与周边的关系等都带来了深刻的影响。

以凤宁徽部分为例,援引《泗州志》之"屯田":"洪武年间,军士初下屯时,每军给田三十五亩,作为一分。岁输子粒:夏税小麦二石,秋粮粳米四石。正统年间,薛侍郎于每分田拨补一十五亩,共计五十亩,亦止照前额纳粮……所疑屯田顷亩渐少与原额之情弊,此不难晓也。不过卫所之占种,旗军之侵隐、盗卖,三者而已。占种之禁甚严矣,然屈指今卫所之官,何官不种军田?何官尽输子粒?侵占之弊,有多至十数分者,而又不纳粮,其军包赔至极,则因而以有作无,以熟作荒者,多矣。宁犯宪典,不敢犯世官,一也。侵隐之弊,已非一朝。正军既逃,则屯田皆为长物,总旗营长之役,以为包粮在己,则岁侵月蚀,莫可致诘。本管百户,亦无由知。稍久,则以逃军所遗畸零之田,名为荒田,亦作正数,而原额遂失,二也。盗卖之弊,旗军见逃绝军田不成分数,相去稍远者,或系原额一分,而势难兼并者,率货视之,始犹以帮运、帮操为名,每民典当于农民,而坐收不赀之利,久则直以为己物,而立券卖之,虽得半价,且甘心焉。或姑留少许以备稽查,或归罪田邻以遂干没。凡所伍无不皆然,而远乡屯营,尤无忌惮,三也。三者并行,则其原额,焉得不日耗一日哉?若邻田农民侵削之弊,则千百之十一耳。万一有之,无不为其所讼而退还者。自昔农民世业,犹见诬夺,而况侵削军屯乎?故屯田耗减之病,世官其膏肓也,旗军其骨髓也,未见膏肓骨髓之病而医能疗之者也……故下则当以违禁典卖为戒,上则当以断偿工价为主,是则息军讼而安军民之一端也。"这段文字,既讲述了军屯的历史演变,分析了弊端产生的根源,同时又指出了解决的方法与途径。尽管在当时情形下不一定行之有效,但也不失为一种挽救屯田制度走向消亡的尝试。

3.《历代宅京记》

《历代宅京记》又名《历代帝王宅京记》,是顾炎武众多著作之中专门记述历代都城的专著,被誉为"古代第一部辑录都城历史资料的专书",它昭示了都城的历史演进规律,具有特殊而重要的意义。该著作共20卷,是以辑录历代都城设置、布局等项文献资料的形式,从建都与封建政治关系的角度,总结周秦以来各个皇朝治乱盛衰经验教训之作。

> 自古以来,统治者都以营建都城为一国大事,莫不郑重筹措,以图长治久安,即所谓"卜都定鼎,计及万世,必相天下之势而后集之"。历代史学家也对此给予相当的重视,不论是司马迁编撰的《史记》,还是班固所著之《汉书》,都对都城做了非常详实的记载。唐代刘知几主张:"凡为国史者,宜各撰都邑志,列于舆服之上。"宋代的郑樵则从全国地理形势和以往的历史经验出发,就地理条件与"城邦设都"的关系及政治上兴亡得失的关系做了总体考察,试图总结一些具有普遍性的规律。其他如六朝时的《三辅黄图》,北魏杨衒之的《洛阳伽蓝记》,宋孟元老的《东京梦华录》、吴自牧的《梦梁录》,以及明李濂的《汴京遗迹志》等,从不同的角度对各都城的面貌进行描述。但这些撰述或议论,无论从都城发展的全局来看,还是从所处的历史时期来看,都只能称为"断代"的都城史撰述,虽弥足珍贵,却未能详尽著录历代都城发展、变迁的全貌。而顾炎武所著《历代宅京记》,后来居上。

《历代宅京记》总体为两部分:总序两卷,按朝代对历代都城沿革建置作纵向记述;分论十八卷,将都城各为专题进行史料辑录和考辨,以时间为序,对都城沿革发展作横向记述,并注意有关都城建、迁等的历史原因和与此相关的君臣讨论等史实。全书结构清晰,征引详核,考据亦颇精审。虽以辑录前人论述成编,但以经世致用为纂述目的,其学术价值不言而喻。

从时间跨度看,该书上启伏羲,下迄元代,辑录了历代建都之制,备载其宫室城郭、都邑寺观及建置年月等史实,细致反映了各都城的历史沿革,又从整体上全面叙述了自古以来中国都城发展的来龙去脉,揭示出都城发展由西向东、由南向北的大致走向。同时,所录资料还涉及城市形成、发展、变迁背后的社会、政治、礼法等人文动因,辑录了许多与都城有关或由此引发出来的关于国家民族兴衰存亡的珍贵史料。这种视角有一定的前瞻性,因为都城是自然和人文相互作用的结果,也是人类文化的凝结。从文献学的角度看,它史料丰富,旁征博引,正史类、编年类、别史类、政书类、地理类、小说笔记类,以及四书五经、诗赋等文献资料都囊括在内。这些史料经过考订筛选,具有重要的学术价值,对中国古都学研究也具有重要意义。此外,该书的编纂也颇具特色,即述而不作,采用了"寓论断于叙事之中"的高妙手法。其意义不仅在于揭示事物发展规律,还在于帮助后人来发现规律,解读规律,并激励后人继续探索。

> 《历代宅京记》于各时代都城,详述其宫苑城池和街道坊市的营建、规划布局,及文化发展的内容,反映了不同时代、不同民族的文化景观。例如,卷四至卷五,列述西汉皇室长乐宫、未央宫、建宫、桂宫、北宫、长安城内宫、甘泉宫、长安城外离宫、上林苑内离宫、各郡县离宫的详细建置,又引班固《西都赋》、张衡《西京赋》,把长安城雍容瑰丽、丰富多彩的特点展示出来,表现了统一王朝的宏伟气象。又如卷三,对关中地区整个人文景观作了综合的考察,反映了关中地区自周秦到汉代经济文化诸方面的发展水平。对于北方民族政权都城,该书以三卷篇幅反映了其地域特征和风情。如"契丹好鬼而贵日,每月朔旦,东向而拜日,其大会聚,视国事,皆以东向为尊,四楼门屋皆向东",显示出风俗的好尚对城市建筑风格具有决定性作用。又如"周广顺中,胡峤《记》曰:上京西楼,有邑屋市肆,交易无钱而用

布。有绫锦诸工作、宦者、翰林、伎术、教坊、角抵、儒、僧尼、道士,皆中国人,并、汾、幽、蓟为多",说明了本地区经济的古朴特点和各族经济、文化相互交融的特色。

学者谢国桢盛赞该书"盖为后世建国立都开创规模而作",故堪称我国"古代第一部辑录都城历史资料的专书"。直到今天,于都城史的编写和古都学研究之时,《历代宅京记》中的史料也常被引用。

我们若把《天下郡国利病书》《肇域志》和《历代宅京记》结合来看,可发现其学术布局。正如赵俪生先生所言,《天下郡国利病书》几乎全是从基层反映来的资料,即感性的资料,《肇域志》具有相同的性质。而《历代宅京记》则是从局部专门反映某一门类的史实。三书虽独立成篇,实为从基层到京都,从局部到整体,多角度反映了中国政治、经济、社会、文化等面貌,体现了作者开阔的学术视野。《历代宅京记》虽不及前两部著作宏大,但确实是研究顾炎武舆地学成就及其思想等方面不可或缺的重要著作。

4.《昌平山水记》

1962年,北京古籍出版社依据《顾亭林先生遗书汇辑》,校订出版了《昌平山水记》和《京东考古录》合订本。全书共64页,前者42页,约2.4万字,分为卷上卷下,竖排版,繁体字。《昌平山水记》记述了旧时昌平州的山川河流、地名掌故、府衙建制、关防军备、人物春秋,是不可多得的内容详实的史实资料。

1659年,年近半百的顾炎武来到北京,由京城德胜门向北边走边写到昌平州,再写至周边的所见所闻。在以后的19年中,他六次拜谒天寿山前的明十三陵,写作长诗叙述陵区的景物风光,表达出深挚的爱国思想。

明代的昌平州不只是如今的昌平辖区,还包括当时顺义、密云、怀柔三县,因此,《昌平山水记》中不乏顺义、密云、怀柔的历史地理状况。如"帝后入葬与陵墓规制""后汉张堪在狐奴县开稻田八千顷""元朝丞相脱脱在白河边屯田种水稻""顺义许多土地被皇庄强占,小民失业,无所控诉"。顾炎武风餐露宿,结合正史传说,访求老翁,实地考察,耗时长久,正如其自述的"频年足迹所至,无三月之淹。一年之中,半宿旅店"。

《昌平山水记》堪称顾炎武丰硕研究成果百花园中的一朵奇葩。《昌平山水记》记述简洁,次序清楚。顾炎武的同乡好友王弘撰称赞其"所著《昌平山水记》二卷,巨细咸存,尺寸不爽,凡亲历对证,三易稿矣,而亭林犹以为未惬,正使博闻强记或尚有人,而精详不苟未见其伦也"。王弘撰的评价绝非溢美之词,《昌平山水记》对于全面了解历史上的昌平地区确实大有裨益。况且,由于体裁、体例的关系,与《光绪昌平州志》记载相比较,《昌平山水记》对于同一人物、事件、地点的记载,尤其显得生动、细致。《光绪昌平州志》犹如树的枝条,《昌平山水记》好似片片叶芽,印证补充的效果十分明显,两书相得益彰。

斗转星移,弹指一挥间。当年的景物有存亦有失,有的古建坍圮,有的人去村无,有的泉水干涸。失去的恐难再现,幸好顾炎武给昌平人留下了珍贵的财富——《昌平山水记》。

人师 顾炎武
Ren Shi Gu Yan Wu

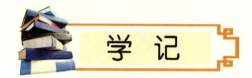

发人深省

本课最能使你有所启发的两句话是：

1.

2.

合作探究

1. 顾炎武的地理学研究方法给我们怎样的启示？

2. 《肇域志》和《天下郡国利病书》的价值是什么？

3. 《历代宅京记》和《昌平山水记》体现了顾炎武怎样的治学精神？

责任意识

通过本课学习，你认为一个人应该具有怎样的社会责任意识？

启示录

1. 本课对你为人的启示是：

2. 本课对你为学的启示是：

第三章

责任:普世关怀,仁为己任

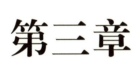

第 12 课

天下兴亡,匹夫有责

——爱国情操及天下观

> 亭林的文字,尤以"天下兴亡,匹夫有责",以及亡国与亡天下有别之论,最震烁人心,三百余年传诵至今。这里,透出的是先生寓有深意的一种思想创造,超越了一般意义上的,站在政权立场发言的传统"国家观",所以我把它称之为"天下观"。
>
> ——王家范
>
> 在 20 世纪中国人民反对外来侵略、维护民族独立的斗争中,顾炎武所倡导的"天下兴亡,匹夫有责"的民族使命感和责任感,依然发挥着巨大而恒久的激励作用。特别是在中国人民反抗日本军国主义侵略的年代里,"天下兴亡,匹夫有责"乃是动员全民抗战的最为响亮的口号。直到如今,"天下兴亡,匹夫有责"仍是海内外华人教育界实施人文教育的重要内容之一。
>
> ——许苏民

由顾炎武提出,后人归结的"天下兴亡,匹夫有责"这八个字,具有经久不衰的震撼力,成为中华民族的座右铭。"天下兴亡,匹夫有责"集顾炎武的道德观、爱国情和天下观于一体,蕴含十分深刻。

一、顾炎武论豪杰精神

宋儒教人做圣人,顾炎武教人做豪杰。顾炎武所提倡的豪杰精神近乎墨侠。他十分崇仰程婴、公孙杵臼等三晋义士和荆轲、高渐离等燕赵豪侠。其《义士行》诗云:

饮此一杯酒,浩然思古人。自来三晋多义士,程婴公孙杵臼无其伦。
下宫之难何仓卒,宾客衣冠非旧日。袴中孤儿未可知,十五年后当何时。
有如不幸先朝露,此恨悠悠谁与诉。一心立赵事竟成,存亡死生非所顾。
呜呼!赵朔之客真奇特,人主之尊或不能得,独有人今长叹空山侧。

诗中热烈讴歌了程婴、公孙杵臼为赵国的复兴而不惜冒着生命危险保护赵氏孤儿的豪侠精神。《推官二子执后,欲为之经营而未得也,而二子死矣》诗云:"生来一诺比黄金,那肯风尘负此心。"诗中所表现的,正是古代墨侠"皆可使赴汤蹈刃,死不还踵"的英雄气概,重然诺、轻生死的道德情操。《古侠士歌》云:"曾

人师 顾炎武

作函关吏,鸡鸣出孟尝。只今犹未老,来往少年场。广柳车中人,异日河东守。空传鲁朱家,名字人知否?"《拟唐人五言八韵》共六首,分别为《申包胥乞师》《高渐离击筑》《班定远投笔》《诸葛丞相渡泸》《祖豫州闻鸡》《陶彭泽归里》,歌颂了申包胥、高渐离、班超、诸葛亮、祖逖、陶渊明等历史上的豪杰之士。其中,"明素志"的《高渐离击筑》《班定远投笔》两首诗,最能反映顾炎武的豪杰精神。

史载高渐离和荆轲都是侠士,荆轲前往刺杀秦王,高渐离为他送行,"荆轲壮歌,高渐离击筑",极其慷慨悲壮。而顾炎武的《高渐离击筑》一诗,实际上就是借写高渐离来写他自己从事反清秘密活动的一段人生经历:

神州移水德,故鼎去山东。断霓夫人剑,残烟郭隗宫。
身留烈士后,迹混市儿中。改服心弥苦,知音耳自通。
沉沦余技艺,慷慨本英雄。壮节悲迟晚,羁魂迫固穷。
一吟辽海怨,再奏蓟丘风。不复荆卿和,哀哉六国空。

他悲叹自己因为没有能找到荆轲那样的壮士合作而未能实现其愿望,所以,他又在寄给友人薛寀的诗中写道:"他日过吴门,为招烈士魂。燕丹宾客尽,独有渐离存。"他所提倡的这种荆轲、高渐离式的豪侠精神,决非程颐、朱熹一派的道学家们所能想见。

昆山亭林园

在中国历史上,东汉清议派知识分子与黑暗的政治势力作斗争的英雄气概,向来为志士仁人们效法。在顾炎武看来,东汉清议派知识分子的豪杰精神,就表现在他们面对以宦官集团为代表的残暴的黑暗势力,不仅有良知,还有不畏强暴、敢于表达自己的道德良知的勇气,即使为坚持真理而献身也在所不惜,这是何等伟大的人格!而这种精神,正是中国知识分子最可贵的品质。为了提倡豪杰精神,顾炎武还盛赞北宋抗辽派的高风亮节和北宋末年金人南侵后志士仁人纷起反抗、临难不屈的大无畏精神,盛赞南宋末年在反抗蒙古人征服的民族保卫战争中英勇献身的豪杰之士。

为了把读书人从"半日静坐,半日读书"、"闭门格物"、空谈心性的道学桎梏中解放出来,顾炎武在《病起与蓟门当事书》中强调:"天生豪杰,必有所任……今日者,拯斯人于涂炭,为万世开太平,此吾辈之任也。仁以为己任,死而后已。"

对于历史上具有"伉爽高迈"的品格、特立独行、不畏权势的人,他总是给予热烈的赞扬。他认为海瑞等人不畏权势的道德勇气,就来自其令权势者也要为之震慑的人格力量。

为了扭转颓败的士林风气,顾炎武试图以豪杰精神来改造儒学,对儒学中一些关于读书人立身处世的传统观念作了重要的理论修正。"达则兼济天下,穷则独善其身。"这是儒家亚圣孟子的名言,长期被读书人奉为处世立身的圭臬。而顾炎武却不同意这种人生态度,他认为:达,固然要兼济天下;穷,也不应消极地独善其身。他在《日知录·直言》中说:"张子有言,民吾同胞。今日之民,吾与达而在上位者之所共也。救民以事,此达而在上位者之责也。救民以言,此亦穷而在下位者之责也。"

他认为,读书人的社会责任感是不能以个人的"穷"与"达"为转移的,纵然再穷愁潦倒,也不应放弃自己的社会责任,仍然可以通过仗义执言来为民请命,以救民于水火之中。孟子说:"不在其位,不谋其政。"又说:"位卑而言高,罪也。"难道顾炎武不知道孟子的这些观点吗?当然不是。他强调"救民以言"乃"穷而在下位者之责",正是要推倒传统儒家明哲保身的乡愿哲学,从而真正确立读书人的社会使命感和责任感。为了造就豪杰之士,顾炎武主张:"人要先除三见:门户之见,方隅之见,书生之见。"他认为豪杰之士必定是有博大的胸怀、高远的见识的人。在《与潘次耕札》中,顾炎武教导他的学生潘耒说:

凡今之所以为学者,为利而已,科举是也。其进于此,而为文辞著书一切可传之事者,为名而已,有明三百年之文人是也。君子之为学者,非利己而已也,有明道淑人之心,有拨乱反正之事,知天下之势之何以流极而至于此,则思起而有以救之……仰惟来旨,有不安于今人之为学者,故先告之志以立其本。惟愿刻意自厉,身处于宋元以上之人与为师友,而无徇乎耳目之所濡染者焉,则可必其有成矣!

他综观天下大势,比较南北地理和民风的差异,崇仰有英雄豪侠慷慨悲歌之传统的西北民风,并将中华民族复兴的希望寄托于古来多豪杰且自然地理有居高临下之势的陕西。他之所以定居关中,实有将陕西作为抗清根据地的远图:"秦人慕经学,重处士,持清议,实与他省不同……然华阴绾毂关河之口,虽足不出户而能见天下之人,闻天下之事。一旦有警,入山守险,不过十里之遥;若志在四方,则一出关门,亦有建瓴之便。"(《与三侄书》)

他一方面主张要有深谋远虑,广结天下豪杰,待时而动,乘时而作;另一方面,强调要有"精卫填海"的精神,决不妥协地与清朝统治者抗争到底。

中国文化传统,不仅重言教,更重身教。顾炎武以其"胸中磊磊,绝无阉然媚世之习"的崇高人格,以其足行万里、广结志士、坚韧不拔、图谋民族复兴的豪杰精神,为中国学者树立了一个与传统的道学偶像周、程、张、朱迥异的新的人格风范。

二、顾炎武论爱国情操

明清交替之际,顾炎武曾致力于救亡图存,南明弘光朝时曾受聘为兵部司务,继又先后参加苏州和昆山的抗清起义,起义失败后,仍出入于太湖一带的抗清义军。然而,随着南明诸政权的相继垮台和清朝政权的日益巩固,顾炎武的复国之梦渐渐地破灭了,在抗清失败、复国无望的情况下,他开始反思明亡原因和总结亡国教训。综观《裴村记》《郡县论》《与友人论学书》《华阴王氏宗祠记》和《日知录》等论著,顾炎武认为明朝亡国主要有三个方面的原因:其一,王室宗族势力衰弱;其二,君主集权制度空前强化;其三,伦理道德沦丧。基于这些思想,顾炎武在其临终绝笔而定的《日知录》中提出了被近人梁启超概括为"天下兴亡,匹夫有责"的著名论断。

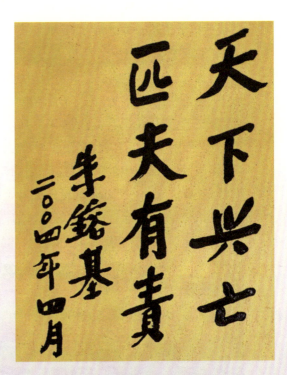

朱镕基为亭林公园题词

> 1915年5月,袁世凯与日本签订丧权辱国的"中日条约"(二十一条),梁启超论中日交涉,作《痛定罪言》,最后说:"今欲国耻之一洒,其在我辈之自新。我辈革面,然后国事始有所寄……我勿问他人,问我自己。斯乃顾亭林之所谓'天下兴亡,匹夫有责'也。"如今,中国进入一个全新的时代,发生了

人师 顾炎武

> 翻天覆地的变化,但无论观念怎么更新,"天下兴亡,匹夫有责"这句话,始终具有激发世人爱国热情的积极意义,因此传诵众口,成了前人留给后世宝贵的精神遗产。

在以清代明、汉民族被游牧民族征服的历史背景下,顾炎武所倡导的豪杰精神之最重要的内容,就是"天下兴亡,匹夫有责"的爱国主义道德情操。

有亡国,有亡天下,亡国与亡天下奚辨?曰:易姓改号谓之亡国,仁义充塞,而至于率兽食人,人将相食,谓之亡天下。魏晋人之清谈,何以亡天下?是孟子所谓杨、墨之言,至于使天下无父无君,而入于禽兽者也。昔者嵇绍之父康被杀于晋文王,至武帝革命之时,而山涛荐之入仕。绍时屏居私门,欲辞不就。涛谓之曰:"为君思之久矣。天地四时犹有消息,而况于人乎?"一时传诵,以为名言。而不知其败义伤教,至于率天下而无父者也。夫绍之于晋,非其君也,忘其父而事其非君,当其未死,三十余年之间,为无父之人亦已久矣,而荡阴之死,何足以赎其罪乎!且其入仕之初,岂知必有乘舆败绩之事,而可树其忠名以盖于晚也。自正始以来,而大义之不明遍于天下,如山涛者,既为邪说之魁,遂使嵇绍之贤且犯天下之不韪而不顾。夫邪正之说不容两立,使谓绍为忠,则必谓王裒为不忠而后可也,何怪其相率臣于刘聪、石勒,观其故主青衣行酒,而不以动其心者乎?是故知保天下,然后知保其国。保国者,其君其臣,肉食者谋之;保天下者,匹夫之贱与有责焉耳矣!

——《日知录·正始》

有人认为顾炎武所说的"天下兴亡,匹夫有责"是为了维护封建道德。这种说法是无法立足的。理解顾炎武以上论述的关键,首先是如何理解他所阐述的"亡国"与"亡天下"之辨。他说"易姓改号谓之亡国","仁义充塞,而至于率兽食人,人将相食,谓之亡天下";又说"保国者,其君其臣,肉食者谋之";而保天下,则是"匹夫之贱与有责焉耳矣"。从表面上看,顾炎武认为"亡国"与"亡天下"是两回事,"保国"与"保天下"也是两回事;但是,我们千万不要忽略了以上引文中还有十分重要的一句话,即:"知保天下,然后知保其国。"这句话在顾炎武关于"天下兴亡,匹夫有责"的论述中具有关键的意义,因为它深刻阐明了"保天下"与"保国"的关系:"保国"决非与匹夫无关,而匹夫只有意识到"保天下"的重要性,才能更为自觉地投身"保国"的民族保卫战争中去。谋划如何"保国"固然主要是"肉食者"的责任,但知道了"保天下"的重要性,然后自觉投身"保国"的民族保卫战争,则是每一个普通民众都应承担的历史责任。忽略了顾炎武所说的"知保天下,然后知保其国"这句话,就会得出如时下某些学者所说的"顾炎武认为保国与普通民众无关"的错误结论。理解顾炎武以上论述的又一个极其关键的问题,是如何理解他所说的"亡天下"与"保天下"。顾炎武说:"仁义充塞,而至于率兽食人,人将相食,谓之亡天下。"这句话是必须联系当时的历史背景来加以理解的。

所谓"亡天下",有两层含义。第一层含义是指清朝军事贵族的灭绝人性的暴行。他们对汉民族的征服,是通过大规模的血腥屠杀来实现的。"扬州十日",被屠杀的汉族人民多达80万人,接近侵华日军南京大屠杀的三倍;"嘉定三屠",以及江阴、昆山、广州、南昌、大同等地的屠城,被屠杀的汉族人民少说也有几百万,更不用说清廷军队从东北南下

昆山市第一中学顾炎武思想课程基地展馆

途中的疯狂杀戮了。明朝天启三年(1623)的全国人口尚且有5160万余人,到清军入关后的顺治九年(1652),全国的人口仅剩1448万余人。明末农民战争仅波及长江中游地区,如果不是清廷军队空前残忍的屠杀,人口减少的数目又怎么可能如此巨大?顾炎武目睹了清军对江南人民犯下的惨绝人寰的暴行,目睹了清军大肆掳掠江南妇女、用几百艘大船运往北方的场景……这一切的一切,不是"率兽食人"又是什么?康熙皇帝镇压南方汉族人民的反抗,再一次重演了1645年清军下江南时的暴行。当时的顾炎武虽身在北方,但却时刻关注着南方的局势,而身在江南的读书人张远则记下了1674年(清康熙十三年,甲寅)他所亲眼见到的悲惨场面:

甲寅之变,生灵涂炭。身污名辱,终于不免者,不独女子也,女子为尤惨。楚蜀两粤,不可胜数。以予所目击耳闻者,独浙闽江右,其死于锋镝、盗贼、饥饿、损伤、老弱废疾者不具论。其姿容少好,骡车马背辇之而北者,亦不具论。惟其弃载而鬻之者,维扬、金陵、市肆填塞……累累若若,若羊豕然,不可数计。市之者值不过数金,且好老少,从暗中摸索。

——张远《无闷堂集》

康熙皇帝的这一次血腥征服,湖南、湖北、四川、两广、浙江、江西、福建等省的汉族男子被大批屠杀,南方的美女又再次被大量掳掠去北方,还有大批的妇女被清军当作猪和羊一样地贩卖。张远目睹清军将浙江、江西、福建等省的妇女成群结队地押解到扬州和南京,扬州和南京的街市竟成了清军把南方各省的妇女当作"羊豕"一般贩卖的人肉市场。这种情景,不正是顾炎武所说的"率兽食人"吗?从这一层意义上讲,顾炎武所说的"亡天下",正是指汉族人民被征服、遭杀戮、当奴隶的悲惨命运。所谓"天下兴亡,匹夫有责",所谓"知保天下,然后知保其国",正是顾炎武为了破除国家兴亡与己无关的麻木不仁的观念,唤起汉族人民的民族意识和爱国之心,而揭示的一个十分深刻的道理。

"亡天下"的第二层含义是指大批汉族士大夫丧尽天良,投靠清廷,帮助清廷军队屠杀汉族人民。清朝的八旗军队,不过区区十万人,且语言不通,地理不熟,如何能够征服汉民族?这就全靠投降清廷的明朝士大夫为之出谋划策,乡土流氓、棍痞、恶僧、妖道之流为之带路,投降清廷的汉族军队协助八旗军队到处攻城略地。指挥征服战争的虽然是清廷的军事统帅,作战的中坚力量也是清廷的八旗兵丁,但每一次大屠杀都少不了汉人的参与。他们帮助八旗兵丁屠杀自己的父老乡亲,掳掠大批的同胞姐妹送去给贵族、八旗兵丁淫虐,其灭绝人性的程度,在中国历史上可谓空前绝后。这些民族败类,正是顾炎武所说的"入于禽兽者""率兽食人"者。世道人心坏到了如此程度,岂非"亡天下"?在这一层意义上,顾炎武痛斥"使天下无父无君,而入于禽兽者","忘其父而事其非君"、认贼作父、认贼为君者,"犯天下之不韪而不顾"者,正是就很多人丧失民族气节、堕落成为清廷帮凶的情形而言的。而汉民族中之所以会出现很多的无节操之士,正是顾炎武所说的"自正始以来,而大义之不明遍于天下"的结果。顾炎武在以上论述中指山涛为"邪说之魁",并不是没有道理的,因为山涛的邪说可以导致人丧失民族气节。山涛是魏晋时期著名的"竹林七贤"之一,他投靠司马昭当了官,嵇康因此而作《与山巨源绝交书》;后来嵇康被司马昭杀害,山涛却举荐嵇绍(嵇康

昆山市第一中学顾炎武思想课程基地展馆

之子）入仕晋朝，并劝他说："天地四时犹有消息，而况于人乎？"这句话在当时和后世被传诵为名言，但在顾炎武看来，这正是教人"无父无君"的邪说，这种邪说不仅在历史上导致不少汉族士大夫投降了刘聪、石勒等异族统治者，更导致许多汉族士大夫对于清朝统治者的屈膝臣服，因而顾炎武对这种邪说深恶痛绝。由此可见，顾炎武所说的"亡天下"，又是指丧失民族气节而言。正是由于"亡天下"，才导致了"亡国"。理解了这一点，有助于我们更深刻地理解顾炎武所说的"知保天下，然后知保其国"的道理。

正确理解顾炎武所说的"天下兴亡，匹夫有责"，还有一个如何理解顾炎武把爱国与忠君联系起来的问题。从顾炎武所说的"国"与"天下"的关系来看，"国"与"天下"是互相依存的。在"亡天下"是指丧失民族气节和爱国心的意义上，"亡国"是由"亡天下"所导致的；在"亡天下"是指国破家亡之后出现的"率兽食人"悲惨局面、汉族人民沦为异族的奴隶的意义上，"保国"又是"保天下"的前提，"国"尚不存，"天下"又将安在哉？这正是一个已经为以清代明的民族征服战争所证明了的事实。顾炎武之所以要把爱国与忠君联系起来，是因为明王朝毕竟是当时中国唯一具有传统的和历史的合法性的中央政府，而清政府不过是一个从分裂国土另立朝廷开始、进而蚕食自大、不断以烧杀抢掠破坏汉族人民的和平生活、后来又趁火打劫抢天下的边疆游牧民族所建立的政府，就连李自成农民军的残部也不肯承认其合法性，转而与明朝军队联合抗清，并接受南明朝廷的统一指挥。在民族矛盾上升为主要矛盾的情况下，忠于本民族的政府，在当时的历史条件下就是忠君，这无疑是爱国的表现，具有历史的和道德的合理性，所以顾炎武不能不把忠于国家民族与忠君联系起来。我们不能因为顾炎武把爱国与忠君相联系，就说他所提倡的"天下兴亡，匹夫有责"只是为了维护封建道德，因为这不合乎历史事实。在当时的历史条件下，顾炎武认为只有汉民族的败类才"无父无君"，投靠清廷，为虎作伥。明朝虽然灭亡了，但顾炎武坚信，只要"天下"不亡，即爱国之心不亡，民族气节不亡，民族的复兴就有希望。顾炎武强调"天下兴亡，匹夫有责"，正是寄希望于广大民众的民族意识的觉醒。

> 在顾炎武看来，当天下兴亡面临挑战之际，每个人都必须对自己的行为做出抉择，不容回避。唯有责者方有耻，否则，就是无耻之徒。正是有了道德内涵，有了知耻之心，"天下兴亡，匹夫有责"才能摆脱政治瓜葛，抛开利害关系，融入自觉的意识，成为每一个普通人应尽的责任。顾炎武生活的时代，是明朝灭亡、清人入主中原的时代。清军入关，铁骑长驱直下，踩躏江南，所经之处，民众奋力抵抗。明末爱国志士，杀身成仁，远较前代为多。顾炎武亦奋身投入抗清斗争。清初常熟吴龙锡《偶成》诗云："终南山下草连天，种放犹惭古史笺。到底不曾书鹄板，江南惟有顾圭年。"时代的需要，顾炎武的人格魅力，使"天下兴亡，匹夫有责"这句话，很自然地承载着更多与气节相关的内容。特别是当一家之国与万众之天下面对共同的威胁，同仇敌忾、休戚与共之际，这八个字，更被赋予了深明民族大义、抵御外侮的含义。

三、顾炎武的天下观

从源头上说，"天下"之说是出自《诗经·小雅·北山》："溥天之下，莫非王土；率土之滨，莫非王臣。""天下"应是"溥天之下"的略称，它原是指在理论上归周王统治的疆域，以今天的学术眼光来看，这应该是一个政治地理概念，其外延与今之"世界"概念相合，也就是说，在周代人心目中，全世界都应该归周王统治，尽管当时周王实际上只是统治着这个世界中的一个小小的部分。《周易大传》有"观乎人文，以化成天下"之说，这反映了春秋战国时代要求建立大一统国家的儒家学者欲以自己的文化来统一世界的王政诉求。《孟子·离娄上》中说："人有恒言，皆曰'天下国家'。天下之本在国，国之本在家，家之本在身。"从政治地理学角度来解读孟子这段话,可以把他所讲的"天下"理解为是兼指政治地理意义的中国和它的领土的复杂概念。按孟子的观点,中国(广义的"天下")的要素包括中国的领土(狭义的"天下")、政权组织("国")、家庭组织("家")和人("身");按现代政治地理理论,国家则包括定居的国民、确定的领土、一定的政权组织和完整的主权四个必备要素。孟子的天下观是对他所理解的国家(中国)的四个要素之间相互关系的一种看法,按其思想内容及特点,它可以被概括为"天下以人为本"。这种"以人为本"的天下观也是儒家天下观的共同特征。

纪念顾炎武诞辰400周年研讨会周可真先生发言

作为"四书"之一的《大学》,基于孟子的天下观,提出了"修齐治平"之说。按宋儒朱熹的看法,"《大学》之修身、齐家、治国、平天下,基本只是正心、诚意而已",据此可将《大学》天下观的个性特征概括为"以诚为本"。这种"以诚为本"的天下观是综合了孟子"以人为本"的天下观和"诚者,天之道;思诚者,人之道"的天人观,由"以人为本"的天下观逻辑地推定"修身"为"平天下"之本,又根据"思诚者,人之道"而推断"意诚"为"身修"之本,这是按孟子心性学的思路将天下归本于人心,以为平治天下的关键取决于统治者能否诚心待人,其心诚则必能感化天下,达到得人心而得天下之目的。

儒家"以人为本"的天下观本质上是一种主张以德治国和以德服人的王道政治观。顾炎武的天下观,也是属于儒家的王道政治观,而又有其鲜明的时代特征和个性特征,其"天下兴亡,匹夫有责"的天下观是基于他对明朝亡国教训的总结。

> 2015年2月9日,李克强总理在中南海紫光阁向新聘任的国务院参事、中央文史馆馆员亲手颁发聘书。随后他与130余位参事、馆员及参事室特约研究员举行了座谈。李克强饶有兴致地谈起,当天中午他刚好收到一本介绍中华传统美德"术语"的书,里面对仁、义、礼等字词一一解释,并配上了英文翻译。"我看到里面有一个词,'天下'。英文翻译得还行,'all under heaven'(天之下),但下面的中文'训诂',引用的是《诗经》里的一句话:'普天之下,莫非王土。'"总理说,"我当时就想,这只是'天下'的一种解释,但不是全面的。中国人讲'天下',《礼记》里面就讲了,'大道之行也,天下为公'。这就是另一层含义。"总理谈到了顾炎武在《日知录》里引出"天下兴亡,匹夫有责":"这句话和孟子的'民为贵、社稷次之、君为轻'有相似之处,但内涵却演进了。《日知录》里面所讲的'天下',其实是每个人的'天下',所以'天下兴亡',才会'匹夫有责'。"总理接着分析,从《诗经》到《日知录》,中华文化对于"天下"的理解是长期积累形成的。"顾颉刚提出了一个'古史层累说',其实正面理解应当说,每代人都有积累、有发展、有丰富。"总理说,"如果后人累积和丰富的文化内涵,有利于当代社会、有利于中华民族未来发展,那我们何乐而不接受呢?"

和《大学》一样,顾炎武的天下观也是按孟子心性学的思路将天下归本于人心,认为"治乱之关必在人心风俗"。他指摘明末士大夫为人无耻,其"为大臣而无所不取,无所不为",乃至于"无官不赂遗""无守不盗窃",其为学者则"不先言耻",乃至于"以无本之人,而讲空虚之学","以明心见性之空言,代修己治人之实学"，由此导致整个天下"悖礼犯义"而"仁义充塞"，以至于出现"率兽食人，人将相食"的"亡天下"局面。在顾炎武看来，明朝亡国的教训正在于先"亡天下"而随后"亡国"，而其所以"亡天下"的根本原因在于，明末士大夫先失其仁义德性而随后天下人普遍失其德性，故"（礼义廉耻）四者之中，耻尤为要……人之不廉而至于悖礼犯义，其原皆生于无耻也。故士大夫之无耻，是谓国耻"。正是因为顾炎武深痛于明末士大夫之无耻，认为此乃招致明朝先亡天下而随后亡国的祸源，所以他不只是认为天下之本在人心，更认为人心之本在耻辱之心："耻之于人大矣！不耻恶衣恶食，而耻匹夫匹妇之不被其泽，故曰：'万物皆备于我矣，反身而诚。'呜呼！士而不先言耻，则为无本之人。"所以，顾炎武天下观的个性特征可被概括为"以耻为本"。

> 曾国藩于清代学者，最推崇顾炎武，曾命其子曾纪泽绘古今圣哲图像，自文王、周公直至当代，共三十二人，藏于家塾，其中就有顾炎武，并作文赞道："我朝学者，以顾亭林氏为宗，《国史·儒林传》褎然冠首。吾读其书，言及礼俗教化，则毅然有守先待后、舍我其谁之志，何其壮也！"其幕僚周腾虎赴上海催饷，临行前，曾国藩赠以"匹夫之贱，与有责焉"。在与沈葆桢的信中，他同样从正人心、维风俗、倡廉耻着眼，以此相劝勉："赏罚之任，视乎权位，有得行有不得行，至于维持是非之公，则吾辈皆有不可辞之任，顾亭林先生所称匹夫与有责焉者也。"
>
> 张之洞的《劝学篇》，堪称洋务派的纲领性文献，开篇即标举顾炎武的"匹夫有责"说："范文正为秀才时，即以天下为己任。程子曰：'一命之士，苟存心于利物，于人必有所济。'顾亭林曰：'保天下者，匹夫虽贱，与有责焉。'夫以秀才所任，任者几何？一命所济，济者几何？匹夫所责，责者几何？然而积天下之秀才，则尽士类；积天下之命官，则尽臣类；积天下之匹夫，则尽民类。若皆有持危扶颠之心，抱冰握火之志，则其国安于盘石，无能倾覆之者。"

一般儒家王道政治观，仅仅把天下同治国平天下的统治者联系起来，使天下系于君主一人，亦即视天下为君主一人之天下。顾炎武"以耻为本"的天下观之独特之处，在于把天下同天下之人都联系起来，使天下系于天下之人，亦即视天下为天下人之天下。如此把天下兴亡的责任落到每个人的身上，即不但统治者有责，其他所有人也都有责，所谓"匹夫之贱，与有责焉"。这种"天下兴亡，匹夫有责"的天下观，突破了传统儒家"君主独治天下"的专制主义王道政治观，具有了近世"天下人共治天下"的民主治理观念，这也是顾炎武作为明清之际的一位伟大启蒙学者最具政治启蒙意义的一个观念。

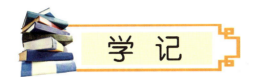

发人深省

本课最能使你有所启发的两句话是：

1.

2.

合作探究

1. 顾炎武欣赏的豪杰精神是一种什么样的精神？

2. "天下兴亡,匹夫有责"作为爱国主义思想,其内涵是什么？

3. 顾炎武"天下兴亡,匹夫有责"思想蕴含了怎样的天下观？

责任意识

通过本课学习,你认为一个人应该具有怎样的社会责任意识？

启示录

1. 本课对你为人的启示是：

2. 本课对你为学的启示是：

第13课

经世致用，明道救世

——开一代朴实学风先河

> 顾炎武的务实学风，在整个清代是起了积极作用的。后世学者或是继承了他的为学方法，或是发扬了他的治学精神，沿着他所开辟的路径走去，不仅演成乾嘉学术的鼎盛局面，而且也取得了清代学术文化多方面的成果。作为一个开风气者，如同黄宗羲、王夫之诸大师一样，顾炎武的创辟之功是确然不拔的。
>
> ——陈祖武
>
> 顾炎武留下的学术著作中，包罗万象，涉及到了他所想研究的各个领域，直到今天，真正治这些方面学问的学者，依然能从顾炎武那里获得有益的、甚至是必需的学术营养。有清一代，他的学术思想更是深刻地影响了真正的知识界，清中期的颜元、李塨的"实学"，晚期魏源、林则徐的"经世致用"之学，无不深深打上了顾炎武思想与方法的烙印。后来的青年毛泽东，也是把顾炎武的治学方法奉为圭臬的。
>
> ——高 远

在明末清初的社会动荡时期，作为爱国志士、杰出学者、进步思想家的顾炎武，以其崇实致用的学风和锲而不舍的学术实践，开启了一代朴实学风的先河。他终身不易的反抗精神，强烈关注国家和民族前途、命运的积极思想，以及广博宏富的学识和严谨的治学态度等等，对后世产生了深远的影响，备受世人赞誉。

一、经世致用思想简介

按照《辞源》的解释，"经世"意为治理世事，"经济"意为经国济民，"致用"意为尽其所用。《辞海》给出的解释是：明清之际主张学问有益于国家的学术思潮。由此可以将经世致用定义为关注社会现实，面对社会矛盾，并用所学解决社会问

昆山千灯顾园

题,以求达到国治民安的实效。这一思想体现了中国传统知识分子讲求功利、求实、务实的思想特点以及"以天下为己任"的情怀。(关于经世致用的说法,学界有诸多不同看法,因非本课探讨的主题,此处不去介绍,这里以《辞源》和《辞海》的解释为准。)

经世致用思想的历史至少可以追溯到先秦思想家——孔子。传统儒学本身就是一种"入世哲学",孔子不遗余力地宣传他的思想,目的就是要改变春秋末年社会动乱、礼崩乐坏的局面,恢复他理想中的社会秩序。另外,作为一种思想体系,儒家思想的一个重要特点就是不尚思辨。它不像其他哲学思想那样,用极强的思辨性去解释诸如世界的本原问题、今生与来世的问题,或是人世与鬼神的关系等问题,而是很实在,甚至可以说是很实用地教人们如何做人、如何行事,教统治者如何治国。儒家思想从其产生之时,就具有强烈的经世的意味,这对中国传统社会的知识分子产生了重大影响。他们吸收了这种经世精神,并将其作为自己重要的责任,自觉地担负起关心时政、关注国事、针砭时弊,甚至救国于危难之中的使命。

到了宋代,理学大行其道,其集大成者朱熹提出了"存天理,灭人欲"的社会伦理准则。在宋王朝的统治面临巨大危险之时,这一准则提出的目的就是要改变世风,以挽救国家。但理学家把"修身"置在最重要的位置上加以强调,所以落实到行动上往往使修身养性的"内圣"与治国平天下的"外王"并论而形成事实上的对立,割裂了"修齐治平"之间的有机整体联系,走上了"穷理"之途,并将"理"的思想僵化,失去了对现实的指导意义,很难做到学以致用。明中叶以后,理学走上了末路。

随着理学的渐趋没落,陆王心学崛起。以陆九渊、王阳明为代表的"心学派",认为宇宙的本原是"心",尤其强调发挥主体人的能动作用,这恰恰弥补了理学后期脱离现实、不关怀世事的弊端。因此,陆王心学便代替了程朱理学,开始发挥作用。然而,"心学"的后人,也逐渐抛弃了"经世"精神,只致力于"心学"本身,无法解决现实社会的问题。不久,"心学"开始衰败。

经世致用思想虽然产生于先秦时期,但在明末清初才开始以一种时代思潮登上历史舞台。明朝末年,由于当时的文化人受到了宋朝、明朝时期理学的深刻影响,导致许多读书人的学习活动、学术理论、思想主张和社会现实生活严重脱节,对人们的思想发展产生了极大的束缚,这促使许多仁人志士重新反思当时读书人倡导的所谓"圣学"。人们认为,"圣学"既没有能力保家卫国,也没有能力促使民族强大,"圣学"在家国灭亡面前毫无能力,这使人们深切感受到读书人空谈"心性"的巨大危害,由此促使经世致用思想重新成为具有主导性的治学思想,强调读书人的学问应该有益于国事。持经世致用思想的顾炎武、颜元、黄宗羲、王夫之等进步学者,对明朝灭亡的教训进行了深刻的总结,对前朝空谈心性的"圣学"展开了猛烈的抨击,主张读书人的治学应该和社会现实紧密结合起来,积极倡导学和用两者的结合、理论和实际的结合、心性和实用的结合,力求以"修身"之功通达"齐家、治国、平天下"的经世之道理。

二、顾炎武批判空疏学风

崇祯十二年(1639),27岁的顾炎武参加科举考试再次落榜,从此他不再"从四方之士征逐为名",而正式开始从事经世致用的学术研究和著书立说的工作。"经世致用"伴随其为人、治学、生活之始终。梁启超在《中国近三百年学术史》中认为,顾炎武在清朝学术史上的突出贡献在于"一开学风""二开治学方法""三开学术门类",而这一切均归结于他"生平最注意的经世致用之学"。

1. 批判理学

顾炎武在《与友人论学书》中,明辨孔子之学与宋明理学的区别,鲜明地表达了他志在推倒一切道学玄谈、扭转空疏学风、提倡经世致用的学术宗旨。基于这种思想,他对宋明理学"空谈心性"造成的恶果进行了激烈的批判,认为宋明理学让许多士人学问日渐空疏,只知道谈论心性之说,缺乏对现实社会的关照。所以,宋明理学只会"祸国殃民",毫无实际价值,导致"神州荡覆"、大明灭亡。

人师 顾炎武

宋明理学,尤其是程朱理学,有两大理论支柱:一是被神化为"孔门传授心法"的"虞廷十六字诀",即"尧舜相传所谓危微精一之言"(朱熹说:"所谓'人心惟危,道心惟微,惟精惟一,允执厥中'者,尧、舜、禹相传之密旨也。");二是道教的《太极图》。

在顾炎武看来,程朱之学非孔子之学。二者的根本区别就在于:孔子"举尧舜相传之所谓危微精一之言一切不道,而但曰'允执厥中,四海困穷,天禄永终'",而程朱理学则是"置四海困穷不言,而终日讲危微精一之说"。他在《与友人论学书》中说:

……窃叹夫百余年来之为学者,往往言心言性,而茫乎不得其解也。命与仁,夫子之所罕言也;性与天道,子贡之所未得闻也。性命之理,著之《易传》,未尝数以语人。其答问士也,则曰"行己有耻";其为学,则曰"好古敏求"。其与门弟子言,举尧舜相传所谓危微精一之言一切不道,而但曰"允执厥中,四海困穷,天禄永终"。呜呼,古人之所以为学者,何其平易而可循也,故曰"下学而上达"……今之君子则不然,聚宾客门人之学者数十百人,譬诸草木,区以别矣;而一皆与之言心言性,舍多学而识以求一贯之方;置四海困穷不言,而终日讲危微精一之说,是必其道之高于夫子,而其门弟子之贤于子贡,祧东鲁而直接二帝之心传者也。我弗敢知也。

这段话中最关键的一句,"举尧舜相传所谓危微精一之言一切不道",是顾炎武对宋明道学所作批判的一个总纲,是对二程、朱熹鼓吹的所谓"孔门传授心法"的道统论和宋明理学的根本宗旨的彻底否定,表明了顾炎武的学术宗旨与程朱理学和阳明心学的根本区别。

昆山亭林园碑廊

从学术源流上看,所谓"尧舜相传"的"危微精一"之言,是二程、朱熹为了自我神化并借以论证理学的根本宗旨而祭起的一个理论法宝,所谓"人心道心之辨""天理人欲之辨"等,就是从所谓"尧舜相传之危微精一之言"中引申出来的。

"危微精一之言"犹如《红楼梦》中贾宝玉脖子上的那块"通灵宝玉",是程朱理学的命根子和理论支柱。推倒了这一理论支柱,程朱理学的体系就会"忽剌剌似大厦倾"。而"危微精一"之言的本质和核心也就是"存天理,灭人欲"这一理学的根本宗旨。

道教的《太极图》是程朱理学的又一重要理论来源。程朱理学的"天理"本体论是借助于对道教的"太极图"的理论阐释而建立起来的。道教的"太极图"属于"图书《易》"的传统,宋儒援道入儒,借阐释"太极图"而建立起其"天理"本体论的学说。朱熹借道教的《太极图》来发挥其"无极而太极,是无极中有个至极之理"的天理本体论,把《周易》神秘化。顾炎武对朱熹的观点给予了极为严厉的批评。在顾炎武看来,宋明道学的根本弊端就在于"置四海困穷不言";与此相反,圣人则只讲关系民生和人伦日用的学问。因此,如果要对所谓"圣人之道"的内容作简明而扼要的概括的话,那就只能是"博学于文"和"行己有耻"八个字,顾炎武称之为"修己治人之实学"。

顾炎武认为,宋儒援道入儒是从周敦颐讲所谓的"无极之真"开始的,这就是后来举业用释老之书的滥觞。从此,庄子的"真知"取代了儒家的"实学",道家神秘的精神修炼取代了儒家的经世致用,这就为后来"御河之水变为赤血"的巨大民族灾难埋下了祸根。

顾炎武通过提倡经学作为其倡导经世致用之实学的号召。他提出了"理学,经学也"的著名命题。顾炎武认为经学才是真正的理学,而宋以后的所谓理学则是禅学,他说:"愚独以为理学之名,自宋人始有之。古之所谓理学,经学也……今之所谓理学,禅学也。"因此,学者要以研究古经为根柢,而不必到宋明理学家的语录中去讨生活。全祖望将顾炎武的上述思想表述为"经学即理学",是十分准确的。

2. 批判心学

明朝的灭亡让顾炎武十分痛心,从而使其产生"道否穷仁圣,时危恨股肱……秘谶归新野,群心望有仍"的想法,并且投身到抗清活动中。痛定思痛之后,顾炎武对于明朝被"外族"的入侵和灭亡进行了深刻的反思,这种反思体现出民族意识和情感驱使之下强烈的使命感。顾炎武认为,明朝时期的所谓"心性"之学严重禁锢了人们的思想观念,导致人们沉浸在虚无缥缈、不着边际的"圣学"当中。他对王阳明心学的攻击更是不遗余力,说:"以一人而易天下,其流风至于百余年之久者,古有之矣:王夷甫(衍)之清谈,王介甫(安石)之新说。其在于今,则王伯安(守仁)之'良知'是也。孟子曰:'天下之生,久矣,一治一乱。'拨乱世,反诸正,岂不在于后贤乎!"(《日知录·朱子晚年定论》)

三、顾炎武的实学思想

作为一种学术思潮,实学自北宋开其端。以续传儒家"道统"为己任的宋明理学家有实学思想,其特点在于重实行以臻于归依"实理"的"诚意",是为实心之学。明清之际的实学思潮是当时市民价值观的扩散和社会内部种种矛盾双重作用的结果,其主旨在于化解当时的民生危机和民族危机,其特点在于重事功以求"吾儒经世之用",是为经世之学。

1. 行己有耻,博学广师

"博学于文,行己有耻"是顾炎武实学的根本原则,他主张为学必先学会做人,而为人之本在于"行己有耻",即"不耻恶衣恶食,而耻匹夫匹妇之不被其泽",认为只有抱负经世泽民之大志,才能做成利国利民的真学问。为了成就有益于天下的大学问,必须"博学于文",即"好古而多闻",既博览群书,又广师学友。顾炎武特别强调把对书本知识的博学同认知交往中的广师结合起来,认为"独学无友,则孤陋而难成;久处一方,则习染而不自觉。不幸而在穷僻之域,无车马之资,犹当博学审问,古人与稽,以求其是非之所在,庶几可得十之五六。若既不出户,又不读书,则是面墙之士,虽子羔、原宪之贤,终无济于天下"(《与人书一》)。

2. 经生以术,救世有道

顾炎武实学的原始动力来自于明崇祯之末他"感四国之多虞,耻经生之寡术",其学术初旨就在于掌握"经生之术"。这种"术"本质上是他为拯救国家于危难之际而自觉意识到其个人所必须掌握的济世经邦的实际本领。为达成其"术",他孜孜于追求广博的学识。然而,到了清初特别是康熙朝以后,他的救国意识随着明朝消亡而逐渐消退。此时,他警觉到"吾道"("先王之道")有被毁之危险而生起了"保天下"之心,由此推动他去从事"明道救世"之学。这种学问所追求的是"救世之道",其与"经生之术"的根本区别在于:"经生之术"是其个人赖以从事济世经邦之实践的知识基础;"救世之道"则是被他视为华夏民族赖以生存和发展的文化基础。

> 瞿林东说:作为史学家的顾炎武,他有一部名著,叫做《天下郡国利病书》……从中亦可窥见顾炎武的经济思想、政治思想、深刻的历史见解和鲜明的经世致用的纂述目的。今天人们阅读此书,还会感觉到历史的脉搏和纂集者的忧患意识。

3. 学必务本，知必考据

在治学方式上，顾炎武实学起初追求的是"学识广博"，后来渐趋讲求"学有本原"。由此，其实学形态亦从广泛探究"天文、地理、兵农、水土，及一代典章之故"的杂学逐渐转变为研究"五经"及"圣人之语录"的经学。其经学特点，不仅在于其研究范围极广，举凡经、史、子、集之类皆在其视域之内，更在于其运用史学方法来开展经学研究。其经史研究方法以归纳与演绎法的结合为基本特征，然其运用最多最广的，是作为其归纳法之基础的考据法。其考据活动最显其实学功夫，是其实学思维的集中体现，也是其思维方式根本区别于宋明理学之所在。

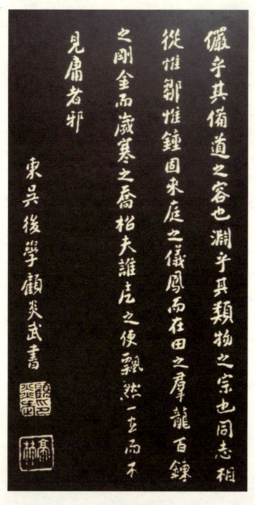

顾炎武手迹

> 历史上汉人研究经学注重名物、训诂，因而后世称"研究经、史、名物、训诂考据之学"为汉学。其治学的根本方法，在"实事求是""无征不信"。其研究范围，以经学为中心，而衍及小学、音韵、史学、天算、水地、典章制度、金石、校勘、辑逸等等。而引证取材，多极于两汉。乾嘉学派是清代乾隆、嘉庆时期思想学术领域逐渐发展成熟的以考据为主要治学方式的学术流派。因为此一时期的学术研究采用了汉代儒生训诂、考订的治学方法，与着重于理气心性抽象议论的宋明理学有所不同，所以有"汉学"之称。又因此学派的文风朴实简洁，重证据罗列而少理论发挥，故又有"朴学""考据学"之称。乾嘉学派的奠基人，学术界有多种说法。顾炎武被公认为开了清代考据学的先河。但至乾嘉时期的考据学家，遗其大而传其小，他们沉溺于故纸堆中，脱离实际，放弃了顾炎武经世致用的本意。

4. 求实贵创，求是尚同

顾炎武实学作为一种新儒学，是一种有别传统儒学的实证儒学，其实证性突出地表现为其轻权威而贵创新、重经验而征共识。他声称"孔子未免有误"，认为在学术上不应以孔子之是非为是非，主张冲破陈规老套，进行知识创新。但他绝不自以为是，而是一有"独见"，必细心求证，不仅旁征博引于群书，更广泛征求于学友，把追求创新和征求共识结合起来。这种实证精神的实质在于，强调"保天下"的事业非个人可以独断独行的私事，是"匹夫之贱，与有责焉"的一项大众性事业，必须求得普遍的社会共识才能成功。

5. 天下兴亡，匹夫有责

顾炎武的实学精神，概括起来说，就是"天下兴亡，匹夫有责"的"豪杰"精神。正是这种"豪杰"精神，促使他去追求"实学"；也正是出于对"实学"的追求，他在思维方法上终于突破了中国自古以来的形而上直觉思维传统，尤其突破了为他所推崇的朱子之学的思辨性演绎思维模式，创立了以归纳为体、演绎为用的思维方法。中国学术向来未能将实证与实用很好地结合起来，其思想根源就在于学者们普遍缺乏顾炎武那种从伦理上肯定人人平等的"天下兴亡，匹夫有责"的实学精神。当今中国学者要能站到实事求是的科学起点上，就该像顾炎武那样自知"匹夫之贱"的身份又不失"有责"于"天下兴亡"的"豪杰"之心。

> 顾炎武从事历史学研究，具有明确的实践目的，即经世致用。他说："必有体国经野之心，而后可以登山临水；必有济世安民之识，而后可以考古论今。"他明确指出，考古论今是为了济世安民，是要在历史学研究中体现学者的"济世安民之识"。他的后半生是在游历中度过的，"九州历其七，五岳登其四"，但他是怀着"体国经野之心"去"登山临水"、为了经世致用的历史地理学研究去做实地考察的，而不是如近来某些学者所说，这种游历只是遗民阶层中的一种时尚，一种士大夫阶层的闲情逸致。

四、影响

顾炎武把明朝灭亡的原因归咎于宋明理学特别是王阳明心学的流祸。他以"拨乱世，反诸正"为己任，提倡穷六经之旨、急当世之务的实学，这在当时起到了转变一代学风的作用。江藩在《国朝汉学师承记》中说："国朝诸儒究六经奥旨，与两汉同风"，是顾炎武和黄宗羲开启了先河。实际上，顾炎武所提倡的经学绝不仅仅是训诂考证，而是同"当世之务"紧密联系的。顾炎武曾说过："君子之为学也，以明道也，以救世也。""明道"与"救世"在他看来是相互联系而不可分的两个步骤。顾炎武的学术领域非常广博，他在经学、史学、地理、音韵、词章和金石文字等方面都有重要的成就。这些成就不是与他的政治思想相脱离，也不是为他的政治思想作掩护，而是与他的政治思想密切结合。例如，他著《音学五书》，考证古今音韵的流变，希望"圣人复起，举今日之音而还之淳古者"，这同他著《日知录》一样，都是为了"跻斯世于治古之隆"。《四库全书总目提要》称顾炎武"生于明末，喜谈经世之务，激于时事，慨然以复古为志，其说或迂而难行，或愎而过锐"。这一方面说明顾炎武的思想没有摆脱"法古用夏"的局限，另一方面也说明他所谈的"经世之务"是与清政权的统治相抵触的，在"法古用夏"的形式下包含着积极进步的内容。

> 明清之际的实学思潮，既达到了顶点，也成了结束之声。随着清朝统治的建立，早已失去生机的理学又被统治者拾起，但其关怀世运的一面已不在，剩下的只是泛泛空谈。另外，由于清政府在思想上实行高压政策，尤其是盛极一时的"文字狱"，沉重打击了知识分子参政、议政的勇气，造成一批批学者无奈地走上闭门治学之路，整日与考据为伴，不再关心、议论政事。至此，在中国传统的知识分子中一直延续的经世致用思想走到了尽头。清王朝的辉煌只是夕阳西下时的一点余晖，随着康乾盛世的结束，清朝统治者不得不面对淤积已久的严重的社会危机。

乾隆年间，清政府为了巩固其意识形态统治，连续不断地兴"文字狱"，同时大肆查禁有所谓"违碍之语"的书籍。顾炎武的著作也难逃这一厄运。在《军机处奏准抽毁书目》中，《亭林文集》和《亭林诗集》都因"有偏谬词句"被列为"应行销毁"的书目。作为顾炎武最重要著作的《日知录》，也在部分抽毁之列，其中有条目如"素夷狄而行乎夷狄"条、"胡服"条、"纳女"条等被全部抽毁，有的条目如"古文未正之隐"条被删得只剩下一句话，一些为清廷所忌讳的文字则被篡改。官修的《四库全书总目提要》虽然对顾炎武的考据学成就给予了高度肯定，但对于其思想却肆意予以贬低和抹杀。

全祖望作《顾亭林先生神道表》，对顾炎武仅仅被统治者推以"多闻博学"深为不满，其篇末引王不庵的话来作总结："宁人身负沉痛，思大揭其亲之志于天下。奔走流离，老而无子。其幽隐莫发数十年靡诉之衷，曾不能快然一吐。而使后起少年，推以多闻博学，其辱已甚。安得不掉首故乡，甘于客死？噫！可痛也！"全祖望慨叹世之读顾炎武之书者虽多，"而能言其大节者已罕"。他认为顾炎武的经世之学更有粹儒气象，非永康、永嘉之学所能比拟。潘耒序《日知录》就曾指出："如第以考据之精详，文辞之博辨，叹服而称述焉，则非先生所以著此书之意也。"清代诸儒受到清政权的文字狱威胁，退回到故纸堆中，专治训诂考

人师 顾炎武

山西曲沃中学顾炎武讲学处

证,正如梁启超所谓:"只算学得半个亭林罢了。"

晚清著名学者俞樾、李慈铭、朱一新都充分肯定顾炎武学说的经世致用精神,批评仅仅把顾炎武看作是清代汉学之祖的观点的片面性。俞樾在《仪顾堂集序》中说:"有明一代,学术衰息,不如唐宋远甚。及其季也,亭林先生崛起,源本经术,而发为经世之学,遂卓然为一大儒。近世学者,徒见其《杜解补正》诸书,为阮文达采列《皇清经解》之首,遂奉亭林为我朝治汉学之先河,而不知此未足以尽亭林也。"李慈铭《越缦堂读书记》在评论《日知录》时说:"顾氏此书自谓平生之志与业尽在其中,则其意自不在区区考订。世人谓其经济胜于经史,盖非虚言。而阮文达据《四库提要》所论,以为矫枉过中,未可为腐儒道,则余甘受腐儒之讥矣。尝谓此三十二卷中,直括得一部《文献通考》,而俱能自出于《通考》之外,后儒考古愈精,遂掎摭之,以为疏舛,岂知先生者哉。"清末著名学者朱一新也对仅仅把顾炎武看作是考据学家的观点提出了批评,他在《无邪堂答问》卷五《答朱永观问亭林张氏二陆为学》一文中说,亭林"敦尚风节与夏峰同,论学颇重事功,略与永嘉相通。生平史学深于经学,而刚介之节得诸孟子者犹多。其书沾溉艺林,为功甚大。但持论间有粗疏偏激处,读者亦不可不知。后来汉学家重其书,但取其能考订耳。此则叶公之好龙,郑人之买椟"。在朱一新看来,对于顾炎武的学说,但取其能考订,而看不到其经世之学,乃是买椟还珠的愚蠢行为。

清嘉庆、道光年间,面对封建末世深刻的社会危机,一批政治家、思想家和进步学者再一次提倡经世致用,主张实行改革。较著名的有陶澍、林则徐、龚自珍、魏源等。他们中有"卓著官声政声的督抚大吏",也有"切于时务的下层官僚与文人学者",他们作为知识分子的代表关注世事,以极大的社会责任感揭露矛盾,抨击时政,指责清王朝统治的腐败以及官僚队伍的无能、迂腐。在揭露问题的同时,他们要求"更法",呼吁"改革",提出了一系列改革措施。

> 19世纪初,龚自珍重视西北地区,致力于西北建设,著有《蒙古图志》等;魏源是"睁眼开世界"的先驱者之一,为国家曾做出卓越贡献,著有《海国图志》《湖广水利论》等;林则徐是"开眼看世界的第一人",他关注外国情况,组织翻译西文书报,提供对策,办理交涉参考,所译资料,先后辑有《四洲志》《华事夷言》《滑达尔各国律例》等。他们不仅用文字记录下了惊世之作,还实践了"经世致用"之道。龚自珍的抵制外侵,魏源的变革运动,林则徐的"虎门销烟"等,都为挽救国家、促进社会的发展做出了卓越的贡献。当时的他们,有着和顾炎武一样的忧国忧民情怀,一样的豪情壮志。他们沿着"经世致用"之道,无怨无悔地为国为民,奉献自己的一生。

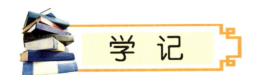

学 记

● 发人深省

本课最能使你有所启发的两句话是:

1.

2.

● 合作探究

1. 谈谈你对经世致用思想的理解。

2. 顾炎武批判的晚明空疏学风有何特点?

3. 你如何评价顾炎武的经世致用思想?

● 责任意识

通过本课学习,你认为一个人应该具有怎样的社会责任意识?

● 启示录

1. 本课对你为人的启示是:

2. 本课对你为学的启示是:

人师 顾炎武

Ren Shi Gu Yan Wu

第14课

苍生为念,厚生为本

——天地大爱及普世关怀

> 亭林所思所论,以天下苍生为念,给后人以亲切的感觉,不能不肃然而起敬。我以为亭林的学术里头已经包含有"历史社会学"或"经济社会学"的神韵,其议论重心在民间,在平民百姓,较之今日某些阔气的经济学精英,更多普世关怀、菩萨心肠。
>
> 在先生看来,使"匹夫匹妇被其泽",是"圣人之道"的根本;"士而不先言耻",不为生民着想,就是"无本之人",离"圣人之道"会越来越远。
>
> 民国以来,学者见识渐广,不乏新鲜政治资源输入,然有些人目光专注向上,空论虚理,忌触时弊,忘了"天下之患,莫大于贫",把百姓痛痒置之脑后,与三百多年前亭林相比,真不知进步抑或退步?庆幸的是,就在先生的桑梓之邦,他的后代子孙,心有灵犀一点通,改革开放后,主要靠地方的主动性和积极性,踏出了一条繁荣家乡的改革之路,面貌为之一新,被世人誉称为"昆山模式"。我想先生若地下有知,必含笑于九泉!
>
> ——王家范
>
> 顾炎武认为,现行的科举考试制度之所以最便于空疏不学之人,最主要原因还在于考试的内容。如果考试的内容是关系国计民生和国防事业的实实在在的学问的话,就不会造成"农战不修,文儒是竞""一代风流无不趋于科第"的状况。
>
> ——许苏民

民本思想是中国传统政治哲学的基础,也是其根本与核心。"民本"一语,出自《尚书·夏书·五子之歌》:"民惟邦本,本固邦宁。"这句话也正是儒家民本思想的要旨所在。民本思想对中国古代政治影响巨大,关于民本思想的理论探讨也随着时代的变迁而不断发展变化。不同时期、不同学派的人物所表达和理解的民本思想各不相同,既有程度上的深浅之别,也有角度上的差异,但总体上都是围绕"民惟邦本,本固邦宁"这一共同主题展开的。而时时将天下苍生萦念于心的学者,恐怕只有顾炎武一人。与古往今来的许多学者不同,顾炎武一生的论著,有大量篇幅涉及风土物产、工商货币、交通运输、经济收支、徭役负担等与民生有关的课题。顾炎武在哲学、伦理道德、政治、经济、宗教等诸多思想中都倾注了对民生的关怀,这是他高度社会责任意识的起点,也是升华。

一、哲学思想——通变宜民

顾炎武认为,在历史的发展中,似乎隐然有一个先肯定、再否定、再否定之否定的规律在起着作用,并将此种带有规律性的认识运用于其对于社会改革方案的设计。

例如,他意识到,从封建制到郡县制是历史发展的大势所趋,但在"郡县之弊已极"的情况下,就将出现一个"寓封建之意于郡县之中"的更高的发展阶段,而这种认识的来源之一,就是因为他看到了郡县制的弊端之一就是危害民生。

他说:"封建之废,非一日之故也,虽圣人起,亦将变而为郡县。方今郡县之弊已极,而无圣人出焉,尚一一仍其故事。此民生之所以日贫,中国之所以日弱而益趋于乱也。"(《郡县论一》)《郡县论》是顾炎武政论中最有代表性的力作,辛亥前后一度被"地方自治论"者奉为圭臬。细绎原文,他的政制改革没有一切推倒重来的意思,而是别具匠心,把议论的重心放在了对府县一级政府的讨论上。由封建而变为郡县,再寓封建于郡县之中,通盘论析滴水不漏。全文一以贯之的则为中国特有的变易史观,承认合理性总是"历时性"的,生生不息的"恒变"才是治国之大经。因此,他既不是反对封建变郡县的"旧保守主义者",也非固守郡县制不可变易的"新保守主义者",其政制改革折射出求实精神的客观和冷峻。

> 古代学人论史,大多被人物、事件的评论占尽风光,斟酌民生者实寥寥可数。顾炎武的论著迥异于此,对各地土宜物产、工商货币、交通运输、经济收支、赋役负担等资料均用心搜检,一生无有暇息,而于原委与得失处,溯古论今,详加甄别和针砭,掉书袋者望尘莫及。
>
> 中国之大,古称君临天下,皇恩浩荡,实则布衣百姓的日常生计不离乡镇聚落,国家行政管理的最后一站在州县,那里才是社会的根底、民生的基础。顾炎武对各地府县"方志"资料的搜集整理蔚为规模,堪称翘楚,究其实质,表明他的"史眼"已经从京城大都转向府县乡聚,从君臣权宦下移至平民百姓。

昆山千灯顾炎武故居

《郡县论》的中心,是讨论地方政府的职责权能,以及如何提高地方行政管理的效率。顾炎武坚定地认为,地方政府必须为民谋利。"何谓称职?曰:土地辟,树木蕃,沟洫修,城郭固,仓廪实,学校兴,盗贼屏,戎器完,而其大者则人民乐业而已。"自孟轲提倡"民为贵"与"仁政"以来,此类宗旨在皇帝诏书与臣僚奏疏中屡见不鲜,如同科文条制,耳熟能详,却也容易顺风吹过,习弊依然。顾炎武论"郡县"的独特处,在于对郡县制度的各种弊病决不轻易饶过,而用力处,则在为构建除弊去害的改革方案。

又如,他还意识到,社会的发展有一个由"质"到"文",又有一个在更高的基础上向着"质"复归的倾向。他在《日知录·垂衣裳而天下治》中说:"'垂衣裳而天下治',变质而之文也,自黄帝、尧、舜始也,故于此有通变宜民之论。"又在《日知录·民之质矣日用饮食》中说:

人师 顾炎武

"民之质矣！日用饮食。"夫使机智日生，而奸伪萌起，上下且不相安，神奚自而降福乎？有起信险肤之族，则高后崇降弗祥。有诮张为幻之民，则嗣王罔或克寿。是故有道之世，人醇工庞，商朴女童，上下皆有嘉，而至治馨香感于神明矣。然则祈天永命之实，必在于观民。而斫雕为朴，其道何由？则必以厚生为本。

他认为，中国社会从黄帝、尧、舜的时代起，开始"变质而之文"，文明的发生取代了原始的质朴；经过几千年的历史发展，到了明朝万历年间，更呈现出"世变日新，人情弥险"的状况。在这种情况下，怎样才能使民风重返质朴淳厚呢？顾炎武的回答是："必以厚生为本。"这一回答实在是意味深长。在这里，他已经意识到，只有通过发展经济，使社会的物质财富极大地丰富起来，从而使得人们不需要"机智"和"奸伪"就可以满足其对于"厚生"的要求以后，才有可能使人性在更高的基础上重返原始的淳朴。

二、伦理道德——甘其食，美其服，而后教化可行

1. 甘其食，美其服

顾炎武对人性的探讨，对于正统儒家的人性论观念有两大突破：一是对从孟子到宋明理学的所谓"君子不以食色为性"的观念的突破，二是对传统的"以私为恶"的观念的突破。孟子说："食色性也，君子不谓之性也。"而顾炎武却突破了这一君子不以食色为性的传统，承认了欲望是人性的组成部分。他说："今将静百姓之心，而改其行，必在制民之产，使之甘其食，美其服，而后教化可行，风俗可善乎！"（《日知录·人聚》）这里值得注意的是，顾炎武肯定老百姓对于"甘其食，美其服"的要求的合理性；而在朱熹那里，仅仅承认充饥是天理，而"要求美味"则是与天理相对立的人欲。顾炎武不仅认为对"甘其食，美其服"的要求是普遍的人性，而且男女之欲也是普遍的人性，并说"人之有私，故情之所不能免"。在《日知录之余·许僧道畜妻》中，顾炎武责问佛老之徒在"男女之欲"方面"岂其性与人殊"，强调"民生有欲，顺其所欲则从之也轻"。

2. 人之生也直

顾炎武还敏锐地意识到，儒家道德伦理的一大弊病在于待人接物总是以关系之亲疏、人情之厚薄为转移，而根源在于序尊卑、明贵贱的等级制度过于森严，乃至于连同父异母的兄弟也要分出个尊卑贵贱来，以嫡出为尊贵，以庶出为卑贱，并要求以"等差之爱"的态度来区别亲疏。他深刻揭露了传统儒家的"等差之爱"观念的危害性，这是对传统的儒家伦理的一个重大突破。他认为人们天赋是生而平等的，普通民众与官员在人格上并没有高下贵贱之分。他在《日知录·民之质矣日用饮食》中说："群黎，庶人也。百姓，百官也。民之质矣，兼百官与庶人而言，犹曰'人之生也直'也。"

从天赋平等和人皆有私的观点出发，顾炎武明确反对以职业来作为衡量人品高下的标准。对于以老百姓的教化者自居的士大夫，顾炎武根本就不相信他们口中所讲的"为天子为百姓"的道德高调。在顾炎武眼中，他们的人性与老百姓并没有什么不同，都"有私"，都好利，还好名；如果没有俸禄，他们是不会热衷于做官的；如果不给足他们的俸禄，他们就非贪不可。反对以社会地位的高低来作为区分"君子"和"小人"的标准，是顾炎武人格平等思想的一个重要方面。社会地位虽低而道德高尚，仍不失为君子；社会地位纵然再高，但道德卑下，就只能被视作无耻的小人。在反抗清廷军事贵族的民族保卫战争中，顾炎武目睹了平民百姓

昆山市第一中学校园文化宣传栏

往往比士大夫更有民族气节、更富于牺牲精神的崇高道德情操,也目睹了被传统儒家视为"小人"和"贱人"的妇女们宁死也不肯被清军淫虐的高贵品质。他在《菰中随笔》中说:"绝吭伏剑,不出素封千户之家;感慨自裁,多在婢妾贱人之辈。"这一以"素封千户之家"与"婢妾贱人之辈"在民族气节上的鲜明对比,无疑是对传统的以社会地位高低为标准的所谓"君子小人之辨"的彻底颠覆。这说明,顾炎武已经把传统的民本思想上升到了民主的高度,实在难能可贵。

3. 财足而化行

顾炎武认为"欲使民兴孝、兴弟,莫急于生财",只有"财足"才能"化行";官员们也不例外,他们也和普通人一样,要他们讲道德,先要满足他们的物质生活需求,才能做到"衣食既足,廉耻乃知"。但是,"急于生财"并不排斥教化,生财需有道德教化的保障,君必须是"好仁之君",臣必须是"不畜聚敛之臣",如此才能做到"未有上好仁而下不好义者也";否则,急于生财的功利性追求必将走上"金令司天,钱神卓地,贪婪罔极,骨肉相残"的邪路。

基于对中国国情的认识,他认为中国人之所以轻生者多,就在于太穷,现实的生活欲望得不到满足,于是就感到活着还不如死去。所以他在《菰中随笔》中说:"人富而重其生。"反过来说,也就是"人穷而轻其生"。所以顾炎武又说:"夫人之轻于生,必自轻于货也始。"要使人热爱生活、珍惜生命,就必须使人民富裕起来;要使人富裕起来,就必须改变人们"轻于货"的心态,通过发展生产和商品经济,使人们拥有自己的财产,满足人们对于美好的物质生活的追求。道德教化不仅不应与人们追求美好的物质生活的欲望相对立,而且应该服务于人们对于美好的物质生活的追求。

三、政治思想——国犹水也,民犹鱼也

1. 人情之所向必有起而收之者

顾炎武认为,明朝灭亡的原因之一,是万历年间向各地派遣矿监税使,天启年间又实行了"一切外储尽令解京"的政策,以及变本加厉地对人民实行超经济掠夺的"搜括之令"。他在《日知录·言利之臣》中说:

孟子曰:"无政事则财用不足。"古之人君未尝讳言财也,所恶于兴利者,为其必至于害民也。昔我太祖尝黜言利之御史,而谓侍臣曰:"君子得位,欲行其道;小人得位,欲济其私。欲行道者,心存于天下国家;欲济私者,心存于伤人害物。"(原注:洪武十三年五月,御史周姓,《实录》不载其名)此则唐太宗责权万纪之遗意也……自万历中矿税以来,求利之方纷纷,且数十年,而民生愈贫,国计亦愈窘。然则治乱盈虚之数从可知矣。为人上者,可徒求利而不以斯民为意与?

他认为正是由于万历皇帝"徒求利而不以斯民为意",造成了延续二十年之久的矿监税使之祸;而后来的几个皇帝并不吸取万历皇帝的教训,他们依然像万历皇帝一样,接受那些迎合其贪欲的"求利之方"。

他说历代王朝所实行的超经济掠夺的政策措施,其实都是那些迎合君主的贪欲的士大夫们想出来的。唐玄宗时期的宇文融、韦坚、杨慎矜、王鉷、杨国忠之流是如此,晚明的范济世之流也是如此。不过杨国忠之流的倒行逆施仅仅导致了安史之乱,而晚明范济世之流的倒行逆施则导致了明朝的灭亡。他愤怒谴责那些对人民实行横征暴敛的专制帝王尽是些"不化之物"。正是由于专制统治者拼命地"自阜其财",所以才引起了人民的愤怒,导致一代代专制王朝被人民所推翻。他认为人民的痛苦是君主所造成的,因此君主应该对人民遭受的苦难负总责。他在《日知录·百姓有过在予一人》中说:

"百姓有过,在予一人。"凡百姓之不有康食,不虞天性,不迪率典,皆我一人之责,今我当顺民心,以诛无道也。蔡氏谓民皆有责于我,似为纡曲。

他认为历代专制王朝之所以为人民所推翻,根本原因就在于人民不堪忍受统治者的横征暴敛。他在

人师 顾炎武

《日知录·包无鱼》中说：

> 国犹水也，民犹鱼也。幽王之诗曰："鱼在于沼，亦匪克乐。潜虽伏矣，亦孔之昭。忧心惨惨，念国之为虐。"……自人君有求，多于物之心，于是鱼乱于下，鸟乱于上，而人情之所向必有起而收之者矣！

他认为国家与民众的关系是水与鱼的关系，本应相依为命，然而由于君主的贪欲，"国之为虐"，于是便造成了"鱼乱于下，鸟乱于上"的局面。人民再也不能忍受专制君主的横征暴敛，"而人情之所向必有起而收之者矣"。他认为一代专制王朝被人民推翻乃是"人情之所向"，在相当大的程度上肯定了人民大众推翻专制暴政的合理性，这是非常开明和进步的见解。

2. 取信于民

顾炎武认为，足食、足兵固然都很重要，但最重要的是统治者要对老百姓讲诚信，以取信于民。他在《日知录·去兵去食》中说：

> "乃积乃仓，乃裹糇粮，于橐于囊。"国所以足食，而不待幽土之行也。"备乃弓矢，锻乃戈矛，砺乃锋刃，无敢不善。"国所以足兵，而不待淮夷之役也。苟其事变之来而有所不及备，则耰锄白梃可以为兵，而不可阙食以修兵矣，糠核草根可以为食，而不可弃信以求食矣。古之人有至于张空眷、罗雀鼠，而民无贰志者，非上之信有以结其心乎？此又权于缓急轻重之间，而为不得已之计也。

顾炎武从殷周时期的历史看到，周族的幽土之行是为了足食，商朝的淮夷之役是为了足兵。足食、足兵固然都很重要，但最重要的是统治者要对老百姓讲诚信，以取信于民。统治者如果能以平等的态度来对待人民，就会对人民讲信义，以诚信来凝聚民心；如果不能以平等的态度来对待人民，就不会对人民讲信义，反而会把人民玩弄于股掌之上。专制统治者纵然再善于欺骗，人民纵然再愚昧，也终将会从切身的体验中发现自己受了欺骗，从此也就再不会相信专制统治者信誓旦旦、赌咒发誓的所谓承诺了。所以顾炎武强调，诚信，乃是统治者统治合法性的最后一道防线；没有了这一道防线，人民就会与统治者离心离德。因此，统治者要想使"民无贰志"，就必须自己首先做到讲诚信，然后才能要求老百姓对统治者讲诚信。如果统治者真能做到这一点，那么在遭遇外敌入侵的时候，即使粮草不足、兵器不足，人民也会誓死保卫自己的

电视剧《顾炎武》剧照

国家；但如果统治者不能做到这一点，那就会落得个众叛亲离的可悲下场。这是顾炎武在明清之际新的历史条件下对孔子的"信义重于兵食"思想的创造性发挥。

3. 废天下之生员而百姓之困苏

中国传统的用人制度，周代是世卿世禄制，汉代是乡举里选制，魏晋是九品中正制，隋唐以下是科举制。科举制度在隋唐时代确实发挥过积极的作用，但随着时代的推移，其弊病愈来愈大。明朝以八股文取士，更把这一制度的弊病发展到了极致，以至于顾炎武痛斥八股之祸胜过秦始皇焚书坑儒，把以八股文取士科举制度看作是导致明朝灭亡的主要原因之一。关于科举制度的改革，顾炎武提出了"废天下之生员"的主张。生员，也就是秀才，虽然是科举功名之中最低的一个等级，却是整个官本位的政治体制的一个有机组成部分。顾炎武在《生员论上》中说："国家之所以设生员者何哉？盖以收天下之才俊子弟，养之于庠序之中，使之成德达材，明先王之道，通当世之务，出为公卿大夫，与天子分猷共治者也。"但实际情况与国家的要求恰恰相反，生员不仅不能成

为国家的有用之才,而且还是给社会造成巨大危害的一个社会阶层。顾炎武看到了生员给百姓带来的严重危害,认为"废天下之生员而百姓之困苏"。在顾炎武看来,生员与乡宦、吏胥一样,享有免赋免役的特权,于是所有的赋役负担就全部转移到普通老百姓身上;不仅如此,生员们的一切科举考试的费用也都是由民众来负担的,使得老百姓苦不堪言。基于民生的考虑,顾炎武主张废除生员。

四、经济思想——藏富于民

1. 百姓不足,君孰与足

顾炎武引《论语》有子之言"百姓不足,君孰与足",表明他在财政问题上所持的是"以民为本"的立场。他反对厚敛重赋,主张"藏富于民"。以"苏松二府田赋之重"为例,不仅《日知录》列有专条,地理书也备录东南各项赋役,痛陈老百姓不胜正税、杂税、增耗、加派等繁重负担之苦。他说江南农家最勤,"然有终岁之劳,无一朝之余"。吴中百货所聚,市面繁荣,但粮役之累,"富室或至破家"(《肇域志·松江府》)。考核古今财政,顾炎武正色而论:"古者藏富于民。自汉以后,财不在民,而犹在郡国,不至尽萃京师。"晚明以来,尽反常态,刮郡国之财于皇帝内帑,而户部外库却因国家开支浩大,屡告匮乏,"自此搜刮不已,至于加派;加派不已,至于捐助,以迄于亡"(《日知录·财用》)。

2. 民享其利,将自为之

基于对中国社会商品经济发展状况的考察,顾炎武认识到"民享其利,将自为之,而不烦程督"的经济规律,从而鲜明地提出了"为天子为百姓之心,必不如其自为"的近代经济学命题。他在《郡县论五》中说:"天下之人各怀其家,各私其子,其常情也。为天子为百姓之心,必不如其自为,此在三代以上已然矣。圣人因而用之,用天下之私,以成一人之公而天下治……故天下之私,天子之公也。"又在《日知录·言私其豵》中说:"有公而无私,此后代之美言,非先王之至训也。"他认为,只有让人民"自为",而不是让那些口称"为天子为百姓"的官员们来"程督"百姓们如何作为,才能最大限度地激发人们勤劳致富的积极性,促进经济的繁荣发展。

3. 穷民往往入海从盗

在《钱粮论》中,顾炎武陈说了海禁政策的危害,指出"海舶既已撤矣,中国之银在民间者已日销日耗"这一事实,说明了海禁政策不利于国计民生的道理。在《天下郡国利病书》中,顾炎武更详细考察了明代中叶以后东南沿海对外贸易的情况,抄录了隆庆初年(1567)福建巡抚徐泽民"请开海禁,准贩东西二洋"的奏疏,万历六年(1578)兵部请于福建漳、泉二州设市舶司的奏疏,崇祯十二年(1639)给事中傅元初《请开洋禁疏》等重要文献。这些奏疏表明,嘉靖、隆庆以来的所谓"倭寇",其实主要是反抗明王朝海禁政策的东南沿海民众的武装走私集团;同时也说明了开放海禁于国于民皆为有利的道理。其中,顾炎武所引傅元初的奏疏,将这一道理说得最为透彻:

然语云:"海者,闽人之田。"海滨民众,生理无路,兼以饥馑荐臻,穷民往往入海从盗,啸聚亡命。海禁一严,无所得食,则转掠海滨。海滨男妇,束手受刃,子女银物,尽为所有,为害犹酷。近虽郑芝龙就抚之后,屡立战功,保护地方,海上颇见宁静。而历稽往事,自王直作乱以至于今,海上固不能一日无盗,特有甚不甚耳!海滨之民,惟利是视,走死地如鹜,往往至岛外区脱之地曰台湾者,与红毛番为市……官府即知之而不能禁,禁之而不能绝,徒使沿海将领奸民,坐享洋利。有禁洋之名,而未能尽禁洋之实,此皆臣乡之大可忧者……窃谓洋税不开,则有此害。

顾炎武认为,只有开放海禁,允许民间开展对外贸易,才能解决东南沿海人民的生计问题,才能解决对国家和人民都造成严重危害的"倭寇"问题,也才能解决沿海官员勾结"倭寇","因缘为奸利"的问题。

4. 省里甲归农

顾炎武认为,在东南沿海地区实行一条鞭法"实利于民,亦利于国"。在《天下郡国利病书》中,顾炎武亦肯定一条鞭法在河南的实行乃是"国计民生两裨之矣"的善政。他以河南确山县的事例证明,在实行一条鞭法以前,官府"今日催此项钱,明日催彼项钱","一番追呼,则有追呼人一番科敛",人民实在不能忍受这种几乎每天都有人上门追讨捐税、每天都要应对收税的吏胥们的额外勒索,没有一天得到安宁的虐政;而实行一条鞭法以后,国家规定应征收的税银一次就交清了,地方官再也没有理由横生枝节乱收费,不法吏胥再也没有理由上门敲诈勒索,农民的负担总算得到了减轻,总算能过上安宁的日子了。类似的说法在《天下郡国利病书》中还有许多。

中国的农民是最老实善良的,统治者稍微发一点善心,他们就会感恩戴德。但是,奸狡欺诈的贪官、流氓无赖的吏胥、乡村中有官场背景的豪右,却总有办法来从老百姓身上敛财。用今天的话来说,就叫"上有政策,下有对策"。顾炎武实在太了解中国社会中这么一大群恶棍地痞的卑劣伎俩了,所以他提出,实行一条鞭法必须首先防止贪官污吏"借火耗之名,为巧取之术"。他在《钱粮论下》中说:

自古以来,有国者之取于民为已悉矣,然不闻有火耗之说。火耗之所由名,其始于征银之代乎?原夫耗之所生,以一州县之赋繁矣。户户而收之,铢铢而纳之,不可以琐细而上诸司府,是不得不资于火,有火则必有耗,所谓耗者,特百之一二而已。有贱丈夫焉,以为额外之征,不免干于吏议,择人而食,未足餍其贪餮,于是藉火耗之名,为巧取之术。

其次,还要防止在实行一条鞭法以后又以新的名目向农民收取费用,防止农村基层的里甲长"指一科十",防止"豪右人揽收侵欺"。他说既然农民已经一次性地交清了包括官府的行政经费("会银")在内的各种捐税,官府就没有理由再以解决基层里甲长的工资问题来向农民收费;而解决问题的最好办法是"省里甲归农",用今天的话来说,就是让乡村干部回家种地去,以免他们巧设名目乱收费。

5. 细民所藉为利

顾炎武反对以"道德"的名义阻碍和破坏商品经济发展,确认经济发展的优先地位。例如,杭州素以旅游业发达著称,市民们多赖此为生,可是,官府却经常以"整顿风俗"为名,对市民们的商业活动予以取缔。对此,顾炎武在《肇域志》中引用了王士性《广志绎》卷四的有关论述,指出:"游观虽非朴俗,然西湖业已为游地,则细民所藉为利,日不止千金。有司时禁之,固以易俗,但渔者、舟者、戏者、市者、酤者,咸失其本业,反不便于此辈也。"在顾炎武看来,杭州旅游业的发展对于经济的繁荣和市民生计问题的解决,具有重要作用。对于杭州市民来说,从事与旅游相关的商业活动就是他们的"本业"。可是,官府却以整顿风俗为名来破坏市民的生计,使市民们因此而失其"本业",从而也就阻碍了商品经济的发展。他的这一观点,显然是合乎当时中国经济发展大趋势的明达之论。

6. 实非不能,乃不为也

顾炎武虽生于富庶之区,看重东南经济开发对中国全局的意义,但并非是一个偏狭的"地方主义者"。他"上下五千年,纵横一万里"(阎若璩赞语),晚年长期寓居山西、陕西,对西北经济尤详加考察。他认为,西北经济的贫困,只有靠发展生产才能缓解。除建议政府招抚流亡、开辟旷土外,还想到了植棉纺织。他举延安一府为例,"布帛之价贵于西安数倍,既不获纺织之利,而又岁有卖布之费,生计日蹙,国税日逋"。他强烈反对西北"民惰"的传统舆论,认为这是政府不予提倡、不予资助的借口。他列举桓宽《盐铁论》、崔寔(shí)《政论》实例,说明"古人有行之者",实非不能,乃不为也。他建议由地方政府派发机具、资助基金、延聘"外郡能织者为师",扶植农村纺织业的发展,"其为利益,岂不甚多!"(《日知录·纺织之利》)

顾炎武对明中期以来朝野上下的热衷白银收贮，多有非议。今天的学者很容易认为这是不懂得市场经济规律，视他的见解为陈腐保守。但顾炎武的感触来之于实地调查，他说："往在山东，见登、莱并海之人多言谷贱，处山僻不得银以输官，丰年而卖其妻子者，唐宋之季所未尝有也。今来关中，自鄠以西至于岐下，则岁甚登，谷甚多，而民且相率卖其妻子。"（《钱粮论》）先生询问当地人士，始知"所获非所输，所求非所出"，农民须卖谷换钱，再由钱折银交纳赋税，银贵钱贱而谷价大跌，几进几出，农民大亏血本。可见市场、白银都不是万能的，得失或因人而异。中国地域广大，贫富差距悬殊，影响到商业贸易、货币流通，获取白银难易程度不一；而白银于官宦、商贾、粮农之利害，更是大有差距。顾炎武的感受是真切的。

雁门垦殖，经世济民

> 王家范说：若怀"饱汉不知饿汉饥"的特权心态，推行划一不二的政策，王安石发明以钱代役的"免役法"，即有司马光起而抗诉，谓山西穷民宁服力役；明代的白银政策，行之于东南沿海尚可，施之于西北或山东等穷乡僻壤，不亦重蹈了临川介甫不知权变的覆辙？亭林始终对西北征收白银赋役耿耿不满，直至临终仍心中不安。惜乎现代学者何以见识反不如亭林，竟视白银神通广大，以为所到之处，必民生发达？

五、宗教思想——佛教僧侣敛财为害苍生

顾炎武对佛教在中国造成的负面影响进行了深刻的揭露和批判，原因之一就是佛教对民生造成了危害。他说中国的皇帝之所以把大量的民脂民膏施舍给寺院，是由于相信佛教所说的即使犯下弥天大罪，只要求佛，就可以在死后不下地狱，并且可以托生为"天人"的无稽之谈；不法奸商们的佞佛也是如此，他们以次充好，出售假冒伪劣商品，又采用大称买进、小称卖出的手法，大发不义之财，以为捐点钱财给寺庙就可以像收买官员那样地收买佛祖，免除其死后下地狱之苦；基层政府部门的师爷、书办、牢头、衙役，以及收税的各色人等，也像皇帝和奸商一样，相信他们不管做了多少伤天害理的坏事，只要施舍一点钱财给和尚，佛祖就可以保佑他们不仅不受现世的惩罚，而且能保证他们死后不下地狱；至于那些"能开库取公钱，缘意恣为"的大官们，虽然现实的社会体制使他们不太担心会遭到现世的报应，但也害怕佛家所说的死后的地狱，所以也相信佛教之所谓求佛可以免罪的谎言，不惜把大量的钱财捐献给寺院。这些罪恶之徒与佛教的关系，正是"买佛卖罪，如持左契交手相付"，与佛祖做生意的关系。这些人受骗也就罢了，最可怜的是那些穷苦的老百姓，即使是一个带着因饥饿而啼哭的孩子的寡母，偶然遇上好心人给百十个铜钱，也要请和尚来吃一餐饭，希望以此来得到佛祖的帮助。所以顾炎武感慨地说，像这样的话，即使发生把天下所有的国民收入都花在寺院和僧侣们身上的事，也不足为怪。中国专制时代的佛教僧侣地主阶级，其富有程度往往超过了一般的世俗大地主，原因就在于他们利用佛教教义大肆聚敛钱财的。因此，顾炎武认为，历史上某些明智的统治者对官员和百姓的佞佛佞道行为采取一些限制性的措施是十分必要的。

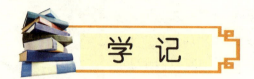

 发人深省

本课最能使你有所启发的两句话是：
1.
2.

 合作探究

1. 顾炎武的普世情怀体现在哪些方面？

2. 概括顾炎武民本思想的主要内容。

3. 顾炎武认为"鱼乱于下，鸟乱于上"的根源是什么？

 责任意识

通过本课学习，你认为一个人应该具有怎样的社会责任意识？

 启示录

1. 本课对你为人的启示是：

2. 本课对你为学的启示是：

第 15 课

法德兼采,防治贪腐

——廉政思想及耻政主张

> 顾炎武的廉政思想是基于对明亡之故的探究及其亡国之训的总结。他认为,是由于明末统治者长期的政教缺失,导致了士大夫阶层道德沦丧,以至最终失天下而亡其国,故"士大夫之无耻,是谓国耻"。后世治国者当以此为殷鉴,首抓廉政,以"法""名""礼"兼采并用的综合治理方式来开展廉政建设,使君臣百官皆"耻匹夫匹妇之不被其泽",而尽力达致民富国治而天下平。
>
> ——周可真
>
> 顾炎武反对"用例破法""因例立法"。他认为这样做的结果,使"吏胥得操其两可之权",任意残害人民。
>
> ——《刑法学全书》

顾炎武总结中国历代兴亡治乱的经验教训,认为"刑不上大夫"的儒家传统思想是导致法制废弛的主要因素,而法制的废弛则足以导致亡国,因而应该改变传统的特权人治的立法精神,确立以防范政府官员犯罪为重点的立法原则。与此同时,他也吸取了传统的"德治"思想中的某些合理因素,认为道德教化乃是建设一个良善的社会的基础,强调"治乱之关,必在人心风俗",将法制建设与道德教化结合起来,提出了"以名为治"的政治主张,将政府官员的道德品质与他们的切身利益相联系,既体现重在防止政府官员犯罪的立法精神,又充分发挥道德舆论对于官员的监督作用。

顾炎武的上述政治主张,是基于官员与普通人同样具有的私欲来立论的。他要利用官员对于名利的追求,来促使他们尊重法律和实行严格的道德自律。这一政治主张与现代法治社会的理性化特征具有相通之处,其重在防止政府官员犯罪的立法主张,亦与现代法治社会防止政府犯罪重于防止公民犯罪的立法精神相切合。

一、以法治贪

传统的观点认为,国家的兴亡取决于君主个人的品德,例如殷纣之所以败亡,周武王之所以兴起,乃是"以至仁伐至不仁"的缘故。顾炎武不同意这种观点,认为这只是一隅之见而非穷源之论,国家的兴亡其实并不完全取决于个人的品德,还有更深层的原因需要探究,这一更深层的原因就是"法制"。

顾炎武列举事实证明,商朝的国势衰弱由来已久,并非到了商纣王才开始衰弱。他在《日知录·殷纣之所以亡》中说：

> 自古国家承平日久，法制废弛，而上之令不能行于下，未有不亡者也。纣以不仁而亡，天下人人知之，吾谓不尽然……商之衰也久矣，一变而《盘庚》之书，则卿大夫不从君令；再变而为《微子》之书，则小民不畏国法……即以中主守之，犹不能保，而况以纣之狂酗昏虐，又祖伊奔告而不省乎？……然则论纣之亡、武之兴，而谓以至仁伐至不仁者，偏辞也，未得为穷源之论也。

《尚书·盘庚》表明，早在盘庚之时，卿大夫就不从君令，不守法纪，由于卿大夫不守法纪，于是普通老百姓就更不畏国法了。在这种情况下，即使是具有中等才能的君主也不能守住这江山社稷，何况商纣王这样狂酗昏虐的君主呢？所以，国家太平久了，法制废弛，上令不能下达，就会导致亡国。由此可见，比起君主的个人品德来说，制度的因素对于国家的兴亡更为重要。顾炎武认为，这才是把握了兴亡盛衰之关键的"穷源之论"。

顾炎武重视法制，重在防止政府官员的腐败。他认为政治腐败是导致历代王朝由兴盛走向衰落的一个极其重要的原因，周朝之所以走向衰亡就是由于政治腐败所导致的："周之衰也，政以贿成，而官之师旅不胜其富。"（《日知录·私人之子百僚是试》）历代因政治腐败而亡国的事实不胜枚举，晚明更是如此，政治腐败已经到了"无官不窃盗，无守不赂遗"的地步。如果明王朝真正能够解决政治腐败问题，自然可以避免亡国的惨祸。所以，如何防止和惩治腐败，就成为顾炎武着重加以探讨的一个重要问题。

1. 识别贪官

顾炎武在《日知录·大臣》中说：

> 欲正君而序百官，必自大臣始……诚知夫大臣家事之丰约，关于政化之隆污，则可以审择相之方，而亦得富民之道矣。

他认为人民的贫困首先是由于大臣的贪污所造成的。大臣是不是贪污，就要看他实际上占有多少财产。譬如诸葛亮就上疏向朝廷申报其家庭财产，说："成都有桑八百株，薄田十五顷，子孙衣食悉仰于家，自有余饶。至于臣在外任，无别调度，随身衣食悉仰于官，不别治生以长尺寸。若臣死之日，不使内有余帛，外有赢财，以负陛下。"诸葛亮死后，确实是内无余帛，外无赢财。顾炎武认为，这就是清官，就是忠臣。他进而把官员是否贪污提高到对国家和人民是否忠诚的高度来认识，"人臣之欺君误国，必自其贪于货赂也"，识别是不是忠臣，就看他贪不贪，只要是贪官，就绝对不是忠臣。他强调识别官员贪不贪，除了看他实际上占有多少财产，没有别的办法，所以他特别赞赏诸葛亮向朝廷申报其家庭财产的做法。为了防止官员在申报财产时采取欺诈手段，顾炎武还主张要"观之于终"，即看他死后留下多少财产，不能因为人死了就不再追究其在任时的贪污行为。顾炎武的这一说法，已带有现代文明国家所实行的官员定期向国家和人民申报其家庭财产的制度的意味。

2. 除贪必须靠法律手段

顾炎武主张，除贪必须靠法律手段，有法必依，违法必究。他说对于贪官污吏，《夏书》训以必杀，"三代之王，罔不由此道"；"汉时赃罪被劾，或死狱中，或道自杀"；"唐时赃吏多于朝堂决杀"；宋初"尤严贪墨之罪"，即有大赦，不赦犯赃。

但是，顾炎武也看到，中国历史上有一种带有规律性的现象，即开国之初惩治贪官严厉，而后来就对贪官们采取姑息宽纵的态度了。例如汉武帝使犯法者可以用钱赎罪，还可以用钱粮来买官做，由此导致"官乱民贫"，"亡义而有财者显于世"，"居官而致富者为雄杰，处奸而得利者为壮士，兄劝其弟，父勉其子，俗之败坏，乃至于是"。而自北宋熙宁年间苏子容上疏言"刑不上大夫"以后，"惩贪之法亦渐以宽"。明太祖严惩贪官，但自燕王朱棣篡位后，"赃吏巨万仅得罢官"，姑息又胜于宋朝。对此，顾炎武在《日知录·除贪》中感叹道：

> 呜呼！法不立，诛不必，而欲为吏者毋贪，不可得也。人主既委其太阿之柄，而其所谓大臣者皆刀笔筐篚之徒，毛举细故，以当天下之务，吏治何由而善哉？

在顾炎武看来，惩治贪污乃是国家的第一要务，而关键在于要严格按法律办事，不能以儒家传统的"刑不上大夫"的名义搞什么"特旨曲宥"。对贪官污吏的放纵乃是对民众利益的残害："嗟乎，范文正有言：'一家哭何如一路哭邪？'"（《日知录·除贪》）

顾炎武注意到，贪官污吏往往是一些有才能的人，但他强调，越是有才能的人就越是要受法律的约束。他在《日知录·除贪》中说：

> 有庸吏之贪，有才吏之贪……天子制法，所以束缚有才者……今之贪纵者，大抵皆才吏也。苟使之惕于法，而正用其才，未必非治世之能臣也。

顾炎武反对专制统治者用法律来把豪杰之士变为庸人，却坚决主张用法律来惩治和防止贪污，从而使有才能的人"正用其才"，并使之成为"治世之能臣"。

他深刻认识到，法制之所以败坏，在于专制政治本质上是"法从人"的特权人治，而不是"人从法"的法治。他在《日知录·法制》中说：

> 叔向与子产书曰："国将亡，必多制。"夫法制繁，则巧猾之徒，皆得以法为市，而虽有贤者，不能自用，此国事所以日非也。善乎，杜元凯之解《左氏》也，曰："法行则人从法，法败则法从人。"

专制国家所制定的法律不可谓不多，但就是不可能真正落到实处。所谓"巧猾之徒，皆得以法为市，而虽有贤者，不能自用"，就是对这种情形的生动描述。只有"人从法"，法律才能真正得到贯彻实施；反之，"法从人"，就只能导致"以法为市"的政治腐败。

专制政治以法从人，还表现在为了维护特权人治，总是以"无失祖制"为理由，拒绝对过时的法律制度加以变革，而只是在原有的法律基础上修修补补，导致"法愈繁而弊愈多"，这种情形在晚明表现得最为明显。

在顾炎武看来，法律的制定，要么"详就事势，豫为变通之地"，即能预见社会发展的趋势，预先为法律实施过程中的变通处置留下充分的余地；如果做不到这一点的话，就要善于根据时势的发展变化，及时变革过时的法律制度，而绝不能采取"立法以救法"的方式，"复立一法"以维护原有的法律。这种"复立一法"以维护原有法律的做法，只能给"以法为市"的"巧猾之徒"创造出更加肆无忌惮地营私舞弊的条件，而所谓"无失祖制"，只能是"上下相蒙"、自欺欺人而已。

昆山市第一中学校史柱

3. 反对特权人治

顾炎武的政治思想中还有一个值得珍视的思想因素，即反对特权人治的以例乱法、因例立法。他在《日知录·铨选之害》中说：

> 淳熙元年，参知政事龚茂良言："法者，公天下而为之者也。例者，因人而立以坏天下之公者也。昔之

患在于用例破法,今之患在于因例立法,自例行而法废矣。故谚称吏部为'例部'。是则铨政之害,在宋时即已患之,而今日尤甚。所以然者,法可知,而例不可知。吏胥得操其两可之权,以市于下。世世相传,而虽以朝廷之力不能拔而去之。"甚哉!例之为害也,又岂独吏部然哉?

中国传统社会中的司法是为维护因人而异、言出法随的特权人治服务的,一切都取决于君主或行政长官的意志,法律其实是没有任何尊严的。君主和行政长官的意志既然可以因人而异、言出法随,就会"用例破法"者有之,"因例立法"者有之,由此就造成了顾炎武所说的"例行而法废"的结果。顾炎武所引证的宋朝参知政事龚茂良的一段话,是针对吏部对官员的任免升降而言的,而他本人则认为,这段话中所说的以例乱法、因例立法的情形,不仅仅局限于吏部,而是专制政治体制普遍存在的弊病。顾炎武赋予了他所引证的龚茂良的论说以新的时代意义,这是其政治思想中值得重视的近代性因素之一。

二、重视道德教化

在顾炎武看来,治理天下仅有法律是不够的,还必须重视道德教化的作用。与法律相比,教化是更为根本的;没有教化,法律就会成为一纸空文。他在《日知录·法制》中说:

> 法制禁令,王者之所不废,而非所以为治也,其本在正人心、厚风俗而已……天下之事,故非法之所能防也。

顾炎武列举大量的历史事实证明,治理天下仅仅靠法律是不够的。秦朝的法律不可谓不详细,秦始皇对法律的实施也不可谓不尽心,乃至到了"天下之事无大小皆决于上"的地步,忙得秦始皇以"衡石量书,日夜有呈,不中呈不得休息",可是结果如何呢?秦王朝还不是只传了二世就灭亡了吗?一部《唐律》,可以说比以往各朝代的法律都更为严密,可是并没有因此而挽救唐王朝的灭亡;宋朝的法律又比《唐律》更严密,可以说是到了"禁防纤悉"的地步,也没有能使宋朝免于最终被蒙古人灭亡的命运;至于明朝,也毫不例外地重蹈了历代专制王朝的覆辙。

对于晚明社会法律繁多而教化沦亡的状况,顾炎武在《日知录·人材》中作了以下论述:

> 自万历以上,法令繁而辅之以教化,故其治犹为小康。万历以后,法令存而教化亡,于是机变日增,而材能日减。其君子工于绝缨,而不能获敌之首,其小人善于盗马,而不肯救君之患。诚有如墨子所云:"使治官府则盗窃,守城则倍畔,使断狱则不中,分财则不均。"……又如刘贲所云:"谋不足以剪除奸凶,而诈足以抑扬威福;勇不足以镇卫社稷,而暴足以侵害闾里者。"呜呼!吾有以见徒法之无用矣。

昆山千灯顾炎武故居

顾炎武以这些事实证明,治理国家仅仅凭借法律是无济于事的,没有道德教化的辅助,"禁防纤悉"的法律只能使人"机变日增",造就大批的骑在人民头上作威作福、无恶不作,而又能够逃避法律惩罚的奸狡欺诈之徒。

与此相反,顾炎武也从中国历史上发现了重视道德教化、以教化辅助法律之实施的比较成功的范例,例如汉朝的文景之治和诸葛亮治蜀。汉文帝重视道德教化,让乡村中的三老承担起道德教化的职能。论社会地位,乡村中的三老的地位不可谓不低,可是汉文帝却十分重视他们,信任他们,让他们"各率其意",以教化民众,所以才有可以与周朝的"成康之盛"相媲美的"文景之治"。诸葛亮治蜀,由于能够"开诚心,布公道",奸诈小人没有上下其手、逞其奸私的市场,国虽小而民归附,因而国家的治理能够达到"小康"。相反,曹操、孙权之辈皆以法术来驾驭臣民,在他们死后,魏国和吴国就出现了"篡逆相仍,略无宁岁"的局面。可见,"天下之事,固非法之所能防"。统治者没有诸葛亮式的"开诚心,布公道"的道德境界和宏伟气魄,就只能鸡肚细肠地整天算计天下臣民,整天想着如何用法术来驾驭他们、防范他们,以为这样就可以做到天下太平了。然而,"道"高一尺,"魔"高一丈,统治者算计得过天下的臣民吗? 不可能。于是结果也就只能与其主持者的愿望相反了。

鉴于历史上治乱兴衰的经验教训,在法治与道德教化二者之间,顾炎武更强调道德教化的重要性,认为道德教化乃是法治的基础。顾炎武在《与人书九》中说:

> 目击世趋,方知治乱之关,必在人心风俗。而所以转移人心,整顿风俗,则教化纪纲为不可阙矣! 百年必世养之而不足,一朝一夕败之而有余。

1. 整顿官场风气

顾炎武认为,人心风俗直接关系到社会的治乱,一种好的社会风气必须通过长期的教化和培养才能形成,而败坏起来却非常容易。要转移人心、整顿风俗,就必须通过加强"教化纪纲"的方式。而所谓"教化纪纲",亦无非是道德教育与法纪教育两方面。顾炎武通过总结历史经验,认为道德教育与法纪教育首先要从用人行政做起,即"登崇重厚之臣,抑退轻浮之士",认为这是"移风易俗之大要"。他在《日知录·廉耻》中引罗仲素言说:

> 教化者朝廷之先务,廉耻者士人之美节,风俗者天下之大事。朝廷有教化,则士人有廉耻;士人有廉耻,则天下有风俗。

他十分强调整顿官场风气的重要性,认为官场风气的败坏首先是从统治者重用那些举止轻浮、华而不实的浮薄之士开始的。他在《日知录·重厚》中说:

> 世道下衰,人材不振,王伍之吴语,郑綮之歌后,薛昭纬之《浣溪沙》,李邦彦之俚语解曲,莫不登诸岩廊,用为辅弼。至使在下之人,慕其风流,以为通脱,而栋折榱崩,天下将无所芘矣。及乎板荡之后,而念老成;播迁之余,而思耆俊,庸有及乎?

因此,统治者要吸取以往的教训,防微杜渐,决不要让那些华而不实的轻薄浮华之士败坏了官场风气。

2. 耻政

顾炎武把"行己有耻"看作是关系国家前途和民族命运的根本因素。他在《日知录·廉耻》中说:

> 《五代史·冯道传论》曰:"礼义廉耻,国之四维;四维不张,国乃灭亡。善乎! 管生之能言也。礼义,治人之大法;廉耻,立人之大节。盖不廉则无所不取,不耻则无所不为。人而如此,则祸败乱亡亦无所不至。况为大臣,而无所不取,无所不为,则天下其有不乱,国家其有不亡者乎?"然而四者之中,耻为尤要。故夫子之论士,曰"行己有耻";《孟子》曰:"人不可以无耻,无耻之耻,无耻矣!"又曰:"耻之于人大矣,为机变之巧者,无所用焉。"所以然者,人之不廉而至于悖礼犯义,其源皆生于无耻也。故士大夫之无耻,是谓国耻。

中国古代的有识之士早就认识到,执政者的行政行为之是否清廉公正,直接关系到执政者执政地位的稳固性。《管子·牧民篇》就曾指出:"礼义廉耻,国之四维。四维不张,国乃灭亡。"这实是对我国上古时代国家治理经验的一个总结,旨在告诫执政者:行政过程中讲究行为的礼、义、廉、耻,是维护自己的执政地位,确保自己的政权不倒的关键所在。北宋卓越的文学家、史学家欧阳修在《新五代史·冯道传》中引用了《管子》的这段名言,并且特别强调了廉耻之德的政治意义,认为一个国家的国民特别是官员,他们是否具有这种道德,是关系到国家安危与存亡的大事,其原理就在于:"不廉则无所不取,不耻则无所不为。"

> 顾炎武认为,自古以来之所以边患不断,一方面固然是由于尚未归顺汉民族中央政府的边疆游牧民族的侵扰;但另一方面,在很多情况下,特别是在某些边疆游牧民族已经归化的情况下,边患的重新爆发,在相当大的程度上是由于镇守边关的将领不懂得以廉耻为本的治军之道,对已经归化的少数民族人民实行横征暴敛,激化了汉民族与少数民族矛盾的缘故。镇守交阯的明朝将领的横征暴敛,使明朝丧失了交阯的广大土地;而东北边疆的努尔哈赤之所以敢于分裂国土、另立朝廷,正是利用了满族人民对镇守辽东的某些明朝将领的"贪求"的不满情绪。边关将领的腐败,使得军心涣散,使明朝军队丧失了抵御分裂势力入侵的战斗力。边事之败,始于贪求,乃是顾炎武对明王朝灭亡的教训的又一深刻总结,说明了廉耻问题不仅是一个道德问题,而且也是关系到国家民族生死存亡的一个极其重要的政治问题。如果镇守辽东的明朝将领能够遵循"先义后利"的原则,禀持"本于廉耻"的治军之道,是不至于造成超过1000万的汉族人民被屠杀、汉民族被长期奴役的惨祸的。

顾炎武赞同欧阳修的观点,但更强调"耻"的政治意义。顾炎武认为,礼、义、廉、耻之于国,固然缺一不可,而耻对于维护国家政权更有根本意义,因为国家政权的稳定须依赖于国家社会秩序的稳定,而稳定的社会秩序又是以国民遵守反映这种社会秩序要求的礼义规范的道德行为作为保障的,离开了这种道德行为,国家的社会秩序就无法得到维持。然而,国民对礼义规范的遵守必须以他们内在的具有自我约束其行为的自律精神作为主观条件,这种自律精神就是人的羞耻心,即由于自我意识到因为自己的贪求而做出违反礼义规范的不廉之事从而使自己蒙受声誉损失所产生的自觉无地自容的羞惭感和自责其情欲不正、行为不当的悔恨感。为人如果没有羞耻心,那就会不知自我克制地放纵自己的情欲,不知自我收敛地放任自己的贪求行为,这样就不可避免地会做出违反礼义规范的不廉之事。如果普通百姓无羞耻心,其毫无自我节制的贪求行为将造成对社会治安秩序的严重危害,使国家陷入国民犯罪活动猖獗的深渊;如果士大夫无羞耻心,其毫无自我节制的贪求行为将造成对国家政治秩序的严重危害,使国家陷入官员腐败活动猖獗的深渊。因其认为"保国者,其君其臣肉食者谋之",所以顾炎武特别重视士大夫的行为对国家政权的影响,说"士大夫之无耻,是谓国耻",这并非泛泛而论,实是针对明朝而言。明朝是在明末农民大起义和后金国的大举进攻中走向灭亡的。为什么明朝的执政者无力应对农民大起义军和后金国军队的双重打击而最终蒙受亡国之耻呢?顾炎武认为,其根本原因就在于明末士大夫无耻,所谓"国耻"即指明朝亡国之耻。"士大夫之无耻,是谓国耻",是顾炎武通过对明亡之故的探究所总结出来的一条历史教训。按照这个观点,所谓"四维不张,国乃灭亡"可归结为"耻维不张,国乃灭亡",从而"廉政"亦可归结为"耻政"。这是顾炎武廉政思想的

昆山千灯顾园

根本观点,其实质在于强调羞耻心是廉政的道德心理基础。

顾炎武的"耻政"主张,主要表现为倡"廉"反"贪"。"廉"的反义词是"贪"。"贪"是指不知足而有过度的欲望。儒家孟子讲"养心莫善乎寡欲",就是主张为人应该自我克制,尽量使自己的欲望保持在一定限度之内。这个限度就是儒家所谓的"礼"。按照儒家的观点,所谓"贪",就是指人的欲望超越"礼"的限度。换句话说,人有不合"礼"的欲望,就叫"贪"或"不廉";反之,虽有欲望,但欲望合"礼",就叫"廉"或"不贪"。顾炎武是立志继承和弘扬儒家孔孟之道的,所以,他也是从人的欲望是否合"礼"的意义上来理解"廉"与"贪"的。

> 顾炎武坚决反对把商品交换的原则引入社会政治生活,以"先王制为筐筥之文"来对士大夫阶层的人们讲说"远财而养耻"的道理,说明金钱交易的商品经济原则一旦进入官场,朝廷就会变成市井,官场就会变成市场,就会造成权钱交易、买官卖官之风盛行、普遍腐败的社会政治状况。他在《日知录·承筐是将》中说:"君子不亲货贿,束帛戋戋,实诸筐筥。非惟尽饰之道,亦所以远财而养耻也。万历以后,士大夫交际多用白金,乃犹封诸书册之间,进自阍人之手。今则亲呈坐上,径出怀中,交收不假他人,茶话无非此物。衣冠而为囊橐之寄,朝列而有市井之容。若乃拾遗金而对管宁,倚被囊而酬温峤,曾无愧色,了不关情,固其宜也。然则先王制为筐筥之文者,岂非禁于未然之前,而示人以远财之义者乎?"

顾炎武继承和发展了孔子"行己有耻"和孟子"人不可以无耻;无耻之耻,无耻矣"的思想,认为"克己""寡欲"的根据在于"耻"。就是说,在顾炎武看来,一个人的羞耻心可以使他自我克制情欲而达到不贪。顾炎武"耻政"思想的逻辑是:有羞耻之心,则可无贪婪之欲;无羞耻之心,则难免有贪婪之欲。廉耻之间的这种关系就是"廉以耻为本"或"耻为廉之本"。

三、以名为治

为了把法制建设与道德教化有机地结合起来,顾炎武提出了"以名为治"的政治主张,将政府官员的道德品质与他们的切身利益相联系,既体现重在防止政府官员犯罪的立法精神,又充分发挥道德舆论对于官员的监督作用。

顾炎武注意到,中国传统的教育中充斥着极其浓厚的功名利禄思想,中国的官场上之所以充满着贪污纳贿、营私舞弊的情形,与这种传统的教育是分不开的。他说读书人"自其束发读书之时,所以劝之者,不过所谓千钟粟、黄金屋"而已,于是一旦当上官以后,"即求其所大欲,君臣上下怀利以相接,遂成风流,不可复制"。如何改变这种状况呢?顾炎武从历代反腐败的政治经验中体会到,严刑峻法不行,官员们杀不怕,因为被杀的贪官污吏毕竟只是千分之一、万分之一而已,既然有千分之九百九十九,乃至万分之九千九百九十九的希望逃脱惩罚,何不一试?到了"无官不赂遗,无守不窃盗"的时代,就更是如此,除少数贪官被正法,多数贪官依然是有恃无恐,这叫法不责众;高薪养廉也不行,因为官员的贪欲是没有止境的,你给他再高的薪水,他想贪还是照贪不误。所以,顾炎武提出了一个"以名为治"的办法。顾炎武在《日知录·名教》中说:

> 后之为治者宜何术之操?曰:唯名可以胜之。名之所在,上之所庸,而忠信廉洁者显荣于世;名之所去,上之所摈,而怙侈贪得者废锢于家。即不无一二矫伪之徒,犹愈于肆然而为利者。《南史》有云:"汉世士务修身,故忠孝成俗。至于乘轩服冕,非此莫由。晋、宋以来,风衰义缺。故昔人之言曰名教,曰名节,曰功名,不能使天下之人以利为义,而犹使之以名为利,虽非纯王之风,亦可以救积污之俗矣!"

人师 顾炎武

顾炎武之所以主张"以名为治",主要依据有三:一是对负面的人性的认知,即仲长敖所说的"倮虫三百,人最为劣……唯赖诈伪,迭相嚼啮"。二是依据汉代事实,认为"汉人以名为治,故人才盛;今人以法为治,故人才衰"。(《日知录·名教》)三是宋代范仲淹的相关论述。范仲淹在《上晏元献书》中说:"夫名教不崇,则为人君者谓尧舜不足法,桀纣不足畏;为人臣者谓八元不足尚,四凶不足耻。天下岂复有善人乎?人不爱名,则圣人之权去矣!"

然而,中国历朝历代又有哪一朝代不是"以名为治"?专制统治者引诱读书人入其彀中的手段,无非就是"名利"二字。顾炎武当然不会看不到这一点,但是,他要讲"名"与"利"之辨。他从《旧唐书》所载薛谦光的上疏中发现了关于"名胜于利"与"利胜于名"之差异的论说:"名胜于利,则小人之道消;利胜于名,则贪暴之风扇。"(《日知录·名教》)他认为国家选拔人才,只要做到"考其乡邑之誉""众议定其高下",就可以保证选拔人才的质量。这种主观愿望确实是非常好的,可是,事实又是怎样的呢?顾炎武同样是从薛谦光的上疏中发现了以下可谓"切中今时之弊"的论说:

今之举人有乖事实,乡议决小人之笔,行修无长者之论,策第喧竞于州府,祈恩不胜于拜伏。或明制才出,试遣搜敭,驱驰府寺之门,出入王公之第。上启陈诗,唯希咳唾之泽;摩顶至足,冀荷提携之恩。故俗号举人,皆称"觅举"。觅者,自求之称也。夫徇己之心切,则至公之理乖,贪仕之性彰,则廉洁之风薄。是知府命虽高,异叔度勤勤之让;黄门已贵,无秦嘉耿耿之辞。纵不能把己推贤,亦不肯待于三命。故选司补置,喧然于礼闱;州贡宾王,争讼于阶闼。谤议纷合,渐以成风。夫竞荣者必有争利之心,谦逊者亦无贪贿之累。自非上智,焉能不移?

昆山千灯顾园

《日知录·名教》中的这段话可以说把专制政体下的"选举"(乡举里选)制度的弊病揭露得淋漓尽致:对于人才品行的评定,事实上并不是由"众议"来决定的,而是掌握在操纵权柄的少数人之手,所谓"乡议决小人之笔"者也;仅有乡议还不够,还要"驱驰府寺之门,出入王公之第",从州府到朝廷一级一级地奔竞钻营,才能觅得一官,因而所谓"选举"就成了俗话所讥讽的"觅举"。朝廷既然以名为治,则读书人自有一套蝇营狗苟、欺世盗名的手段。因为有了名,利禄也就随之而来,所以顾炎武所引薛谦光上疏中有"竞荣者必有争利之心"的精辟论述。在这种情况下,又将如何实行"以名为治"呢?顾炎武不仅完全赞同薛谦光提出的"重谨厚之士,则怀禄者必崇德以修名"的建议,而且还提出了"劝学"和"奖廉"两大对策。

所谓"劝学",就是要对那些品行端正、笃信好学、至老不倦的人,请他们进翰林院、国子监去当学官,这就既给了他们很高的荣誉,也给了他们很大的实惠。顾炎武说,采取这样的方式,则读书人就知道热爱学问,不一定总是想着去当"三年清知府,十万雪花银"的官了。所谓"奖廉",就是对那些处理日常政务能廉洁自律、到老还是两袖清风的官员,在他们告老还乡的时候,由朝廷赐给他们五顷或十顷土地,作为他们世代相传的家业,并且免除其赋役。顾炎武说,采取这样的办法,那么官员们就知道廉洁自律而不必贪污纳贿了。顾炎武认为，采取这样两条对策，虽然也是从读书人的私心出发而立论，但比起那种"书中自有黄金屋，书中自有千钟粟"的教育要好得多。传统的"黄金屋，千钟粟"的教育是教人干进而饕利，而"以名为治"所采取的两条对策虽然也与读书人的物质利益挂钩，却是吸引读书人去追求"名高处士，德表具僚，当时怀稽古之荣，没世仰遗清之泽"的好名声。两者相比，前者造就贪官污吏，后者则造就志士仁人。

　　今日所以变化人心、荡涤污俗者，莫急于劝学、奖廉二事。天下之士，有能笃信好学，至老不倦，卓然可当方正有道之举者，官之以翰林、国子之秩，而听其出处，则人皆知向学，而不竞于科目矣。庶司之官，有能洁己爱民，以礼告老，而家无儋石之储者，赐之以五顷十顷之地，以为子孙世业，而除其租赋，复其丁徭，则人皆知自守而不贪于货赂矣。岂待淄川再遣，方收牧豕之儒（原注：公孙弘）。优孟陈言，始录负薪之允（原注：公孙敖）。而扶风之子，特赐黄金（原注：尹翁归）。涿郡之贤，常颁羊酒（原注：韩福）。遂使名高处士，德表具僚，当时怀稽古之荣，没世仰遗清之泽，不愈于科名、爵禄劝人，使之干进而饕利者哉？以名为治，必自此涂始焉！

——《日知录·名教》

　　顾炎武所讲的"以名为治"是与权力制衡、法制建设、舆论监督结合在一起的，这一主张对于改变腐败的社会风气具有重要作用。顾炎武独具只眼的地方就在于他看到了有什么样的民众就有什么样的政府，在"朝为田舍郎，暮登天子堂"的中国传统社会，民间的"黄金屋，千钟粟"的教育对于政府的腐败起着直接的作用。不过，这种教育最初仍然是由官方所倡导的，因此，官方究竟倡导什么，直接影响到广大民众的社会心理，影响到人们的价值取向。有鉴于此，顾炎武主张在实行政治体制改革的同时，用"以名为治"的政策导向来移风易俗，改变人们先贵而后富的传统价值观念。这对于中国政治走上健康发展的轨道，确实具有重要的意义。

人 师 顾炎武
Ren Shi Gu Yan Wu

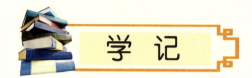

发人深省

本课最能使你有所启发的两句话是：

1.

2.

合作探究

1. 顾炎武认为该如何防治贪腐？

2. 评价顾炎武的"耻政"主张。

3. 顾炎武认为，在"朝为田舍郎，暮登天子堂"的中国传统社会，民间的"黄金屋，千钟粟"的教育对于政府的腐败起着直接的作用。你怎么看顾炎武的这一认识？

责任意识

通过本课学习，你认为一个人应该具有怎样的社会责任意识？

启示录

1. 本课对你为人的启示是：

2. 本课对你为学的启示是：

第四章

道德：怀瑾握瑜，道德楷模

第 16 课

博学于文,行己有耻

——为学宗旨及处世之道

> 顾炎武要求学者们要做到"博学于文,行己有耻"八个字。"博学于文"是学问上的要求,"行己有耻"是对学者人格的要求;但二者是有密切的内在联系的:"博学于文"要求"行己有耻",一个热衷于功名利禄之追求,因而不可能做到"行己有耻"的人,是根本不可能做到"博学于文",即在学术研究上作出实实在在的贡献的;只有能够耐得住寂寞,能够以坚强的意志抵御住各种外在的诱惑,把世俗所歆慕追求的一切看得无足轻重,方能做到"行己有耻",亦方能做到"博学于文"。这正体现着他所提倡的朴学学风与人格塑造的内在一致性。
>
> ——许苏民
>
> 在中国学术史上,顾亭林先生之所以超迈前贤,伟然自立,不惟在于先生准确而深刻地阐释了孔子所言二语八字,而且还在于前无古人地将二者合为一体,提升至圣人之道的高度而大声疾呼。以言耻为先,将为人为学合为一体,不惟成为顾亭林先生的毕生追求,而且也为当时及尔后的中国学人,树立了可以风范千秋的楷模。
>
> ——陈祖武

"博学于文""行己有耻"二语,分别出自《论语》的《颜渊》篇和《子路》篇,是孔子在不同场合答复门人问难时所提出的两个主张。然而,把这两个主张合而为一,则是顾炎武的创造,它从一个侧面反映了明清更迭的时代内容。顾炎武将二者结合起来,并赋予其时代的新内容,成为他的为学宗旨与处世之道。

一、《与友人论学书》

顾炎武在《与友人论学书》中深刻阐述了他论学、做人两大宗旨:"博学有文"和"行己有耻"。读过此文的人无不被先生的深刻见识所感染,甚至有人把这八个字作为人生的终极追求。让我们一起来学习这篇文章。

1. 原文

与友人论学书

比往来南北,顾承友朋推一日之长,问道于盲。窃叹夫百余年以来之为学者,往往言心言性,而茫乎不得其解也。

命与仁，夫子之所罕言也；性与天道，子贡之所未得闻也。性命之理，著之《易传》①，未尝数以语人。其答问士也，则曰"行己有耻"；其为学，则曰"好古敏求"；其与门弟子言，举尧舜相传所谓危微精一之说一切不道②，而但曰："允执其中，四海困穷，天禄永终。"呜呼！圣人之所以为学者，何其平易而可循也！故曰："下学而上达。"颜子之几乎圣也，犹曰："博我以文。"其告哀公也，明善之功，先之以博学。自曾子而下，笃实无若子夏，而其言仁也，则曰："博学而笃志，切问而近思。"今之君子则不然，聚宾客门人之学者数十百人，"譬诸草木，区以别矣"，而一皆与之言心言性，舍多学而识，以求一贯之方，置四海之困穷不言，而终日讲危微精一之说，是必其道之高于夫子，而其门弟子之贤于子贡，祧东鲁而直接二帝之心传者也。我弗敢知也。

《孟子》一书，言心言性，亦谆谆矣，乃至万章、公孙丑、陈代、陈臻、周霄、彭更之所问，与孟子之所答者，常在乎出处、去就、辞受、取与之间。以伊尹之元圣，尧舜其君其民之盛德大功，而其本乃在乎千驷一介之不视不取。伯夷、伊尹之不同于孔子也，而其同者，则以"行一不义，杀一不辜，而得天下不为"。是故性也，命也，天也，夫子之所罕言，而今之君子之所恒言也；出处、去就、辞受、取与之辨，孔子、孟子之所恒言，而今之君子所罕言也。谓忠与清之未至于仁，而不知不忠与清而可以言仁者，未之有也；谓不忮不求之不足以尽道，而不知终身于忮且求而可以言道者，未之有也。我弗敢知也。

愚所谓圣人之道者如之何？曰"博学于文"，曰"行己有耻"。自一身以至于天下国家，皆学之事也；自子臣弟友以至出入、往来、辞受、取与之间，皆有耻之事也。耻之于人大矣！不耻恶衣恶食，而耻匹夫匹妇之不被其泽，故曰："万物皆备于我矣，反身而诚。"

纪念顾炎武诞辰400周年研讨会黄珅先生发言

呜呼！士而不先言耻，则为无本之人；非好古而多闻，则为空虚之学。以无本之人而讲空虚之学，吾见其日从事于圣人而去之弥远也。虽然，非愚之所敢言也，且以区区之见，私诸同志，而求起予。

2. 释读

近年来往于南方北方，因我年龄稍大一点很受朋友们推尊，向我来询问问题，算是问道于盲吧。我私下感叹一百多年以来治学的人往往说心哪性呀（这些抽象的概念），可是迷迷茫茫弄不明白。

命与仁这两者，孔子很少提到；性与天道的道理连子贡也没听到过。讲性和命的道理，是写于《易传》中的，不曾多次地对别人讲过。别人问什么样的人是士，孔子的回答是："自己行事要知道什么是耻辱。"孔子谈自己治学的经验，他说："喜好古代的文化，勤奋地探索真理。"孔子与他门下的弟子谈话，所有那些所谓相传尧舜的"危微精一"的说法，全都不提，而只是说"不偏不倚地执政，如果四海穷困，上天给你的福佑就永远完结了"。可叹啊！圣

---

① 《易传》：《周易》中解释经的部分，包括《彖》《象》《系辞》《文言》《序卦》《说卦》《杂卦》。《易传》中有讲性命的话，如《说卦传》说："昔者圣人之作《易》也，将以顺性命之理。"又如《乾卦》说："乾道变化，各正性命。"孔颖达疏："性者，天生之质，若刚柔迟速之别；命者，人所禀受，若贵贱夭寿之属是也。"

② 危微精一：伪《古文尚书·大禹谟》中"人心惟危，道心惟微，惟精惟一，允执其中"的简称，宋儒把它当作十六字心传，看成尧、舜、禹心心相传的个人修养和治理国家的原则。这十六字的大意是说，人心是危险的，道心是微妙的，只能正心诚意，不偏不倚，执守中正之道。

人要我们学习的东西是多么平易而可以遵循呀！所以说："从浅近的地方学起而达到高深的水平。"颜渊是几乎达到了圣人标准的人，可他还说"给我更多的文化知识让我更渊博"。孔子告诉鲁哀公说，明晓善恶的能力，首先的条件是博学。从曾子往下数，弟子们论学问深厚扎实没有比得上子夏的，可是子夏谈到"仁"时候，却这样解释："要广博地学习，有坚定的志向，提出的问题是恳切的，思考的问题是切近的。"现在的君子们却不这样，他们积聚了宾客门人求学的多到几百人，每个人的情况都不相同，就像《论语》里说的，"就像草木一样种类繁多，应该加以区分"。可是他们却不分差别，一概只是谈心谈性。丢弃了"多学而增长见闻"，来奢求"一以贯之"的方法；抛开了天下的穷困不谈，而整天讲所谓"危微精一"的空说。这一定是他的道要高于孔夫子，而他的门人弟子一定是要比子贡还贤德了，他们是跳过孔子而直接尧舜二帝的心传了。我对他们的做法是不敢领教的。

　　《孟子》这部书，讲心讲性也是反复恳切。可是万章、公孙丑、陈代、陈臻、周霄、彭更所问的问题和孟子所作的回答，常常在于出仕与隐居、离职与就职、拒绝与接受、取得与付出的关系方面。以伊尹那样的大圣人，建立了使他的君主如同尧舜，使他的人民如同尧舜之民那样盛大的功德，可是他的最根本的地方却在于千驷不顾，一芥不予，一芥不取，这样小而具体的地方。伯夷、伊尹的特点不同于孔子，但他们有与孔子相同的地方，那就是"做一件不义的事，杀一个没有罪的人，就能得到天下，他们也不去做"。因此性呀、命呀、天呀，孔子提到的非常少，而今天的君子们却说个不停；出仕与隐居、离职与就职、拒绝与接受、取得与付出之间的道理，是孔子孟子所常说的，而今天的君子们却说得很少了。他们用《论语》里的话说忠于职责和品德清高还不能达到仁的境界，可是他们不知道不忠于职责，品德不清高而能谈到仁的，从来也没有过。他们用《论语》里的话说不嫉妒不贪求还不算达到仁，可是他们不知道一辈子嫉妒贪求的人而能跟他谈论道义，从来是没有的。我是不明白他们的说法的。

　　我所说的圣人之道是怎样的呢？叫作"博学于文"，叫作"行己有耻"。从自己的个人的事，到天下国家的事，都是该学习的事情。在做儿子臣子、兄弟朋友以至处理隐居出仕、人事交往、拒绝与接受、取得与付出等事情中间，都有是否耻辱可以检验的。孟子说："耻辱之感对于人来说是极其重要的。"不以粗衣劣食为耻辱，而以百姓男女没有受到恩泽为耻辱。所以孟子说："一切我都具备了，反躬自问而没有愧疚。"

　　啊！士人不把有耻放在首位，就是没有根基的人；不喜好古代文化而广泛学习，就是空虚的学问。靠没有根基的人来讲空虚的学问，我只能看到他们天天提到圣人，可是却离开圣人越来越远了。虽然说了这些话，并不是我大胆敢言，而是姑且以渺小的见解，说给志同道合的朋友以求教他们能给我启发和指点。

3. 解析

　　《与友人论学书》原是顾炎武中年北游以后给朋友的一封书信，但以讨论治学为中心，具有严密的论析，可视为一篇论说文，是针对明代学术界存在的脱离实际的空疏学风而写的一篇揭露批判文章。在这篇文章里，作者把读书、做学问，视为与自己的品德节操相关联而密不可分的问题来对待，从哲学和人生观的高度来阐述问题，可谓高瞻远瞩，视野宽广。顾炎武生当明末清初的动乱年代，亦称"天崩地解"的时期。明末政治的腐败，社会的危机，激发了年轻的顾炎武去深入思考，用时代的要求去检验传统的精神文化遗产，探索社会前进的动向。后来，他在治学方面形成的一个突出主张就是"经世致用"，反对空谈，特别是反对在明代深有影响的王守仁学派的空谈性命之学。同时，他又批判宋代理学的某些主张，认为宋儒所倡导的理学是与孔子的投身于经世之学而明理的根本主张相乖违的。他的这一主张具有鲜明的时代性。他认为，长期以来读书人不求经世致用之学，正是造成社会无可用之材而引起朝政腐朽、社会动乱、民生凋敝的一个重要原因。他的治学之道，就从这一核心主张出发，而他自己也是这样身体力行的。他读书学习，探求致用之道，31岁时，投身江南抗清的斗争，失败以后，身入北方，一边考察，一边著书立说，研究社会和民族的复兴之道。顾炎武在治学方面的根本主张，都凝聚在这篇文章里了。

二、博学于文

1. 批判空疏学风

明代空疏学风是萦绕在顾炎武脑海中挥之不去的问题。他与朋辈、学生讨论学术问题的书信,如《与友人论学书》《与友人论易书》《与友人论门人书》《病起与蓟门当事书》《与施愚山书》《与彦和甥书》《与戴枫仲书》《答李紫澜书》《答曾庭闻书》《答李子德书》《与潘次耕书》,其主要内容,均为大力针砭空洞浮泛学风的肆虐,分析其对社会、学术的危害,表达自己扭转空疏学风的强烈愿望。同时,在《日知录》中,顾炎武通过对大量史料的选择组织、评析,不仅揭示了空疏学风的表现,并且深刻地论述了它与科举制度、文化专制的关系。他对明代空疏学风的批评非常激烈,认为它直接造成了明朝的灭亡。揭露和批判空疏学风是其思想体系中的重要问题。他不仅揭示了空疏学风的具体表现,并且论述了其实质及危害,更论述了空疏学风产生的深层原因,其分析切中要害,鞭辟入里,因而极具震撼力量。

昆山市第一中学校园文化墙

(1)批判清谈。在顾炎武看来,明代士人崇尚玄学清谈,"饱食终日,无所用心","群居众日,言不及义,好行小慧","以放言高论为神奇",崇尚玄妙的语言,而放弃实在的处理社会问题的能力。他指出,明代士人学术是"内释而外吾儒",认为明代学风之所以空疏,即在于这种学风没有通过社会关系的实践去体现"道",因而落入了禅学的套路,放弃了自己应承担的社会责任。

顾炎武认为,王阳明的著名学说"致良知",能够像王衍的"清谈"、王安石的"新说"那样"以一人而异天下,其流风至于百有余年之久者",有"迷众之罪",造成了极大的影响。但他同时认为,"世衰道微,邪说又作"的时代背景是阳明心学产生的条件。而阳明心学非产生"世衰道微,邪说又作"的原因,它既是空疏学风盛行的产物,同时又对空疏学风的盛行起到了推动作用。

顾炎武极其痛恨空谈之风,并将其与魏晋时代的清谈相比,把学术之风的影响提到关乎国家治乱的高度,认为空谈是误国害民的罪魁祸首。然而,时人却不吸取前人的教训,以至于较前代更甚,不仅空谈老庄,甚至连孔孟都成了空谈的对象,这已大大违背了儒学的宗旨。在宋明以前,儒学不仅被看成是一种学说,而且一直被当作治国平天下的理论指导。而在当时,人们受理学、心学末流的影响,远离世务,空论心性。顾炎武把批判的矛头指向了当时华而不实的儒学,表现了他卓尔不凡的理论见识。他在《日知录·夫子之言性与天道》中说:

> 昔之清谈谈老庄,今之清谈谈孔孟。未得其精而已遗其粗,未究其本而先辞其末,不习六艺之文,不考百王之典,不综当代之务,举夫子论学论政之大端一切不问,而曰一贯,曰无言,以明心见性之空言,代修己治人之实学。

一个时代的学风往往是一个时代的社会大背景的产物。明清之际,整个学术界掀起了反对空谈心学的浪潮,这一方面是对明亡作历史总结的必然要求,另一方面也是儒家自身理论逻辑发展的必然走向。顾炎武就站在这一历史的潮头,高举起经世致用的旗帜,开风气之先,致力于扫清晚明空谈疏漏习气,力主经世致用的实学。遗憾的是，顾炎武已经过世300多年了，但他所尖锐批判的空谈现象却依然盛行。

（2）批判科举时文。明代科举考试的内容是空疏的，教授给士子的内容也是空疏的，科举考试的形式和办法，也造就了"空疏不学之人"。为科举利禄而学者，对经书不可能有深入的学习研究；穷年所习，不过应试之文，而问以本经，犹茫然不知为何语。这种应试之文时称"时文"。顾炎武说道："今以书坊所刻之义，谓之时文，舍圣人之经典、先儒之注疏与前代之史不读，而读其所谓时文。"依据时文，"五尺童子能诵数十篇而小变其文，即可以取功名，而钝者至白首而不得遇"。也就是说，能否取得功名，不在于是否精通经典，是否真有经世之才，只要会背时文即可。明代的所谓文人，把成名视为人生第一急务，著书往往仓促而就，著书"愈多而愈舛漏，愈速而愈不传。所以然者，其视成书太易，而急于求名故也"。

求名求利，使得学者不再下苦功读圣贤之书，而只做应景之文。空虚浮夸之风遂起。针对于此，顾炎武提出"经学，理学也"的命题："古之所谓理学，经学也，非数十年不能通也。故曰：君子之于《春秋》，没身而已矣。"在这里，我们不能仅仅把顾炎武看成是一个崇古之人，他只是借古人之言，倡导踏实严谨做学问，反对急功近利的为学目的。相对于脱离社会生活实际的禅学、道家思想而言，专讲"人之所以为人，及人与人之间的关系"的儒学更贴近实际生活。社会生活是由人来承担的，劳动人民从事生产活动，

昆山千灯顾炎武故居

而士人们承担的主要活动便是"社会公共职能"。空疏学风下的士人们不履行这一职能，便是对社会的严重失职，甚至造成伤害。因此，顾炎武继承和发展传统儒家思想中有利于协调人与人之间关系的思想是有积极意义的。

2. 途径与方式

何为"博学于文"？"自一身以至于天下国家，皆学之事也"，"自身而至于家、国、天下，制之为度数，发之为音容，莫非文也"，天文地理、制度礼仪、待人接物、音乐艺术、圣人之书，都可称为文。梁启超将"文"释为"事物之条理"，很有道理。也就是说，做学问要多方追究事物的条理，或征于古人之言，或向朋友请教，或亲自做实地考察，尽量多地掌握天地人文的道理。即便是对事物某一方面的研究，如要深入钻研，也必须建立在广泛知识的基础上。

（1）勤于读书，反复参考。家学渊源，加之当时读书、藏书风气的影响，以及青少年时期的阅读、抄书经历，为顾炎武积累了深厚的学识基础。顾炎武早年得以利用家族的收藏完成其初期的学术积累，并培养了重抄书、尚文献考证的学术研究态度，而早年的阅读经历，也影响了其一生的治学兴趣和方向。

（2）征之以友，征之以实。在顾炎武那里，日夜诵读并非意味着一心只读圣贤书。顾炎武为学，不仅征之以书，还征之以友，征之以实。

（3）广闻博见，考察审问。"读万卷书，行万里路"，顾炎武做学问的方式开启了一种新模式：行路如

何与读书结盟。他所理解的"博学于文"是和"家国天下"之事相联系的,因而也就不仅仅限于文献知识,还包括广闻博见和考察审问得来的社会实际知识。他晚年在北方的游学,通过旅行、读书、交友印证了自己的学问,开拓了学术领域。

三、行己有耻

所谓"行己有耻",即是要用羞恶廉耻之心来约束自己的言行。顾炎武把"自子臣弟友以至出入、往来、辞受、取与之间"等处世待人之道都列作"行己有耻"的范围。有鉴于明末清初有些学人和士大夫寡廉鲜耻、趋炎附势而丧失民族气节,他把"博学于文"与"行己有耻"结合起来,强调二者的关系。但顾炎武所说的"行己有耻"不仅仅是对学者和士大夫要求,也是社会中每一个人的道德准则。

1. 耻是道德底线

顾炎武认为,社会道德风气的败坏是导致民族衰亡的主要原因之一,那么,如何"正人心"以重建道德也就成为问题了。中国传统的道德形而上学在程朱理学那里已被发展到了极致。是像某些现代新儒家学者们所主张的那样回归"宋明理学之内生活的修养",高唱道德理想主义的高调,还是从现实的人性出发,从社会生活的实际出发,来确立一种切实可行的最低限度的道德?顾炎武通过传统和教育接受了宋儒的道德理想主义,因而他对晚明以来的社会风气深为不满,但同时,他也清醒地意识到,适用于个人道德修养的道德理想主义,决不适用于治国平天下。因此,顾炎武选择了后者。对于真诚的道德理想主义者,他固然予以充分肯定;但在社会普遍教化的层面上,他却不讲空头的道德理想主义,而只给人们规定了一个"行己有耻"的道德底线。

顾炎武承认有私为人之常情,因而为了达到他所说的"务正人心"的目的,就不能再对多数人讲宋儒那一套"最高限度的道德",而只能设置一条切实可行的"行己有耻"的道德底线,即讲最低限度的道德。在最低限度的道德中,妇女不必守寡,忠臣不必死节,一切属于人之常情的行为都是允许的,但"行己有耻"的道德底线却不可逾越。宋儒的"最高限度的道德"侧重在教人应该做什么,而顾炎武的"最低限度的道德"则侧重在教人不要做什么。然而,在最低限度的道德中,亦未尝没有很高的道德境界。也许,真正高尚的道德境界,正在于这植根于人性的最低限度的道德之中。

要解决社会生活中普遍存在的"无耻"问题,特别是解决"士大夫之无耻"这一"国耻"问题,顾炎武认为有必要在社会生活中划一条"行己有耻"的道德底线。

2. 最基本的道德原则

在顾炎武的伦理思想中,"行己有耻"的道德底线包含以下最基本的道德原则:

(1) 人道主义的原则。即不要做有违人道主义原则的事。顾炎武在《日知录·不动心》中说:

凡人之动心与否,固在其加卿相、行道之时也。枉道事人,曲学阿世,皆从此而始矣!"我四十不动心"者,不动其行一不义,杀一不辜,而得天下,有不为之心。

在顾炎武看来,人道主义原则是人类社会最基本的原则,是人之所以为人的最低限度的道德底线,但同时也是至高无上的道德原则,是最高的道德境界。

(2) 爱国主义的原则。即不要做有违爱国主义原则、有损国格和人格的事。顾炎武在《日知录·廉耻》中说:

吾观三代以下,世道衰微,弃礼义,捐廉耻,非一朝一夕之故。然而松柏后凋于岁寒,鸡鸣不已于风雨,彼昏之日,固未尝无独醒之人也。顷读《颜氏家训》,有云:"齐朝一士夫尝谓吾曰:'我有一儿,年已十七,颇晓书疏,教其鲜卑语及弹琵琶,稍欲通解。以此伏事公卿,无不宠爱。'吾时俯而不答。异哉,此人之教子也！若由此业自致卿相,亦不愿汝曹为之。"嗟乎,之推不得已而仕于乱世,犹为此言,尚有《小宛》诗人之意。彼阉然媚于世者,能无愧哉?

在顾炎武看来,维护民族利益的爱国主义原则与人道主义的原则一样,同样是生而为人的最基本的道德原则,二者是可以在维护民族生存的基础上统一起来的。他认为,在汉民族遭受民族压迫的时代,对异族统治者阉然献媚,去帮助异族统治者压迫本民族的同胞,是类似于娼妓的无耻行为,是堕落到人之所以为人的道德底线以下了。

(3) 决不与腐败的社会风气同流合污的原则。顾炎武认为是否与腐败的社会风气同流合污,是老子之学与孔子之学的根本区别。顾炎武在《日知录·乡愿》中说:

老氏之学所以异乎孔子者,和其光,同其尘,此所谓似是而非也。《卜居》《渔父》二篇尽之矣!非不知其言之可从也,而义有所不当为也。子云而知此义也,《反离骚》其可不作矣!寻其大指,生斯世也,为斯世也,善斯可矣。此其所以为莽大夫与?

老子主张和光同尘、与世浮沉,顾炎武认为这是典型的乡愿①哲学。这种乡愿哲学与孔子之学的区别,在楚辞《卜居》《渔父》两篇中得到了淋漓尽致的表述。顾炎武认为,屈原的"举世皆浊我独清,众人皆醉我独醒"是孔子的人生态度,而渔父讲的所谓"圣人不凝滞于物,而能与世推移"云云,乃是"似是而非"之论,本质上是一种精巧的乡愿哲学。屈原明知道照渔父说的去做就不仅可以免于被流放的命运,而且可以得到富贵,但他知道这样做是不道德的,所以决不肯听从。遗憾的是,渔父的这种"似是而非"的人生哲学竟然被后来的儒家学者所吸取,扬雄所谓"生斯世也,为斯世也,善斯可矣"的说法,就是渔父之所谓"圣人不凝滞于物,而能与世推移"的另一种表述,这就是很多士大夫与腐败的社会风气同流合污的原因。

在《卜居》中,屈原问太卜郑詹尹:"吾宁悃悃款款朴以忠乎?将送往劳来斯无穷乎?宁诛锄草茅以力耕乎?将游大人以成名乎?宁正言不讳以危身乎?将从俗富贵以媮生乎?宁超然高举以保真乎?将哫(zú)訾(zǐ)栗斯、喔咿儒儿,以事妇人乎?宁廉洁正直以自清乎?将突梯滑稽、如脂如韦,以洁楹乎?宁昂昂若千里之驹乎?将泛泛如水中之凫,与波上下,偷以全吾躯乎?……宁与黄鹄比翼乎?将与鸡鹜争食乎?"顾炎武认为,前者是孔子的人生态度,后者是老子的人生态度。在《渔父》中,屈原说:"举世皆浊我独清,众人皆醉我独醒,是以见放。"渔父便劝他说:"圣人不凝滞于物,而能与世推移。世人皆浊,何不淈其泥而扬其波?众人皆醉,何不哺其糟而歠其醨?何故深思高举,自令放为?"渔父又唱道:"沧浪之水清兮,可以濯吾缨;沧浪之水浊兮,可以濯吾足。"

顾炎武把"立身不为乡愿之人"看作是对"行己有耻"的注释或同义语。他在《菰中随笔》中说:"尊所闻,行所知,好古不为空虚之学;言必信,行必果,立身不为乡愿之人。"在这句话中,"尊所闻,行所知,好古不为空虚之学"是博学于文,"言必信,行必果,立身不为乡愿之人"是行己有耻。由此可见,顾炎武把决不与腐败的社会风气同流合污的原则看作是做人的基本原则。

(4) 决不枉道事人的原则。所谓"枉道事人",是指放弃自己的良知、信念和操守去侍奉权势者,以实现其对于功名利禄的追求。顾炎武认为,这也是一种无耻的行为。顾炎武在《日知录·古者不为臣不见》

---

① 乡愿指乡中貌似谨厚,而实与流俗合污的伪善者。乡愿这个词含义丰富,孔子所谓乡愿大概是指伪君子,指那些看似忠厚实际没有一点道德原则,只知道媚俗趋时的人。孟子所言大约是说言行不一,当面背后各一套的四方讨好、八面玲珑的人就是乡愿。这种人随波逐流,趋炎媚俗,更多的是指道德败坏的小人。

人 师 顾炎武

中说：

> 观夫孔子之见阳货，而后知逾垣闭门为贤者之过，未合于中道也，然后世之人必有如胡广被中庸之名，冯道托仲尼之迹者矣。其始也屈己以见诸侯，一见诸侯而怀其禄利，于是望尘而拜贵人，希旨以投时好，此其所必至者。曾子、子路之言，所以为末流戒也。故曰："君子上交不谄。"又曰："上弗援，下弗推。"后世之于士人，许之以自媒，劝之以干禄；而责其有耻，难矣！

昆山市第一中学高一年级教室

在专制政治体制下，通过科举考试只是使读书人取得了做官的资格，但还不能保证一定就能获得官职，更不能保证官运亨通。且不说科举考试之前要下一番"自媒"，即通过各种门路拜谒达官显贵以求赏识，即使在取得举人、进士的资格以后，要想获得美差，做官以后要想获得升迁，都还得有一套跑官、要官的本领。顾炎武认为，这样的体制必然会使人"望尘而拜贵人，希旨以投时好"，要使人不无耻，是很难的。然而，儒家的所谓"中道"的模糊性，又足以使得后人可以"被中庸之名""托仲尼之迹"来做枉道事人的无耻之事。要真正做到"行己有耻"，就必须坚持决不枉道事人的原则，"上交不谄"，"上弗援，下弗推"，在任何情况下都坚持自己的良知、信念和操守。

（5）先义后利的原则。这一原则主要针对社会政治生活中贿赂公行的严重腐败现象而言。顾炎武在《日知录·承筐是将》中说：

> 君子不亲货贿，束帛戋戋，实诸筐篚。非惟尽饰之道，亦所以远财而养耻也。万历以后，士大夫交际多用白金，乃犹封诸书册之间，进自阍人之手。今则亲呈坐上，径出怀中，交收不假他人，茶话无非此物。衣冠而为橐橐之寄，朝列而有市井之容。若乃拾遗金而对管宁，倚被囊而酬温峤，曾无愧色，了不关情，固其宜也。然则先王制为筐篚之文者，岂非禁于未然之前，而示人以远财之义者乎？

他坚决反对把商品交换的原则引入社会政治生活，以"先王制为筐篚之文"来对士大夫阶层的人们讲说"远财而养耻"的道理，说明金钱交易的商品经济原则一旦进入官场，朝廷就会变成市井，官场就会变成市场，就会造成权钱交易、买官卖官之风盛行及普遍腐败的社会政治状况。

（6）学者必须修养道德的原则。顾炎武认为，当时文人之弊有三：一曰窃书，二曰臆改，三曰模仿。学界为何会有此弊病？顾炎武将其归于学者的人格上，归结到学者的个体道德修养上。正是学者无社会责任感，才导致了学界空疏之风大盛；正是文人无道德羞耻感，只知求名求利而不知修养道德，以致做出窃贼之举。如何防治此弊病？顾炎武提出"博学于文""行己有耻"，并将其作为学者的理想人格。顾炎武极重学者品格，认为对士而言，博学广见与严谨自律是同等重要的。他自己也以身作则，自称生平"某虽学问浅陋，而胸中磊磊，绝无阉然媚世之习"，对其弟子也屡屡劝诫："自今以往，当思中材而涉末流之戒。"无怪乎后来梁启超感叹："（亭林）那种独往独来的精神，能令几百年后后生小子如我辈者，尚且'顽夫廉，懦夫有立志'。"

顾炎武把博学有耻作为学者道德的核心，对今天仍有很大的启示。一方面，具有广博的知识，这是学者之为学者的前提条件，缺少这一点，根本就算不上是"学者"。而如果一个已经成为"学者"的人，不继续增进自己的知识,自得于已有的一孔之见,就算不得一个真正博学的、合格的学者。学者的博学绝对不是一个静止的状态,而是一个不断扩展的过程。因此,不思进取、得过且过的学者是不道德的。只满足于低水平重复、擅长制造学术泡沫的学者,不是真正的学者。另一方面,学者有才更需有德。有才而无德的学者,对于社会所造成的危害往往是难以估量的。顾炎武用了一个反面否定的词"耻",来强调学者应注重自身的道德修养,注重自律,警醒天下学者之士不要为名利而丧失道德。净化学术环境,提倡学术道德,其根本在于学者的自律,在于学者个人的道德品质修养。

> 钱穆先生在《中国近三百年学术史》中说:"后之学亭林者,忘其'行己'之教,而师其'博文'之训,已为得半而失半。又于其所以为博文者,弃其研治道、论救世,而专趋于讲经术、务博文,则半之中又失其半焉。且所失者胥其所重,所取者胥其所轻。"
>
> 中国人民大学郭清香老师说:"掩卷回顾顾炎武先生的所言所行,反身自察,心亦惶惶。三百年前之字字句句,尤似针对今日之事事物物。人心之浮躁,'学者'之无耻,'时文'之盛行,窃书之猖狂,竟与顾炎武所言丝丝入扣,令人汗颜,叫人警醒。"

人师 顾炎武
Ren Shi Gu Yan Wu

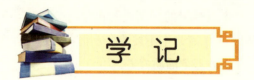
学 记

发人深省

本课最能使你有所启发的两句话是：

1.

2.

合作探究

1. 顾炎武《与友人论学书》的主题是什么？

2. 怎样才能做到"博学于文"？

3. 怎样才能做到"行己有耻"？

责任意识

通过本课学习，你认为一个人应该具有怎样的社会责任意识？

启示录

1. 本课对你为人的启示是：

2. 本课对你为学的启示是：

第 17 课

圣贤风范,耿介绝俗

——道德风范及人格操守

> 先生虽世籍江南,顾其姿禀,颇不类吴会人,以是不为乡里所喜,而先生亦甚厌群屐浮华之习,尝言古之疑众者行伪而坚,今之疑众者行伪而脆,了不足恃。
>
> ——全祖望
>
> 诚如先生所笃信者,学术的继承发扬,不纯靠家学师授,全有赖于后人心心相印,灵犀相通,秉其本志,衷心膺服,真诚推而广之。焚香跪拜,三呼恩主,乃至群相攀援,党同伐异,此类江湖习气,有道如亭林者向所不齿。
>
> ——王家范

今天都在讲学问家要有思想,思想家要有学问,顾炎武两方面都做到了。他的学术有一种超凡脱俗的风骨,大学问映照出的是大关怀,高见卓识流淌于实证文字之间,熠熠有人文光彩。顾炎武的圣贤风范和耿介绝俗的独立人格恰是这种"超凡脱俗的风骨"的内在魅力。在中华民族道德史上,顾炎武是伟岸的丰碑,是一座难以逾越的高峰。他以天下为己任的高尚情操和傲岸人格,充分体现在他的圣贤风范和耿介绝俗之中。

一、圣贤风范

1. 中华十德之典范

中国的君子人格理想是儒家的人格理想。几千年来,儒家的君子人格理想在传统中国的社会生活中发挥着十分重要的作用。儒家的君子人格理想是儒家人格修养的基本层次。就儒家的理想而言,实际上是两个层次,一个是基本层次,即"君子"的层次,另一个是更高层次,这就是"圣人"这一层次,"圣人"是最高道德典范。

昆山千灯顾炎武故居

在儒家文献中，君子这个概念是可以与"士""士大夫""大丈夫""仁者""贤者"等概念互换使用的。同时，"君子"与"圣人"虽然是两个层次的概念，但并不意味着这两者是截然可分的，而是内在相关的。因此，儒家文献又往往有"圣贤"这样的称谓。在儒家看来，君子的人格理想既是基本的，对于大众而言具有普遍性，又是达到圣人理想的关键性层面。值得指出的是，儒家的学者几乎没有以圣人自许者，但儒家的这种修身养性之说，又可说是"内圣外王"之说。而"内圣"的基本功夫也可说是学做君子的功夫，在这个意义上，儒家的"内圣"概念包含了对君子人格理想的追求。并且，在道德完善的意义上，"君子"与"圣人"这对概念，在儒家文献中也是可互换使用的。

顾炎武以高度的社会责任意识为中华民族刻画了两个文化符号，一是为整个民族起草了"天下兴亡，匹夫有责"这一座右铭，一是为整个民族划了"耻"这条道德底线。这种恢宏的气象，恐怕是其他儒者难以企及的，足以使他成为中国历史上的圣人。而这两个文化符号，恰是他建立在圣贤风范和耿介绝俗基础上傲岸人格的升华。顾炎武始终以儒家君子甚至圣人的人格标准约束自己的治行，成为无可争议的儒林楷模。"中华十大传统美德"（简称"中华十德"）源于孔子归纳、总结、提出的儒家学说，是指：仁、义、礼、智、信、忠、孝、勤、公、省。顾炎武是中国历史上少数几个能够做到，并且每个方面都能超越他人的人，其圣贤风范尽在其中。顾炎武以苍生为念，一生为民生思辨，把古代的民本思想上升到新的高度，提出以"天下兴亡，匹夫有责"为标志，带有近代启蒙色彩的新仁学思想，做到了"仁"。他坚持道义、正义和大义，并施行于天下；他见利思义，行有规范，做有准则，做到了"义"。他礼让谦和，处理纠纷讲礼法，处理名利关系讲礼让；在做人和求学上谦虚不骄，在荣誉和利益面前谦让不争，在人际交往中谦恭不躁，做到了"礼"。他博学多才，孜孜以求，自强不息；他智者不惑，明智、理智、有学识、有智慧，做到了"智"。他信实知报，讲究诚信和实干；他心口合一，知恩图报，做到了"信"。他忠于人民，忠于民族，忠于国家，做到了"忠"。他谨遵母命，不仕二姓，做到了"孝"。他勤劳俭朴，勤学向上，勤奋敬业，做到了"勤"。他为他人、为家国着想，公而忘私，整体利益至上，做到了"公"。他始终反躬自省，自律自警，做到了"省"。

下面以顾炎武的"孝"与"仁"为例，透视顾炎武的高尚道德情操，相信会给我们有益的启示。

例1：孝

衡量一个人的道德如何，常常首先看他对父母是否孝顺。一个连父母都不孝顺的人，再有才、有学问、有钱，也都会受到社会的谴责，被人瞧不起。顾炎武的孝顺，集中表现为对嗣母王氏的孝敬之情。顾炎武恪遵母训，不管在任何情况下，始终对清朝采取不合作的态度。地方上、朝廷里不少大官知道他是个很有才学的人，几度举荐他出来做官，他始终遵从嗣母的遗训"不仕二姓"。康熙十七年（1678），清吏部侍郎、《明史》总裁叶讱庵举荐他，要他出来做官，被他断然拒绝。他在《与叶讱庵书》中说："先妣未嫁过门，养姑抱嗣，为吴中第一奇节，蒙朝廷旌表，国亡绝粒，以女子而蹈首阳之烈，临终遗命，有'无仕异代'之言，载于志状，故人人可出而炎武不可出矣。"又说："七十老翁何所求？正欠一死！若必相逼，则以身殉之矣！"说话义正辞严，字字金石，充分显示出顾炎武仁孝的个性与人格精神。

例2：仁

顾炎武重民生，知疾苦，有爱心。他出身官宦之家，明亡清兴后，虽然因国变家难而家道中落，但毕竟瘦死的骆驼比马大，仅一次典给别人的土地就有八百亩，其家产可想而知，至少全家衣食无忧。但是，他有重民之德，爱民之心，没有一点官宦子弟的架子。自从武装抗清失败以后，他自称是明代遗民，把一生心血都花在"探究国家治乱之源，生民根本之计"上。康熙年间，当官员们都在高呼"皇恩浩荡"、一片盛世之际，他却说："今日之患，莫大乎贫。"他行走南北，心系民众，能看出朝廷的弊政，民众的疾苦。江南素称"江南熟，天下足"的富饶之地，由于赋税不公，田赋过重，人民过着水深火热的生活。他在一篇调查文章中说："农夫蚕妇,冻而织,馁而耕,供税不足,则卖儿鬻女,又不足,然后不得已而逃,以至田地荒芜,钱粮年年拖欠。""佃人竭岁之力,粪壅工作,一亩之费可一缗,而收成之日,所得不过数斗,至有今日完租而明日乞贷者。""追租如追魂……年年旧租结新债……呜呼!有犊可卖君莫愁,东邻卖犊兼卖儿。"江南人民如此,他到北方看到民众的疾苦比之更甚。在山东登州、莱芜一带,看到官逼民反,"岁甚登,谷甚多,而民且相率卖其妻子……其逃亡或自尽者,又不知凡几也"。康熙十九年(1680),他给外甥徐元文写信,更把在关中所见人民的疾苦,历诉于笔。他说:"关辅荒凉,非复十年以前风景,而鸡肋蚕丛,尚烦戎略,飞刍挽粟,岂顾民生?至有六旬老妪,七岁孤儿,挈米八升,赴营千里。于是强者鹿铤,弱者雉经,阖门而聚哭投河,并村而张旗抗令。"他又指出:"此一方之隐忧,而庙堂之上或未之深虑也。"他以忧国忧民之心,向在朝中做大官的外甥提议,希望他们在朝廷里能看到民生疾苦,为老百姓办一些实事。这些充分显示出顾炎武那种以民生疾苦为念的阔大胸襟和高尚的道德品质。

2. 顾炎武论道德

顾炎武的高尚道德不仅与他良好的家庭教育有不可分割的关系,更源于他高度的社会责任意识。但道德问题是复杂的,不可以一言以蔽之,得出明确的结论。顾炎武关于道德的相关论述,也许是我们理解道德,认识他自身高尚道德的一把钥匙。

(1)道德超越功利。顾炎武认为道德本于人的天性,"如欲色然",就像是人的本能一样。因此,必须是发自天性的道德行为才是真正的道德行为。他说:

昆山玉山广场顾炎武雕像

> 人少则慕父母,知好色则慕少艾。能以慕少艾之心而慕父母,则其诚无以加矣!
>
> ——《日知录·如欲色然》

> 五品之人伦,莫不本于中心之仁爱……自此而推之……亲亲而仁民,仁民而爱物,而天下之大经毕举而无遗矣。故曰:孝弟为仁之本。
>
> ——(《日知录·胖胖其仁》)

他认为真正的忠臣义士所表现出的道德行为,都是发自天性的超功利的行为。没有不计个人利害的超功利的精神,是不可能成为真正的忠臣义士的。他在《拽梯郎君祠记》中说:

> 忠臣义士,性也,非慕其名而为之。名者,国家之所以报忠臣义士也。报之而不得其名,于是姑以其事名之,以为后之忠臣义士者劝,而若人之心何慕焉?何恨焉?平原君朱建之子骂单于而死,而史不著其名;田横之二客自刭以从其主,而史并亡其姓。录其名者而遗其晦者,非所以为劝也。谓忠义而必名,名而后出于忠义,又非所以为情也……若然,忠臣义士岂非本于天性者乎?

上述道德形上学思想,为顾炎武关于道德的超功利性的论说提供了具有终极意义的合理性依据。既然"五品之人伦,莫不本于中心之仁爱","忠臣义士本于天性",那么,就像"见孺子将入于井而必有怵惕恻隐之心"一样,真正的道德总是超功利的,是不以个人吉凶祸福利害为转移的,无论是吉还是凶,是福还是祸,是利还是害,都矢志不渝地去实践之,这才称得上是真正的道德。他在《日知录·卜筮》中以对屈原《卜居》的解读来论证这一观点,指出:

> 子之必孝,臣之必忠,此不待卜而可知也。其所当为,虽凶而不可避也。故曰:"欲从灵氛之吉占兮,心犹豫而狐疑。"又曰:"用君之心,行君之意,龟策诚不能知此事。"善哉!屈子之言,其圣人之徒欤!《卜居》,屈原自作,设为问答,以见此心,非鬼神吉凶之所得而移耳。王逸《序》乃曰:"心迷意惑,不知所为,往之太卜之家,决之蓍龟,冀闻异策,以定嫌疑。"则与屈子之旨大相背戾矣。洪兴祖补注曰:"此篇上句皆原所从,下句皆原所去。时之人去其所当从,从其所当去。其所谓吉,乃原所谓凶也。"可谓得屈子之心者矣。

他对屈原不以个人的吉凶祸福利害为转移的高尚道德情操,给予充分的肯定和热烈的赞扬,称之为"圣人之徒";对于王逸在《卜居序》中所说的屈原要借助占卜来决定是否根据自己的道德良知来行事的谬说,则予以痛斥,称其"与屈子之旨大相背戾"。他认为屈原之所以卓越不凡,就在于他的吉凶观、祸福观、利害观与世俗的人完全相反,世俗的人只讲利害而不讲道义,而屈原则视道义为生命,为人生的价值之所在。洪兴祖为《卜居》篇所作的补注能看出这一点,所以顾炎武称赞他能"得屈子之心"。

(2) 君子不求当世之名。对于孔子所说的"君子疾没世而名不称"这句话,顾炎武在《答李紫澜书》中做出了与世俗迥异的富于精神之超越性的新解释。他说:

> 或曰:君子疾没世而名不称,何欤?曰:君子所求者,没世之名;今之所求者,当世之名,没则已焉。其所求者,正君子之所疾也,而何俗士之难瘳欤!

他说世俗的人们把"君子疾没世而名不称"这句话理解为求当世之名,而正确的理解应该是求身后的名声。他认为那些对于能给自己带来现实利益的"当世之名"孜孜以求的人,其死后只能是名声与肉体俱朽,而这些人所追求的所谓"当世之名",正是君子所深恶痛绝的,只有具有深远的历史眼光的人,具有超越性的精神追求的人,才会不追求世俗的当世之名而追求身后的名声。

(3) 宽仁之心、忠恕之心。从好生而恶死的现实的人性出发,顾炎武的生死观明显与动辄责人以死的程朱派理学家不同。一方面,他肯定像文天祥那样的民族英雄成仁取义的伟大民族气节。他在《日知录·季路问事鬼神》中说:

> "天地有正气,杂然赋流形。下则为河岳,上则为日星。"(文信公《正气歌》)可以谓之知生矣!"孔曰成仁,孟曰取义,而今而后,庶几无愧!"(《衣带赞》)可以谓之知死矣。

文天祥是宋朝的丞相,在成为异族统治者的阶下囚时,他慷慨就义,以保持民族气节,维护国格和人格,这就是志士仁人临大节而不可夺的高尚道德情操。然而,在另一方面,在可死可不死的情况下,人们就不应该轻生,而应该珍惜自己的生命。他在《与李中孚书》中说:

> 至云置死生于度外,鄙意未以为然。天下之事,有杀身以成仁者;有可以死,可以无死,而死之不足以成我仁者。子曰:"吾未见蹈仁而死者也。"圣人何以能不蹈仁而死?时止则止,时行则行,而不胶于一。孟子曰:"大人者言不必信,行不必果。"于是有受免死之周,食嗟来之谢,而古人不以为非也。使必斤斤焉避其小嫌,全其小节,他日事变之来,不能尽如吾料,苟执一不移,则为荀息之忠,尾生之信,不然,或至并其斤斤者而失之,非所望于通人矣。承惓惓相爱之切,故复为此忠告……

在顾炎武看来,为了当道学家所要求的道德上的完人,斤斤于小节,动不动就要去死,是不值得的。社会生活是错综复杂的,道德践履当重在保其大节,而不在于"斤斤焉避其小嫌,全其小节",想当道学家所要求的完人,非但做不到,且结果很可能是画虎不成反类犬,"并其斤斤者而失之"。因此,无论对人对己,都当存一分宽仁之心、忠恕之心，既不可苛求于人，亦不可苛求于己。

二、耿介绝俗

耿介，就是具有自己的独立人格，不与流俗合污。在顾炎武心目中，为人耿介的主要表现是："直言危行"，"众默己言"，"众浊独醒"，"中立守道"。

1. 主张"耿介"

"耿介"是顾炎武为人处世所持奉的个性原则。他把为人是否有个性，能否持守"耿介"，提到了能否入"尧舜之道"的高度。他在《日知录·耿介》中说："读屈子《离骚》之篇，乃知尧舜所以行出乎人者，以其耿介。同乎流俗，合乎污世，则不可与入尧舜之道矣。"

顾炎武提出"耿介"原则，强调人的个性，从理论上说，是由于其认识到现实世界中万事万物原本就各各相异，他曾一再强调"物之不齐，物之情也"。顾炎武不但认识到了差异是事物的本性，其"非器则道无所寓"的论断，更表明他还认识到了共性寓于个性并必须通过个性表现出来这一辩证法的道理，也就是说，他已经认识到事物的个性才是事物赖以存在和发展的现实基础。因此，他在为人处世方面强调个性原则，乃是很自然的。其以"耿介"为"尧舜之道"，实是其关于共性与个性的辩证法思想在处世哲学上的具体表现。

按照顾炎武的思想，人的共性，即所谓"常情"，在"天下为家"的条件下表现为"各亲其亲，各子其子"，而"各亲其亲，各子其子"的实质就是"亲亲为大"的"仁"。然则，"仁"即是人之共性所在。故顾炎武所谓的"耿介"，并非一般意义上的人的个性，而是同"仁"这一人的共性相联系的。他之强调为人"耿介"，本质上乃是为了守"仁"，因为按照他对共性与个性关系的理解，"仁"（共性）是寓于"耿介"（个性）并依赖于"耿介"的，若脱离"耿介"，"仁"便不能存在。

正因其明于"耿介"与"仁"的这种内在同一关系，所以他把孔子所讲的"人之生也直"解释为"即孟子所谓性善"。但是，个性不等于共性，"耿介"亦不等于"仁"。根据顾炎武的思想，"仁"的基本含义是"仁爱"，而"耿介"的基本含义则是"不同乎流俗""不合乎污世"，简言之曰"刚方"。据此作进一步的分析，便不难看出"耿介"与"仁"的实质性的区别来："仁"因其"爱"而有把此人与彼人联结和统一起来的功能，"耿介"则以其"不同乎流俗""不合乎污世"而有把此人与彼人区别和排斥开来的性能。概言之，这种区别就在于："仁"是"爱人"，而"耿介"是"恶人"。孔子有云："唯仁者能好人，能恶人。"又云："善者好之，其不善者恶之。"顾炎武把"仁"和"耿介"统一起来，这应被合理地理解为就是他对于孔子上述思想的继承和发展。把"耿介"同"仁"联系起来看，作为为人之道的"耿介"，也可以说就是孔子所倡导的"君子和而不同"。这种为人之道根本不同于道家庄子"不谴是非，以与世俗处"的游世主义。

儒家固然亦主张"与世俗处"，故而讲"和"，但

纪念顾炎武诞辰400周年研讨会

儒家讲"和"是要"谴是非"的,所以它要用"是是非非"的"智"来作"仁"之配,并认为"圣人"就是"既仁且智"者。在儒家看来,不分是非善恶,一以和而好之,此乃"乡愿","乡愿,德之贼也",而明知其不善而和好之,则是"小人"之"比"矣,"君子周而不比"。

顾炎武的"耿介"思想与儒家的这些思想是完全相通的,他所激烈批判的"体柔(夸毗)之人",实质上就是被孔子斥之为"德之贼"的"乡愿"一类的人。他在《日知录·夸毗》中说:

……释训曰:"夸毗,体柔也。"天下惟体柔之人常足以遗民忧而召天祸。夏侯湛有云:"居位者以善身为静,以寡交为慎,以弱断为重,以怯言为信。"白居易有云:"以拱默保位者为明智,以柔顺安身者为贤能,以直言危行者为狂愚,以中立守道者为凝滞,故朝寡敢言之士,庭鲜执咎之臣……"罗点有云:"无所可否,则曰得体;与世浮沉,则曰有量;众皆默,己独言,则曰沽名;众皆浊,己独醒,则曰立异。"观三子之言,其于末俗之敝,可谓恳切而详尽矣。至于佞谄日炽,刚克消亡,朝多沓沓之流,士保容容之福,苟由其道,无变其俗,必将使一国之人皆化为"巧言令色孔壬"而后已。然则丧乱之所从生,岂不阶于夸毗之辈乎!

这里,顾炎武尖锐地指出了"夸毗之辈"为人处世之特点:"寡交"、"善身"、"怯言"、"弱断"、"拱默保位"、"柔顺安身"、"无所可否"、"与世浮沉"。他认为明末"丧乱之所从生"乃至于最终"召天祸",就与长期以来被明朝士大夫们所崇尚的这种夸毗体柔的为人处世方式有密不可分的联系,它不但直接地导致了"朝多沓沓之流,士保容容之福",而且其德风所至,也"使馆国之人,皆化为巧言令色孔壬"。国民素质沦落到这田地,亡国是势所必然的了。

顾炎武认为,国家的独立之根柢在于个人的独立,要"保邦于未危",必须从提倡个人的独立人格开始。他在《日知录·不醉反耻》中说:

"彼醉不臧,不醉反耻。"所谓一国皆狂,反以不狂者为狂也。以箕子之忠,而不敢对纣之失日,况中材以下,有不尤而效之者乎?"卿士师师非度",此商之所以亡;"兰芷变而不芳兮,荃蕙化而为茅",此楚之所以以六千里而为

昆山市第一中学校训

仇人役也。是以圣王重特立之人,而远苟同之士。保邦于未危,必自此始。

他说商朝之所以灭亡,就是因为大臣们没有自己的独立人格,任凭君主胡作非为。泱泱大国的楚国之所以会被秦国所灭亡,就在于"兰芷变而不芳,荃蕙化而为茅",大家都与腐败的社会风气同流合污了,造成了群体性的腐败。如此,国安得不亡!

顾炎武还强调敢"言"且敢于"直言",而反对不敢言的"默"或不敢直言的"巧言"。他认为,明朝历代君主之所以独断专横,其根源皆由于大臣之不敢言:"三百年来,当国大臣皆畏避而不敢言,至天子独断行之而已。"(《日知录·宗室》)由此可以看出,顾炎武提倡"耿介",是带有反对君主专制的民主意识的。

2. 顾炎武之耿介绝俗

在现实生活中,顾炎武正像他自己所提倡的那样,确实是一位耿介之士。耿介之性格伴随先生始终,这里举四例。

(1)归奇顾怪。早在青年时代,他和挚友归庄就被乡人称为"归奇顾怪"。顾炎武本人也曾谈道:"自余所及见里中二三十年来号为文人者,无不以浮名苟得为务。而余与同邑归生,独喜为古文辞,砥行立节,

落落不苟于世,人以为狂。"(《吴同初行状》)这大概可以说是对"归奇顾怪"最权威的解释了。"奇""怪""狂",都是"不苟于世"即"耿介"之意。

崇祯己卯年(1639),顾炎武"秋闱被摈,退而读书",从事《肇域志》和《天下郡国利病书》的写作,这在当时亦可谓是一种绝不同乎流俗的"奇""怪"之举了。

康熙七年(1668),归庄《与顾宁人书》有云:"兄前书自言精于音韵之学,著书已成,弟未及见,但友人颇传兄论音韵必宗上古,谓孔子未免有误,此语大骇人听。因此度兄学益博,僻益甚,将不独音韵为然,其他议论,倘或类此,不亦迂怪之甚者乎?""孔子未免有误"?就连"奇"人归庄闻之,都未免有"大骇人听"之感,而批评其"迂怪之甚",足见当时敢如此口出"狂言"者委实鲜有其人了,而顾炎武竟就敢如是斗胆直言!今考其遗著,果见有"虽圣人有所不知焉者"(《日知录·春秋阙疑之书》)的话,说明归庄所谓"友人颇传"云云当确有其事。这是顾炎武在治学方面表现出来的异乎寻常的"耿介心",从一个侧面反映出了这位胸怀"明道救世"之大志的知识分子对于真理的坚贞不渝的追求。

(2)累拒仕清。平心而论,追求真理,确实需要有顾炎武那样雄直方刚的"耿介心",尤其在专制统治之下,为人如果没有一点"耿介心",那就既不敢说出真理,更不敢捍卫真理,还奢谈什么追求真理呢!

作为一位明朝遗民,顾炎武在清朝权贵面前所表现出来的耿介,就不只是一般的为人耿直,而更是一种崇高的民族气节了。康熙十年(1671)夏,顾炎武客北京,翰林院掌院学士熊赐履召之,欲荐其佐修《明史》,顾炎武严辞正色地表示:"果有此命,不为介推之逃,则为屈原之死矣。"(《记与熊孝感先生语》)

康熙十八年(1679),同乡大学士叶方蔼欲荐其参修《明史》,顾炎武闻之,立即写信给叶氏,大义凛然地表示:"七十老翁何所求?正欠一死!若必相逼,则以身殉之矣!"(《与叶讱庵书》)

其如此坚守民族节操,誓死不与清朝合作,真正履行了他自己许下的诺言:"草木得坚成,吾人珍晚节。亮哉岁寒心,不变霜与雪!"(《德州讲易毕奉柬诸君》)也真正做到了如孟子之言的"富贵不能淫,贫贱不能移,威武不能屈"。所以,他可以坦然无愧地说:"某虽学问浅陋,而胸中磊磊,绝无阉然媚世之习。"(《与人书十一》)

(3)不做应酬文章。顾炎武的耿介不是性格的偏执,而是蕴含着社会责任意识和忧患意识。同当时的许多学者不一样,他极少去写那些为死者称颂功德的应酬文字。他曾经说过:"《宋史》言,刘忠肃每戒子弟曰:'士当以器识为先,一命为文人,无足观矣。'仆自一读此言,便绝应酬文字。所以养器识而不堕于文人也。"(《与人书十八》)陕西周至学者李颙,是顾炎武北游以后结识的友人,他们一见如故,砥砺气节,同样以操志高洁名著于世。可是,李颙请顾炎武为其母写一篇祠记,却为他所婉言谢绝。后来,顾炎武在谈及此事时解释道:"中孚为其先妣求传再三,终已辞之。盖止为一人一家之事,而无关经术政理之大,则不作也。"(《与人书十八》)在中国文学史上,韩愈是所谓"文起八代之衰"的卓

昆山千灯亭林祠

然大家,但是顾炎武也因为韩愈做了"无关经术政理"的应酬文章,而对之持保留态度。他说:"韩文公起八代之衰,若但作《原道》《原毁》《臣论》《平淮西碑》《张中丞传后序》诸篇,而一切铭状概为谢绝,则诚近代之泰山北斗矣。今犹未敢许也。"(《与人书十八》)

(4)斥"文辞欺人"。对于那些丧失民族气节而又不能为新主子赏识,"而后发为忠愤之论"的"贰臣",顾炎武表示了极大的蔑视。他在《日知录·文辞欺人》中说:"今有颠沛之余,投身异姓,至摈斥不容,而后发为忠愤之论,与夫名污伪籍而自托乃心,比于康乐、右丞之辈,吾见其愈下矣!"他认为"贰臣"们的所谓"忠愤之论"其实是不可相信的,而他们所作的那些自我表白的诗文,把自己比作历史上的谢灵运、王维,亦足见其格调之低下。在顾炎武看来,自古以来以文辞欺人者,莫过于谢灵运,其次就是王维。他说谢灵运本来是晋朝的国公,但是在刘裕篡夺了东晋的皇位以后,他不仅没有与陶渊明等人为林泉之侣,反而又做了刘宋的高官,并且为之出谋划策,等到在朝廷的权力斗争中失败、不得不兴兵反抗时,却作诗以晋朝的忠臣自居,这不是自欺欺人么!唐朝安史之乱,王维被迫臣事安禄山,却作诗表白自己仍然忠于唐王朝,后来唐肃宗因为看到王维写的这首诗而赦免了他,王维的朋友杜甫也对他表示同情和理解,在赠给王维的诗中有"高人王右丞"之句。顾炎武在《日知录·文辞欺人》中驳斥杜甫说:"天下有高人而仕贼者乎?"顾炎武根本不相信"贰臣"们的自我表白是出于真心,所以斥之为虚伪,斥之为"文辞欺人"。

3. 评价

顾炎武耿介绝俗的人格是其圣贤风范、大智大勇和敢于担当的体现,而不是独善其身的自娱自乐,是以天下为己任、严于律己的坚守,而不是自高自大的唯我独尊。他的耿介绝俗不是性格的偏执,而是建立在高度社会责任意识基础上的一种人生信念,反映出他天下大任的高尚情怀和天地大爱的忧世心情。正如他在诗作《谒夷齐庙》中所云:"终怀耿介心,不践脂韦径。庶几保平生,可以垂神听。"

章太炎以顾炎武自比,引述顾炎武的道德学说来与同志共勉,其主要内容是:一曰知耻,二曰重厚,三曰耿介。在引述了顾炎武的以上论说后,章太炎感叹地写道:"呜呼!如吾宁人之说,举第一事,则矜欧语者可以戒矣;举第二事,则好修饰者可以戒矣;举第三事,则喜标榜者可以戒矣。必去浮华之习,而后可偕之大道……值大事之阽危,则能悍然独往,以为生民请命。若于此三者犹未伏除,则必不能忘情于名利,名利之念不忘,而望其敌忾致果,舍命不渝,又可得乎?"章太炎认为,这三者也是身为革命党人不可缺少的基本道德素质。

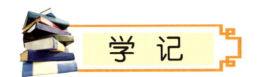

学 记

● 发人深省

本课最能使你有所启发的两句话是：
1.
2.

● 合作探究

1. 为什么说顾炎武有圣贤风范？

2. 耿介绝俗的含义有哪些？

3. 顾炎武不做应酬文章，反映了他怎样的人格特征？

● 责任意识

通过本课学习，你认为一个人应该具有怎样的社会责任意识？

● 启示录

1. 本课对你为人的启示是：

2. 本课对你为学的启示是：

第18课

严谨规范，虚怀若谷

——学术修养及虚心精神

> 大学者有必要之态度二：一曰精慎，二曰虚心。亭林著作最能表现这种精神……他的感化力所以能历久常新者，不徒在其学术之渊粹，而尤在其人格之崇峻。
>
> ——梁启超
>
> 顾炎武毕生提倡务实求真、去芜存菁的学风，反对治学中的蜻蜓点水和沽名钓誉现象。他把追名逐利、草率自刻文集的人斥之为"失足落井"，把不辨良莠、盲目为这类文集作序斥之为"落井下石"。顾炎武治学本着精品意识，惨淡经营，一丝不苟。他常年埋头于汗牛充栋的史料之中，披沙拣金。顾炎武治学的精品意识，源于他对社会、对真理的责任意识。他治学绝非一时心血来潮，即兴而作，而是作为毕生的追求，数年如一日，锲而不舍。顾炎武作古已经三个多世纪了，但他治学的精品意识和充分体现这种精品意识的力作《日知录》，时刻都在告诫学人：治学切忌心浮气躁！万不可"一年磨十剑"。凡为学之人当以此为戒，以此共勉。
>
> ——田居俭

顾炎武是道德、学问兼备的大儒，是做人的楷模。他严谨规范的学术道德和虚怀若谷的治学精神所折射出的高尚人格和道德风范，是后世学习的榜样。

一、学术道德

顾炎武十分重视中国社会的学术道德建设，把反对曲学阿世和杜绝抄袭剽窃行为看作是廓清学界的歪风邪气、改善和净化社会风气的一个重要方面。

1. 反对曲学阿世，提倡人格独立

顾炎武特别厌恶读书人曲学阿世的卑劣行径。他在《日知录·古者不为臣不见》中，对读书人"望尘而拜贵人，希旨以投时好"的奴才性格作了深刻的揭露。他还在《日知录·劳山》和《日知录·巧言》中，对读书人曲学阿世的严重社会危害作了进一步的揭露和鞭挞。

古之圣王劳民而民忘之，秦皇一出游而劳之名传之千万年。然而致此则有由矣。《汉志》言齐俗夸诈。自太公、管仲之余,其言霸术已无遗策。而一二智慧之士倡为迂怪之谈,以耸动天下之听,不过欲时君拥彗,辩士诎服,为名高而已,岂知其患之至于此也!

——《日知录·劳山》

读书人曲学阿世,除了迎合权势者、"希旨以投时好"以外,还有一个手段,就是标榜"创新","倡为迂怪之谈,以耸动天下之听"。顾炎武说,古代齐国人尤工于此道,以"夸诈"著称。秦始皇之所以要去游劳山,就是受了齐国方士们的蛊惑,到那里去寻找长生不老药,结果是劳民伤财,给当地人民带来了极大的痛苦。其实,读书人曲学阿世给天下带来的灾难又何止于此!汉武帝一生,受尽了齐国方士们的欺骗,方士们的骗术层出不穷,此亦一"创新",彼亦一"创新",汉武帝也不知为此耗费了多少民脂民膏。其实,天下哪里有那么多的创新,然而古人又不懂得衡量创新的科学标准,这就为那些为求"名高"而迎合愚蠢的统治者的读书人提供了曲学阿世的条件。顾炎武要那些曲学阿世的读书人看一看他们的行为给人民造成的灾难,痛自反省,以"行己有耻"自律,不仅使人民减少一些无端的痛苦,也给自己和后人积一点阴德。

世言魏忠贤初不知书,而口含天宪,则有一二文人代为之。《后汉书》言梁冀裁能书计,其诬奏太尉李固时,扶风马融为冀章草。《唐书》谓李林甫自无学术,仅能秉笔,而郭慎微、苑咸,文士之阘(tà)茸者代为题尺。又言高骈上书,肆为丑悖,胁邀天子,而吴人顾云以文辞缘饰其奸……呜呼!何代无文人,有国者不可不深惟华实之辨也。

——《日知录·巧言》

他说历史上那些误国害民的巨奸大恶之所以能够逞其毒焰,肆虐天下,就在于有一批无耻文人为之摇笔鼓舌、助纣为虐。如汉朝梁冀的文化水平很低,却有著名经学家马融为他起草诬陷忠良的奏章;唐朝的大奸臣李林甫不学无术,却有郭慎微、苑咸之流的阘茸文人为他写文章;明朝天启年间,不识字的太监魏忠贤和给皇帝当奶妈的客氏之所以能够专权,俨然"口含天宪",残酷镇压持不同政见的健康的政治力量,也是因为有一帮无耻文人在那里为他们出谋划策、起草文书的缘故。在某种程度上可以说,明朝之所以灭亡,汉族人民之所以受奴役,就是坏在这批无耻的士大夫手里。顾炎武认为,对文人要"深为华实之辨",那些华而不实的巧言令色之徒,往往都是一些为求富贵而不顾廉耻的人。

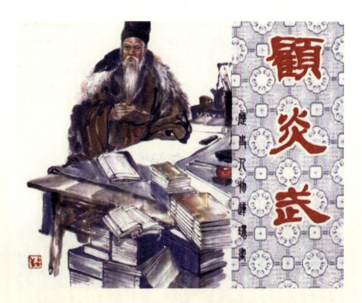

连环画《顾炎武》封面

对于读书人为扩大知名度而"自贬其学"的媚俗行为,顾炎武也表示了特别的反感。有人劝他招门徒,立名誉,以光显于世。他明确表示拒绝。他说,像西汉时期的经师那样,弟子多至千人,位高者可至公卿,位卑者也能在朝廷里混个"博士"的头衔,大家都自称是他的门徒,真可以说是光显于世了,然而班固却一语将天机道破:此乃禄利之路使然也。虽然"夫子之门人且学干禄",但我顾炎武就是与孔夫子不同,如今要让我去教那些干禄之徒作应试文章,那是绝对不行的。他在《与友人论门人书》中强调:

"大匠不为拙工改废绳墨,羿不为拙射改废彀率",若徇众人之好,而自贬其学,以来天下之人,而广其名誉,则是枉道以从人,而我亦将有所不暇。惟是斯道之在天下,必有时而兴,而君子之教人,有私淑艾者,虽去之百世,而犹吾同堂也。

他认为真正的学者是具有思想的尊严和人格的尊严的人,绝不会因为世俗的好恶而改变自己的思想和信念。如果为了扩大知名度而不自尊其所学,不惜改变自己的思想信念以迎合世俗的喜好,就是一种"枉道以从人"的行为。诚然,在中国传统社会中,谁要是迎合世俗的读书人追求"黄金屋,颜如玉,千钟粟"的欲望,教他们以猎取功名利禄的"俗学",谁的知名度就会提高,谁的门徒也就会增多,但顾炎武对此不屑一顾。

他坚信"斯道之在天下,必有时而兴",即使在世时连一个学生也没有,而百世以后能有以自己的著作为师的私淑弟子,那也与在世时能与他同堂讲学一样的值得庆幸。顾炎武的以上论说中,隐含了对孔子之所谓"学也,禄在其中也"的观点的批评。后来特别崇拜顾炎武、被鲁迅称为"有学问的革命家"的章太炎认为,儒学的最大的缺点就是使人不脱功名利禄思想,也许就是受顾炎武以上论述的影响。

2. 反对弄虚作假、抄袭剽窃的行为,提倡学者应该具有诚信的品格

诚信,是社会生活正常运行的最基本的条件,也是社会发展的最基本的道德保障。对于学者来说,所谓诚信,就是要严格遵守学术道德。在历史上的开明专制时代,人们的思想言论相对来说比较自由,所以学术界的风气和整个社会的道德风气也相对来说比较好一些。可是,在历史上的暴虐专制时代,专制统治者唯有靠制造谎言和恐怖气氛来维护其统治,在这种情况下,一切要求生活在真实之中的声音,一切要求社会公正和正义的声音,都在统治者的消灭和禁止之列。人们不能说真话,于是假话、谎话就必然大行其道。人们不能通过诚信的方式来获得其所追求的一切现实的利益,就势必走上弄虚作假之途。统治者无诚信可言,又怎么能指望读书人和普通老百姓讲求诚信呢?为了使中国社会走上健康发展的轨道,顾炎武除了无情地揭露专制制度摧毁了中国社会道德的基础,并要求统治者要讲诚信以外,还把批判的矛头指向了学术界的弄虚作假行为,目的是为了净化学界风气,替中国社会的进步多保留一份道德的资源。

顾炎武最痛恨剽窃他人之书为己作的做法。他概括了剽窃的三种手法:

一是"以他人之书而窃为己作",以郭象《庄子注》、何法盛《晋中兴书》为代表。他在《日知录·窃书》中说:

> 汉人好以自作之书而托为古人,张霸《百二尚书》、卫宏《诗序》之类是也。晋以下人则有以他人之书而窃为己作,郭象《庄子注》、何法盛《晋中兴书》之类是也。若有明一代之人,其所著书无非窃盗而已。

昆山千灯顾园

郭象剽窃向秀的《庄子注》与何法盛窃郗绍《晋中兴书》是中国历史上有名的"以他人之书而窃为己作"的典型案例。顾炎武说,从《世说新语》的记载来看,郭象虽然"为人薄行",却"有俊才",能通向秀《庄子注》之意,所以其补注的《秋水》《至乐》两篇与向秀的原意一致,而今日之窃书贼连郭象也不如:"今代之人但有薄行而无俊才,不能通作者之意,其盗窃所成之书,必不如元本,名为钝贼何辞!"(《日知录·窃书》)顾炎武说有明一代之人所著书无非窃盗而已,诚然是一种过激之论,但他对"但有薄行而无俊才"的剽窃行为的批判,却不能不说是入木三分。

二是"以前人之书改窜而为自作",以《汉书》的作者班固、《通鉴纲目》的作者朱熹等人为代表。他引

用他的嗣祖顾绍芾的话说:

> 凡作书者,莫病乎其以前人之书改窜而为自作也。班孟坚之改《史记》,必不如《史记》也;宋景文之改《旧唐书》,必不如《旧唐书》也;朱子之改《通鉴》,必不如《通鉴》也。至于今代,而著书之人几满天下,则有盗前人之书而为自作者矣。故得明人书百卷,不若得宋人书一卷也。
>
> ——《钞书自序》

班固据《史记》而作《汉书》,宋景文据《旧唐书》而作《新唐书》,朱熹据《资治通鉴》而作《通鉴纲目》,在顾绍芾和顾炎武看来,都是"以前人之书改窜而为自作"的行为,是不合乎学术规范和学术道德的。而且从学术水准来看,无论是《史记》《旧唐书》还是《资治通鉴》,都是原创性的学术成果,而以前人之书改窜而为自作的《汉书》《新唐书》《通鉴纲目》无论其怎样煞费苦心,也难以与前人已经达到的学术水准相比,这种在学术上走捷径的做法实在是不足为训的。不过,宋朝人还没有达到像明朝人那样"盗前人之书而为自作"的地步,所以顾绍芾和顾炎武又有"得明人书百卷,不如得宋人书一卷"的感慨。

> 顾炎武暮年的经历,使他的学术风尚得以较黄宗羲、王夫之二人要更深刻地影响当世。他严谨健实的学风,经世致用的治学宗旨,朴实归纳的为学方法,诸多学术门径的开拓,以及对明季空疏学风斩钉截铁般的抨击,与其傲岸的人格相辉映,同样使他对后世学风的影响要较黄、王二人要深刻而广泛。

三是"隐没古人名字,将为己说",以明代弘治以后的经解之书为代表。顾炎武在《日知录·述古》中说:

> 凡述古人之言,必当引其立言之人。古人又述古人之言,则两引之,不可袭以为己说也。《诗》曰:"自古在昔,先民有作。"程正叔传《易·未济》"三阳皆失位",而曰:"斯义也,闻之成都隐者。"是则时人之言,亦不敢没其人。君子之谦也,然后可与进于学。

又在《日知录·窃书》中说:

> 《旧唐书》:姚珽尝以其曾祖察所撰《汉书训纂》多为后之注《汉书》者隐没名字,将为己说。珽乃撰《汉书绍训》四十卷以发明旧义,行于代。吾读有明弘治以后经解之书,皆隐没古人名字将为己说者也。

顾炎武批评明朝弘治以后学者所作的经解之书皆隐没古人名字将为己说,表彰唐朝的姚珽不肯为其曾祖姚察所撰《汉书训纂》讳过,撰《汉书绍训》四十卷,将被其曾祖隐没的古人名字——公之于世,并且特别赞赏程颢《易传》对于闻之同时代学者的见解也要在书中予以注明的做法,认为这种诚实而谦虚的态度,乃是有志于"进于学"的人所应该具有的最基本的道德品质,也是学者想在学术上取得成就所必须具备的道德品质。

凡是严谨治学的人都有这样的体验:一种见解常常要经过反复修正,而且往往自己苦思力索而形成的思想,无意中却发现前人早已有此见解。顾炎武亦不例外。他决不肯弃前人的见解于不顾,而宁可将自己的同样见解从书中删去。他说:"愚自少读书,有所得辄记之;其有不合,时复改定;或古人先我而有者,则遂削之。"(《日知录·自序》)顾炎武的这种诚实的学风,深刻地影响了清代朴学的研究。后来的朴学大师们,都极力避免学术研究中的低层次重复。他们遵循顾炎武的教诲,"必古人之所未及就,后世所不可无,而后为之"(《日知录·著书之难》);同时在研究中,必详列前人之见解,决不敢隐没其姓名而窃以为己说。这一切,成为清代朴学家们普遍遵守的学术规范。

二、虚怀若谷

在中国学术史上，唐儒韩愈以《师说》一篇，力倡尊师重道，登高一呼，传唱不绝。历时近千载，清儒顾炎武又以《广师》一文，接武前哲，后先辉映。纵观顾炎武一生，处王朝鼎革之巨变，怀明道求世之坚志，可谓历尽忧患，饱尝艰辛。他以游为隐，坚不出仕，素为人所景仰。自顺治十四年（1657）弃家北游，尔后二十余年，往来于鲁、燕、晋、陕、豫诸省之间，所至之地，访求同学，相与师友，不遗余力。之所以如此，客观上固然与顾氏独特的生活经历不无关联；但究其内在根由，则无疑是他笃实的治学风格和谦逊的为学品德的必然反映。唯其如此，方有《广师》一文的问世。一代宗师风范尽在其中。

顾炎武学问堂庑宽广、博大精深，颇为学界所推崇，但他决没有天下第一的骄矜，也没有以绝对真理之化身自居的虚妄，更没有丝毫文人相轻的传统陋习。他总是看到自己学问的不足，对同时代其他学者的长处予以高度推崇。当时有一位学者叫汪苕文，刻了一部文集，内有《与人论师道书》谓："当世未尝无可师之人，其经学修明者，吾得二人焉，曰：顾子宁人，李子天生。"顾炎武读后，作《广师》一文，认为汪苕文对自己的推崇是"过情之誉"，又说"同学之士，有苕文所未知者，不可以遗也，辄就所见评之"。

广　师

苕文汪子（汪琬）刻集，有《与人论师道书》，谓："当世未尝无可师之人，其经学修明者，吾得二人焉，曰：顾子宁人，李子天生。其内行淳备者，吾得二人焉，曰：魏子环极，梁子曰缉。"炎武自揣鄙劣，不足以当过情之誉，而同学之士，有苕文所未知者，不可以遗也，辄就所见评之。夫学究天人，确乎不拔，吾不如王寅旭；读书为己，探赜洞微，吾不如杨雪臣；独精三《礼》，卓然经师，吾不如张稷若；萧然物外，自得天机，吾不如傅青主；坚苦力学，无师而成，吾不如李中孚；险阻备尝，与时屈伸，吾不如路安卿；博闻强记，群书之府，吾不如吴任臣；文章尔雅，宅心和厚，吾不如朱锡鬯；好学不倦，笃于朋友，吾不如王山史；精心六书，信而好古，吾不如张力臣。至于达而在位，其可称述者，亦多有之，然非布衣之所得议也。

汪琬（1624—1691），字苕文，清初学者、散文家，苏州人，与侯方域、魏禧合称明末清初散文"三大家"。

《广师》一文中，列举的十个可师的人，是顾炎武青年时代和北游山东、河北、山西、陕西以后所结交的朋友。十个"吾不如"，文词恳切，点出所长，充分体现了顾炎武的谦虚品德和好学态度。

王锡阐、杨瑀、吴志伊等三人是顾炎武早年在江南便已结识的好友。

王锡阐，号晓庵，江苏吴江人。清军南下，南明弘光政权覆灭，江南各地纷起抗清，他以投河自尽表示尽忠明朝。遇救之后，他又绝食七日，后来虽因父母强迫，不得已而复食，但从此放弃科举，隐居乡间，以教书为业。他精通天文历法。顾炎武认为："若历法，则古人不及近代之密。"充分肯定了天文历算之学的价值和意义。明朝万历年间，西方传教士东来，给中国知识界带来了当时世界上最先进的自然科学知识，尤其是天文学和数学的知识，当时中国的开明士大夫皆对西方的天文历算之学持热烈欢迎的态度。王锡阐就是一位会通中西天文历算之学的大天文学家，他的天文学成就受到了顾炎武的高度赞誉，所以顾炎武说"学究天人，确乎不拔，吾不如王寅旭"。杨瑀，号雪臣，江苏武进人。徐乾学《雪臣七十寿序》云："先生少日好立奇节，既而厚自刻励，韬光灭影，率诸子键户读书，自经史而外，分授天官、地理、历律、兵农之书。出则与恽逊庵讲学南田及东林书院，如是者余三十年。"顾炎武对杨瑀的为学品格特别推重，因此说"读书为己，探赜洞微，吾不如杨雪臣"。顾炎武在《与杨雪臣》中说："愚深服先生者，在不刻文字，不与时名。至于朋友之中，观其后嗣，象贤食旧，颇复难之。郎君博探文籍而不赴科场，此又今日教子者所当取法也。人苟遍读五经，略通史鉴，天下之事，自可洞然，患在为声利所迷而不悟耳。"吴任臣，本名吴志伊，清历史学家。其人治学态度严谨认真，"志行端悫，博闻强识"。他利用翰林院的清闲和丰富的藏书，以及修《明史》工作之便，搜集大量史料，进行分类整理、研究,并发扬我国私人修史的传统,决心继欧阳修写五代史后,撰写一部十国史,留给后世。经过一段时间构思、确定编写原则、体例后,他昼夜劳瘁,辛勤写作,终于写成史学专著《十国春秋》。吴志伊的建树,受到好评,称"广搜博引,可称淹贯"。因此,顾炎武说:"博闻强记,群书之府,吾不如吴任臣。"

路泽浓,字安卿,直隶曲周人。虽为北方人,但与顾炎武相识在南方。明天启(1621—1627)进士。幼秉家学,少从父游,才兼文武,实有奇才,然生逢乱世不得施展。其父路振飞进士出身,崇祯十六年(1643)任右佥都御史,崇祯亡后,南明王朝累封其官至太子太保、文渊阁大学士兼吏部尚书。路泽农本来是跟随路振飞一同赴诏的,却于途中走散,"被强帅拥重兵者扣留,并欲以女嫁之,日置酒,嘱参军从事,路泽农不为所动。至胁于兵,路泽农按剑太息曰:嗟乎,人生不得行胸怀,有仗剑死耳,何司马相如之为也?帅闻,意稍解,遂留为书记室。路泽农谢绝之,乘间微服而去"。路泽农后遇其父于广州海上。其父死后,路泽农扶梓而行,且行且哭。时伯兄皋侍母于洞庭,讣闻奔丧,兄弟相抱哭,踊哀感动路人。客苏时,与顾炎武友善,曾向顾炎武借过钱,但并无第三人知道,顾炎武死后,路泽农仍将原来所借之金归还其家。其常言人生无论出处当有惠泽及物,故而居处尽管俭约,亲族之中却有数十家受过他的接济。因此顾炎武说"险阻备尝,与时屈伸,吾不如路安卿"。

张尔岐、张弨是顾炎武北游后,分别在山东和淮安结识的好友。张尔岐,字稷若,号蒿庵,山东济阳人。自幼聪颖好学,熟读经史,兼及诸子百家,旁及太乙、奇门之学。晚年精研"三《礼》"(《仪礼》《周礼》《礼记》),造诣尤深。因此顾炎武说"独精三《礼》,卓然经师,吾不如张稷若"。张尔岐品德高尚,为时人所称颂。明末应科举考试,有人送他制艺(八股范文)作备考捷径,他不予理会。一生寒素,耿介自持。44岁始与顾炎武相识,顾炎武诗中有"为叹斯人久寂寥"句,大有相见恨晚之意。顾炎武对其研究更是褒奖有加,后来在《哭张蒿庵先生》诗中长叹说:"从此山东问三礼,康成家法竟谁传?"恸挽之情溢于言表。

张弨,字力臣,淮安人。张弨与顾炎武"友善",常书信往来,交流思想和研究成果。清兵下江南后,顾举兵抗清,以后又南来北往,终身不仕,踏实钻研学问,这对张弨影响极大。他迫于家境,只能在家乡"课弟教儿"。他仿效顾炎武不参加科举,不登仕途,潜心学问。张弨"通经博古,世其家学,专心六书,尤嗜金石文字",成为清初著名金石家。因此顾炎武说"精心六书,信而好古,吾不如张力臣"。康熙六年(1667),顾炎武著音韵学五种,"托力臣缮写授梓",张弨为其校勘,令二子叶箕、叶贞为之工整誊写,并给顾寄去样本,还以"鬻产之值"为之刊刻,顾炎武极为感动。

傅山、朱彝尊、李颙、王弘撰等四人是顾炎武在西北结识的挚友。

傅山,字青主,明清之际思想家、书法家,山西太原人。明亡为道士,隐居土室养母。康熙中举鸿博,屡辞不得免,至京,称老病,不试而归。顾炎武极服其志节。于学无所不通,经史之外,兼通先秦诸子,又长于书画医学。顾炎武与傅山都为晚明遗民,共同的家国之痛使得两人心相许、情相牵,结成莫逆之交。顾炎武居江苏昆山,傅山寓山西太原,虽山水阻隔,路途迢迢,却挡不住两人友谊相交的步伐。顾炎武曾三次跋山涉水去访傅山,可见两人情义之深。在傅山眼

山西太原傅山纪念馆

人师 顾炎武

里,民族气节重于泰山,个人的仕进轻如草芥。顾炎武对傅山评价很高,觉得从傅山身上学到了很多东西,确实可以成为自己的师长。顾炎武说"萧然物外,自得天机,吾不如傅青主",既表达了对傅山人格和思想的无比敬重,也体现了顾炎武作为大思想家特具自知之明、乐道人之善的宽广胸怀。知顾炎武者莫如傅山,知傅山者亦莫如顾炎武,从来论傅山之人格与思想者,都没有"萧然物外,自得天机"这八个字来得生动、深刻、贴切、传神,具有用最少、最精练的文字包含最丰富、最广大的内容的概括力。

朱彝尊,字锡鬯,清代诗人、词人、学者、藏书家,今浙江嘉兴市人。博通经史,诗与王士禛称南北两大宗。作词风格清丽,为浙西词派的创始者,与陈维崧并称"朱陈"。因此顾炎武说"文章尔雅,宅心和厚,吾不如朱锡鬯"。朱彝尊精于金石文史,购藏古籍图书不遗余力,为清初著名藏书家之一。康熙五年(1666),顾炎武去曲周,途经太原,彝尊访之,遂与订交。顾炎武诗中云:"词赋雕镂老,河山骋望频。末流弥宇宙,大雅接斯人……与尔皆椎结,于今且约缙。羁心萦故迹,殊域送良辰。"对朱彝尊称赞有加。康熙七年(1668)顾炎武陷济南狱,朱彝尊自京师亲赴济南,从中斡旋,可谓急友之难,义不容辞。后应试特科,以布衣入选,与富平李因笃、吴江潘耒、无锡严绳孙同修《明史》,有四布衣之称。

李颙,字中孚,明清之际哲学家,今陕西周至人。李颙家贫,借书苦学,遍读经史诸子以及释道之书。曾讲学江南,门徒甚众,后主讲关中书院。因此顾炎武说"坚苦力学,无师而成,吾不如李中孚"。康熙二年(1663)顾炎武过访周至,与之订交,遂往来不绝。清廷屡以博学鸿词征召,以绝食坚拒得免。顾炎武在《与友人书》中说:"李君中孚,舁至近郊,至卧操白刃,誓欲自裁。关中诸君有以巨游故事言之当事,得为谢病放归。"

王弘撰,号太华山史,陕西华阴人。博学工书,对书画金石精鉴别。持反清复明之志,康熙十七年(1678)荐博学鸿词,坚辞不就。世居华山,有读易庐,著《易象图述》《山志》《砥斋集》等。王弘撰一生酷嗜金石、书法和绘画,勤于书法创作,与傅山、"金陵八家"、吴门画派后裔等一流书画家、收藏家来往密切,切磋艺术,在明末清初的金石书画圈中影响很大。康熙二年(1663)顾炎武至华阴拜访王弘撰,始订交。清廷开博学鸿儒科,其年近花甲而受荐举,请辞不准,被迫入京,后托病坚不就试。顾炎武称王弘撰为"关中声气之领袖"。王弘撰为人尚意气,重名节,对朋友十分热情,顾炎武入关中曾屡宿其家。二人多有诗文往来,交谊甚厚。因此顾炎武说"好学不倦,笃于朋友,吾不如王山史"。

> 王家范说:先生既看不起当时"行伪而脆"的江浙文人,当然也不会在乎别人怎么看待自己。但若以此而推论先生狂傲得莫名所以,自负天下无敌手,则又大谬不然。试读先生《广师》一文,自言"炎武自揣鄙劣,不足以当过情之誉",接着一口气历数相识的十位学者,云"吾不如"其如何如何,对自己的不足与别人的长处了然于胸,丝毫不走眼神。

顾炎武《广师》一文给人两个重要的启示:

启示一:独学无友。顾炎武为学特别注重交友,其称:"人之为学,不日进则日退。独学无友,则孤陋而难成;久处一方,则习染而不自觉。不幸而在穷僻之域,无车马之资,犹当博学审问,古人与稽,以求其是非之所在,庶几可得十之五六。若既不出户,又不读书,则是面墙之士,虽子羔、原宪之贤,终无济于天下。"又称:"子曰:'有朋自远方来,不亦乐乎?'古之人学焉而有所得,未尝不求同志之人,而况当沧海横流、风雨如晦之日乎?于此之时,其随世以就功名者固不足道,而亦岂无一二少知自好之士,然且改行于中道,而失身于暮年,于是士之求其友也益难。而或一方不可得,则求之数千里之外;今人不可得,则概想于千载以上之人;苟有一言一行之有合于吾者,从而追慕之,思为之传其姓氏而笔之书。"交友被看成是益学进道的重要途径,寻友和交友构成了顾氏为学生涯的重要部分。弟子潘耒在《日知录》序中称道其师:"足迹半天下,所至交其贤豪长者……当代文人才士甚多,然语学问,必敛衽推顾先生;凡制度典礼有不能明者,必质诸先生;坠文轶事有不知者,必征诸先生。先生手画口诵,探源竟委,人人各得其意去。天下无贤不肖,皆知先生为通儒也。"如他在山东济南结识张尔岐,当时的张尔岐只不过是一名不太为人所知的私塾先生而已。据清人罗有高《张尔岐传》称,顾氏有一次偶尔路过山东通志馆,听到里面有人在讲谈《仪礼》一书。此书之难懂,古有定论,不想讲谈的人竟滔滔不绝,娓娓道来,而且涌流条贯,顺理成章。顾炎武为之一惊,经打听始知乃"乡里句读师张生也"。第二天一早,顾炎武便"戒童仆,肃名刺,修古相见礼",前往拜访。二人"相与论议甚欢,恨相见晚,定交。既别去,相存问甚殷"。可见,顾炎武择友,是以学识为根本的,《广师》篇中所称述的十贤,于此最为明显。

启示二:虚己待人。顾炎武在为学交友过程中始终推友之长,虚己待人,以友为师,虚怀若谷,其高尚的治学品格足以为后世楷模。他的《日知录》积三十余年所学,"平生之志与业皆在其中",皆为"有益于天下"之文。然而,就是这样一部力作,他却在自序中谦称:"炎武所著《日知录》,因友人多欲钞写,患不能给,遂于上章阉茂之岁刻此八卷。历今六七年,老而益进,始悔向日学之不博,见之不卓,其中疏漏往

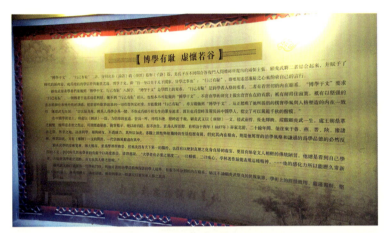

昆山市第一中学顾炎武思想课程基地展馆

往而有,而其书已行于世,不可掩。渐次增改,得二十余卷,欲更刻之,而犹未敢自以为定,故先以旧本质之同志。盖天下之理无穷,而君子之志于道也,不成章不达。故昔日之得,不足以为矜;后日之成,不容以自限。"而且期望友人能够与之切磋益学。他在致友人书中云:"《日知录》初本乃辛亥年刻。彼时读书未多,见道未广,其所刻者,较之于今,不过十分之二。非敢沽名炫世,聊以塞同人之请,代抄录之烦而已……《记》曰:'学然后知不足。'信哉斯言!今此旧编,有尘清览。知我者当为攻瑕指失,俾得刊改以遗诸后人,而不当但为称誉之辞也。"他又在给陆世仪的信中说:"近刻《日知录》八卷,特付东堂邮呈,专祈指示。其有不合者,望一一为之批驳,寄至都门,以便改正。"(《与陆桴亭札》)阎若璩实为顾炎武的门生,顾炎武作《日知录》,阎若璩为之驳正若干条,顾炎武欣然采纳。可见他的治学态度是何等谦虚。在给弟子潘耒的信中,他又特意叮嘱:"读书不多,轻言著述,必误后学。吾之跋《广韵》是也。虽青主读书四五十年,亦同此见。今废之而别作一篇,并送览以志吾过。平生所著,若此者往往多有,凡在徐处旧作,一字不存。"顾炎武待己之严,于此可见一斑。

顾炎武在严于责己的同时,对诸友却是尽可能扬人之长,推美尽致。所谓"时人之言,而亦不敢没其人。君子之谦也,然后可与进于学"。其著《音学五书》付梓淮安,得张弨父子鼎力相助。当张弨致书对《音学五书》做出约二百处的改正后,顾炎武非但没有什么难为情,反而告诉弟子潘耒说:"此书虽刻成而未可刷印,恐有舛漏以贻后人之议。"而且在后来刊刻的《音学五书》中将张弨所改一一列出,从善如流而绝不掩人之美,其所为实在令人敬佩。

总之,由《广师》所折射出的顾炎武可贵的为学品格是多方面的,但归结起来,又可以将其看作是顾炎武一生身体力行的严谨健实学风的重要基础。《广师》不仅可以让我们深切感受到作者的"虚心"和"精慎",还能进而窥察到他之所以成为"大学者"的某些奥秘。顾炎武之所以能开启一代学术门径,与他可贵的治学品格和深湛的学人境界,有着不可分割的内在联系。姑且不论顾炎武坚贞的民族气节,学术上的经世致用、严谨独创,坚忍不拔的毅力,仅胸襟博大、谦虚谨慎、推崇同辈这一点就足可见其人格之高尚。

人师 顾炎武

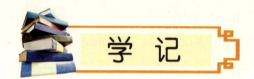

学 记

发人深省

本课最能使你有所启发的两句话是：

1.

2.

合作探究

1. 顾炎武是怎样批判读书人为扩大知名度而"自贬其学"的媚俗行为的？

2. 比较顾炎武《广师》与韩愈《师说》的异同。

3. 《广师》一文所折射的顾炎武的高贵品质是什么？

责任意识

通过本课学习，你认为一个人应该具有怎样的社会责任意识？

启示录

1. 本课对你为人的启示是：

2. 本课对你为学的启示是：

第五章

文章：有为而言，诗文大家

第19课

诗主性情,文益天下

——文学思想

> 三百多年过去了,到现在,后生小子检读顾炎武的书已经不难,但欲深窥先生文字寓意,读懂先生的心思,窃仍以为非属易事。
>
> ——王家范
>
> 顾炎武是一个治学领域博大的学者,他虽耻为"文人",一生也不轻易作诗,但是在文学上却很有造诣。尤其是他立足现实的文学思想,更多具探讨价值。只是这方面的心得,为他在经学、史学、音韵学等方面的成就所掩,以至于往往为论者所忽略。
>
> ——陈祖武

顾炎武的文学思想贯穿着有益世用的基本精神。他反对规摹古人,也反对刻意求异,主张遵循文学的基本规范,在继承的基础上创新,达到"未尝不似而未尝似"的自然熟妙的境界。

一、诗论

1. 诗歌的本质是"情感审美"

人的心灵具有认知、意志、情感三大要素。认知指向真,意志指向善,情感指向美。人的情感的表达,发为歌咏,这就有了美学意义上的创作。中国古代哲人对于诗歌的"情感审美"本质是有很深刻的认识的,即诗歌具有抒发情感的审美属性。可是,自从以"存天理,灭人欲"为宗旨的程朱理学占据统治地位以后,"性善情恶""以理抑情"的道学说教也成了文坛上的统治思想,严重窒息着诗歌创作的生机和活力。顾炎武强调"以理为宗,不得诗人之趣",论述"诗本乎情",使诗歌在更高的思想层次上向"情感审美"的本质复归。

(1) 肯定反映真实情感的作品。宋代以来,道学家评论文学作品,"以理

昆山市第一中学校园文化宣传栏

为宗",故对于反映人的感性生活欲求的作品,特别是反映男女情爱的作品,"必以坊淫正俗之旨严为绳削"(《日知录·孔子删诗》),如朱熹的弟子王柏删《诗经》、真德秀删《古诗十九首》等等。对此,顾炎武提出了颇为严正的批评。针对王柏对《诗经》的删削,顾炎武在《日知录·孔子删诗》中写道:

孔子删诗,所以存列国之风也,有善有不善,兼而存之。犹古之太师陈诗,以观民风;而季札听之,以知其国之兴衰。正以二者之并存,故可以观,可以听。世非二帝,时非上古,固不能使四方之风有贞而无淫,有治而无乱也。文王之化被于南国,而北鄙杀伐之声,文王不能化也。使其诗尚存,而入夫子之删,必将存南音以系文王之风,存北音以系纣之风,而不容于没一也。是以《桑中》之篇、《溱洧》之作,夫子不删,志淫风也……后之拘儒不达此旨,乃谓淫奔之作,不当录于圣人之经。是何异唐太子弘谓商臣弑君,不当载于《春秋》之策乎?

顾炎武从存列国之诗以观民风的观点出发,认为孔子对于列国之诗兼而存之的做法是正确的。《诗经》中的《桑中》之篇、《溱洧》之作,都是反映人民的自由情爱生活的作品。他不否认《诗经》中的《桑中》《溱洧》等诗篇是"淫奔之作",但他认为即使是淫奔之作也不是不可以保存,因为要做到"使四方之风有贞而无淫"是不可能的。孔子把反映这种风俗的诗篇保存在《诗经》中,正是为了反映当时社会生活的真实状况。因此,他批评朱熹一派的道学家为"后之拘儒",说他们由于不明白这些道理,才会说出"淫奔之作,不当录于圣人之经"这样的蠢话来,就像唐朝的太子李弘说孔子不该把商臣弑君这件事记载在《春秋》中一样。

昆山市第一中学顾炎武思想课程基地展馆

在顾炎武看来,道学家评论文学作品"以理为宗",必欲把反映人们感性生活追求和情爱的作品排斥于所谓的"文章正宗"之外,这正是其一大病弊。"以理为宗"必导致"执理太过"而"失国风之义",因而"不得诗人之趣"。鲁迅先生说得好:"情感已经冰结的道学家对于诗人往往会作出隔膜的揶揄和谬误的判断。"在这一点上,顾炎武对于道学家的批评与鲁迅的观点几乎是完全一致的。

(2)肯定描写女子容貌的作品。对于《诗经》中描写女性容貌美的作品,道学家是极为忌讳的,往往对这些诗篇加以曲解。如《诗经·国风·何彼秾矣》一诗,就被说成是"讥刺"之作。对此,顾炎武在《日知录·何彼秾矣》中驳斥道:

其曰刺诗,于义未允……或曰:诗之所言,但称其容色,何也?曰:古者妇有四德,而容其一也。言其容则德可知矣。故《硕人》之诗美其君夫人者,至无所不极其形容。而《野麕》之贞亦云:"有女如玉。"即唐人为妃主碑文,亦多有誉其姿色者。岂若宋代以下之人,以此为讳而不道乎?

顾炎武认为,古人以描写女子的容貌姣美、姿色艳丽来象征妇女的美好德行,所以《诗经》中的《硕人》之篇描写其君夫人的美丽简直是无所不极其形容,《野麕》之篇也赞美"有女如玉";从汉、魏到唐朝,仍然有大量的赞美妇女姿色的文章,如江淹的《丽色赋》、张说的《唐昭容上官氏文集序》等等,就是十分著名的篇章,即使在十分庄重的碑文中也是如此。哪里像宋代以下之人,以描写女人的姿色为忌讳呢?

(3)肯定诗、乐、舞之结合。顾炎武对于文学艺术的"情感审美"本质的认识,还表现在他对中国古代诗、乐、舞之结合这一艺术特征的高度推崇方面。他认为中国的文学艺术原本有一个非常优秀的特色，即诗歌与音乐、舞蹈的结合，为这一优秀特色在后世的逐渐消失而深感惋惜。他在《日知录·乐章》中说：

《诗》三百篇皆可以被之音而为乐，自汉以下，乃以其所赋五言之属为徒诗，而其协于音者则谓之乐府，宋以下，则其所谓乐府者，亦但拟其辞，而与徒诗无异别，于是诗之与乐判然为二，不特乐亡，而诗亦亡。

在《诗经》的时代，诗歌是与音乐和舞蹈紧密结合在一起的，人们用诗歌来表达自己的思想感情，载歌载舞，充满了生活的欢悦气氛；"亦有自鼓而自歌，孔子之取瑟而歌是也"，人们自由地表达自己的情感，何等富有生活的朝气！汉朝以后，文人所作的五言诗与音乐相分离，但仍然有诗与乐结合在一起的乐府诗。他在《日知录·乐章》中指出，在乐府诗中，诗歌依然与音乐和舞蹈紧密结合在一起：

乐府中如《清商》《清角》之类，以声名其诗也；如《小垂手》《大垂手》之类，以舞名其诗也。以声名者必合于声，以舞名者必合于舞。

他说古人有以音乐的曲名来作为诗的题目的，也有以舞蹈的名称来作为诗的题目。但唐以后出现了舞蹈与诗的分离，宋以后又出现了音乐与诗的分离："至唐而舞亡矣，至宋而声亡矣！于是乎文章之传盛，而声音之用微，然后徒诗兴而乐废矣。"他说"古人以乐从诗，今人以诗从乐"，"古人必先有诗，而后以乐和之"（《日知录·乐章》），音乐是服从和服务于诗歌所表达的思想感情的；可是今人则相反，不是以乐从诗，而是以诗从乐，强使内容服从形式，而不是使形式服从和服务于内容。诗歌的"情感审美"本质被形式主义所遮蔽，诗歌抒发情志的审美功能也被大大削弱了。

2. 以其辞知之

顾炎武强调"诗本乎情""诗主性情"，所以特别重视情感之抒发的真实无欺。他说末世人情弥巧，说假话、作假文、写假诗而不知羞愧，"固有朝赋《采薇》之篇、夕有捧檄之喜者"。如何鉴别其人其言之真伪呢？顾炎武说："世有知言者出焉，则其人之真伪即以其言辨之，而卒莫能逃也。"他在《日知录·文辞欺人》中说：

《黍离》之大夫，始而摇摇，中而如噎，既而如醉，无可奈何，而付之苍天者，真也；汨罗之宗臣，言之重，辞之复，心烦意乱，而其词不能以次者，真也；栗里之征士，淡然若忘于世，而感愤之怀有时不能自止，而微见其情者，真也。

他说《诗经》中的《黍离》之篇的作者，作《离骚》的屈原，以及不肯为五斗米而折腰的陶渊明，他们的作品中所抒发的感情都是十分真实的。《黍离》之篇的作者，怀念故国，在诗中倾注了他的全部感情，"始而摇摇，中而如噎，既而如醉"，最后无可奈何而付之苍天，这正是一位亡国的大夫怀念故国之情的真实表现；屈原被楚怀王放逐后，秦军攻陷了楚国的郢都，此时的屈原心烦意乱，以至于所作的诗歌出现了"言之重，辞之复"，甚至"其词不能以次"的现象，可这

昆山市第一中学校园文化宣传栏

恰恰是屈原当时心态的真实表现;陶渊明满怀对故国的深情,但又无力回天,所以其在隐居之中所作的诗,虽然常常给人以"淡然若忘于世"的感觉,但亦有"感愤之怀有时不能自止,而微见其情者",这也是他内心世界中的情感的真实流露。鲁迅说得好,平常人只看见了陶渊明诗歌的恬淡闲适,殊不知陶渊明还有"刑天舞干戚,猛志固长在"的一面,这才是真实的陶渊明。鲁迅的观点真可谓与顾炎武的观点若合符契。

顾炎武进而认为,与文学作品中思想感情的真实流露必有其相应的语言特征一样,那些作假文、说假话、写假诗的人,他们的那些欺伪的言词也有其相应的语言特征。无论这些人如何工于掩饰,善于作伪,也不能不让人看出破绽。他在《日知录·文辞欺人》中说:"其汲汲于自表暴而为言者,伪也。"认为那些急于自我表白的人,大都是做了亏心事的人。他在《日知录·凡易之情》中,更对如何辨别文辞的真伪作了颇为全面的论述:

爱恶相攻,远近相取,情伪相感,人心之至变也。于何知之?以其辞知之。将叛者其辞惭,中心疑者其辞枝,吉人之辞寡,躁人之辞多,诬善之人其辞游,失其守者其辞屈。听其言也,观其眸子,人焉廋哉!是以圣人设卦,以尽情伪。夫诚于中必形于外,君子之所以知人也;百物而为之备,使民知神奸,先王之所以铸鼎也。故曰:"作《易》者,其有忧患乎?"周身之防,御物之智,其全于是矣!

在顾炎武看来,人心是最不可测的,但可以从文辞中看出其真伪来。那些行将叛变投敌的人,他们所说的话、作的文,其中都不免带有几分底气不足的羞惭;心中有鬼、首鼠两端的人,其文辞必然游移不定,缺乏鲜明的立场和观点;奸佞之徒在诬陷好人时,必定会因缺乏证据而闪烁其辞,给人以"莫须有"之感。昔人有言,眼睛是心灵的窗户,心术不正,也必然会从眼神上表现出来。明末清初的社会剧变,使顾炎武经历了无数的忧患,两入牢狱,目睹了形形色色的人在这场历史剧变中的面目,所以,他对识别各色人等的言辞、文辞的真伪能有如此明白透彻的认识。

3. 诗主性情,不贵奇巧

从诗歌的"情感审美"本质出发,顾炎武进一步论述了文学的体用论和文学的内容与形式的关系,提出并论证了"诗主性情,不贵奇巧"的深刻命题。顾炎武从诗的题目、诗的用韵等方面,论述了他的诗歌创作主张。

(1)主张"诗本乎情",反对"诗徇乎物"。顾炎武在《日知录·诗题》中说:

古人之诗,有诗而后有题;今人之诗,有题而后有诗。有诗而后有题者,其诗本乎情;有题而后有诗者,其诗徇乎物。

所谓"有诗而后有题",说的是触景而生情,因情而作诗,然后再给诗歌起一个题目;所谓"有题而后有诗",则恰恰相反,是先起一个题目,然后搜索枯肠,勉强成章。前者表达的是自己的真情实感,是自然而然的真情流露;而后者则不然,由于题目是预先确定的,所歌咏的对象无论是花草树木,还是山水名胜,诗人都只能按照给定的某种事物来发挥其想象力。在这种情况下,艺术创作的自由本质不见了,不是诗人的情感来驱使外物,而是用外物来限制诗人的情感发抒,这样写出来的诗,就叫"诗徇乎物"。

(2)强调诗歌的用韵要服从情感的自由发抒,主张"以韵从我",反对"以我从韵"。顾炎武在《日知录·古人用韵无过十字》中说:

《三百篇》之诗,句多则必转韵。魏、晋以上亦然。宋、齐以下,韵学渐兴,人文趋巧,于是有强用一韵到底者,终不及古人之变化自然也。古人用韵无过十字者,独《閟宫》之四章乃用十二字,使就此一韵引而申之,非不可以成章,而于义必有不达,故末四句转一韵。是知以韵从我者,古人之诗也;以我从韵者,今人之诗也。自杜拾遗、韩吏部,未免此病也。

他说从殷周时代的《诗经》到魏晋时期的诗歌,都是以声韵服从于情感的自由抒发,所以用韵非常自由,诗的句子多了,就自然而然地转韵,而不是勉强一韵到底。可是南朝宋、齐以下的情形就不同了,声韵学的兴起本来是有益于诗歌创作的,可是文人们却把它用来做文字游戏,以巧取胜,出现了强用一韵到底的情形,这就已经不如古人用韵的变化自然了。而到了唐朝以后,形式主义的文风更加兴盛,有在一首诗中把韵书中同一韵部中的字几乎用尽的,有用险韵的,有步他人诗作中所用的声韵文字来作诗的。他认为,所有这些都是由于诗人们有意要以巧取胜,仿佛只有用韵奇巧才能显示艺术水平的高超。在顾炎武看来,这种形式主义的诗风是不值得提倡的,他在《日知录·古人用韵无过十字》中说:"诗主性情,不贵奇巧……立意以此见巧,便非诗之正格。"

为了反对形式主义诗风对诗人创作个性的束缚,顾炎武主张诗歌的用韵"错综变化,不可以一体拘",甚至认为在某些特定的情况下,宁可无韵,也不可用声韵来妨碍诗人反映社会现实和自由抒发情感。他在《日知录·诗有无韵之句》中说:

诗以义为主,韵从之。必尽一韵无可用之字,然后旁通他韵,又不得于他韵,则宁无韵。苟其义之至当,而不可以他字易,则无韵不害。汉以上往往有之。

他说宁可无韵而不以韵害义的情形,即使在唐诗中也时有出现。他以杜甫《石壕吏》诗的用韵来证明这一观点。《石壕吏》开篇:"暮投石壕村,有吏夜捉人",连用两韵,但至当而不可易;下两句"老翁逾墙走,老妇出门看",虽然无韵,但也是至当而不可易。平心而论,诗当然是要讲究用韵的,但在某些特定的情况下,虽不用韵而能传神地写出某种情境,也是值得称许的。所以顾炎武说:"此皆诗之变格,然亦莫非出于自然,非有意为之也。"(《日知录·古诗用韵之法》)他所主张的"韵律之道"是:"疏密适中为上,不然则宁疏无密。文能发意,则韵虽疏不害。"(《日知录·次韵》)总之,诗歌的声韵要服从表达情志的需要。

(3)强调诗文要不拘格套、出乎自然,并不意味着可以不讲文采、忽视修辞。顾炎武是特别主张写文章一定要讲究文采、注重修辞艺术的。他在《日知录·修辞》中说:

典谟、爻象,此二帝、三王之言也。《论语》《孝经》,此夫子之言也。文章在是,性与天道亦不外乎是。故曰:有德者必有言。善乎!游定夫之言曰:"不能文章而欲闻性于天道,譬犹筑数仞之墙,而浮埃聚沫以为基,无是理矣。"后之君子,于下学之初即谈性道,乃以文章为小技,而不必用力。然则夫子不曰"其旨远,其辞文"乎?不曰"言之无文,行而不远"乎?……尝见今讲学先生从语录入门者,多不善于修辞,或乃反子贡之言以讥之曰:"夫子之言性与天道可得而闻,夫子之文章不可得而闻也。"

在这里,顾炎武所批评的"于下学之初即谈性道,乃以文章为小技,而不必用力"的"后之君子",其实就是指的朱熹等人。宋儒中固然有像游祚这样比较重视词章之学的学者,但作为道学大师的朱熹则明显地表现出轻视词章之学的倾向。在顾炎武看来,文与道、诗与言应该是统一的,不应该相分离,但自从宋儒的语录出现以后,则造成了文与道、诗与言的分离,出现了"讲学先生"们多不善于修辞的情形。他认为这种情形的出现是违背孔子所说的"言之无文,行而不远"的规律的。

顾炎武关于"诗主性情,不贵奇巧"的论说,深刻揭示了文学作品的内容与形式的辩证关系,有力地批判了中国历史上长期存在的形式主义诗风。他所论述的诗歌之声韵要服从于内容的表达和性情之发抒的观点,以及他对中国古代诗歌创作的经验总结,对于当代的诗歌创作,仍具有重要的理论借鉴意义。

二、文学创作要有个性

顾炎武对复古主义的文风作了比晚明学者更为深刻的批判。他对文学的历史发展过程中"似"与"不似"的辩证关系所作的深刻论述,既充分强调了人们的创造性的发挥,又克服了晚明学者只讲创新而忽视继承性的弊病。他清醒地意识到,复古文风的盛行是与专制统治者"使天下英雄皆入吾彀中"的统治术相联系的。因此,他坚决反对专制统治者以"定格"来束缚文人学者的思想和才华,提倡"立言不为一时"的独立人格,呼唤勇于冲破束缚的"俊异之才"和自由表达思想的优秀作品。他的这些思想,都深刻反映了晚明以来中国社会兴起的个性解放的时代精神。

1. 反对模仿

明代中叶,李攀龙、王世贞主持文坛,提倡"文必秦汉,诗必盛唐",一时拟古之风大炽。顾炎武的同乡先辈归有光开晚明文学革新风气之先,"扫台阁之庸肤,斥伪体之恶浊";徐渭、袁宏道等人接踵而起,以其新兴气锐的文字,进一步展开了对统治明代文坛的复古文风的批判。然而,清代文坛上的复古文风又有再度回潮的迹象。在这一新的历史条件下,顾炎武继承了晚明学者对复古文风的批判,并将这一批判推进到一个新的更高的水平。他在《日知录·文人摹仿之病》中说:

> 近代文章之病全在摹仿,即使逼肖古人,已非极诣,况遗其神理而得其皮毛者乎?……效《楚辞》者,必不如《楚辞》;效《七发》者,必不如《七发》。盖其意中先有一人在前,既恐失之,而其笔力复不能自遂,此寿陵余子学步邯郸之说也。

顾炎武认为,只有文章的立意能"出古人范围之外",才能说是具有独创性的。他在《与人书十七》中规劝一位诗学杜甫、文学韩欧的友人说:

> 君诗之病,在于有杜;君文之病,在于有韩、欧。有此蹊径于胸中,便终身不脱"依傍"二字。

在顾炎武看来,杜甫之诗,韩愈、欧阳修之文,当然都有很高的造诣,甚至是那个时代不可企及的典范,然而却不可以作为后世模仿的对象,一来所处的时代不同,二来学者亦有其个性差异,纵然模仿得极像,不过是得其皮毛而遗其神理的假古董而已,毫无价值可言。

对于文人们在文章中连地名、官名、用字上也一味模仿古人的"文人求古之病",顾炎武更明确地表明了他的反对态度,并痛加针砭。他在《日知录·文人求古之病》中指出:"以今日之地为不古,而借古地名;以今日之官为不古,而借古官名;舍今日恒用之字,而借古字之通用者,皆文人所以自盖其俚浅也。"又说:"官职郡邑之建置,代有沿革,今必用前代名号,后将何所考焉?此所谓于理无取,而事复有碍者也。"

顾炎武不仅反对模仿古人,也反对青年模仿自己的诗作。他批评一位模仿他诗作的青年学者,说这样做的结果"无乃失寿陵之本步"。进而又勉励这位青年:"惟自出己意,乃敢许为知音者耳!"(《与人书十六》)这充分显示了顾炎武对他人创作个性的尊重。

顾炎武认为,无论是文学的体裁,还是语言文字的风格,都是随着时代的变化而变化的。他在《日知录·文人求古之病》中说:

> 《后周书·柳虬传》:"时人论文体有今古之异,虬以为时有今古,非文有今古。"此至当之论。夫今之不能为《二汉》,犹《二汉》之不能为《尚书》《左氏》,乃虬取《史》《汉》中文法以为古,甚者猎其一二字句,用之于文,殊为不称。

为了彻底廓清复古文风的消极影响,顾炎武进而探讨了文学发展的规律性。他在《日知录·诗体代降》中说:

> 三百篇之不能不降而楚辞,楚辞不能不降而汉、魏,汉、魏之不能不降而六朝,六朝之不能不降而唐也,势也。用一代之体,则必似一代之文,而后为合格。

> 诗文之所以代变,有不得不变者。一代之文沿袭已久,不容人人皆道此语。今且千数百年矣,而犹取古人之陈言一一而模仿之,以是为诗,可乎?

顾炎武认为，一个时代有一个时代的文学，不同时代的文学有不同的体裁和艺术风格。既然人们心中所要表达的思想感情都已经伴随着时代的推移而发生了变化，新的文学体裁亦已产生，文人学者们还要模仿古人那些过时的语言来写作，不就是一件十分迂腐可笑的事吗？所以顾炎武强调，"用一代之体，则必似一代之文"，作品的语言和风格只有与特定时代的文学体裁相适应，与人们的心灵向往新的语言和新的艺术风格的要求相适应，这样才能称得上是"合格"的文学作品。

当然，顾炎武并不否认文学作品的体裁、语言和艺术风格有其历史的继承性的方面，人们不能割断历史；但是，在文学的历史继承性和创造性的关系方面，顾炎武更强调发挥人们的创造性。从继承性的方面来看，今人的作品必有与古人相似之处，从创造性的方面来看，今人的作品又必然不似古人。顾炎武以诗歌创作为例，对"似"与"不似"的辩证关系作了以下深刻的论述。他在《日知录·诗体代降》中说：

不似则失其所以为诗，似则失其所以为我。李、杜之诗所以独高于唐人者，以其未尝不似而未尝似也。知此者，可于言诗也已矣！

顾炎武认为，继承与创新二者是辩证统一的。以诗歌创作为例，完全不顾传统的文学体裁和规范，一味追求"不似"，就会"失其所以为诗"；而一味模仿古人，无论在语言还是在艺术风格方面都追求与古人相似，"似"则似矣，然而则"失其所以为我"，即失去了自己的个性，其语言是古人的语言，思想是古人的思想，情感是古人的情感，"我"不见了。因此，真正的创作必须善于处理继承与创新的辩证关系，在"似"与"不似"之间保持必要的张力。他说在唐朝的众多诗人中，李白和杜甫之所以能够出乎其类、拔乎其萃，就在于他们特别善于处理继承和创新之关系，善于在继承前人的基础上充分发挥自己的

昆山市第一中学聘请许苏民先生（右）和周可真先生（中）为顾炎武思想课程基地专家顾问，左为王志家校长

创作个性，在诗歌中表现自己独特的自我；与前人相比，他们诗歌的风格"未尝不似而未尝似"，既含英咀华，从中国传统诗歌中吸取了丰富的营养，又自出手眼，淋漓酣畅地表现和发挥自己的思想感情和艺术才华。顾炎武认为，只有知道这一"似"与"不似"的道理的人，才算是懂得了诗歌创作的最精微的道理；也只有懂得这一道理的人，才配谈论诗歌和从事诗歌创作。这一对"似"与"不似"的道理的阐述，与只讲创新而相对忽视文学的继承性的晚明学者相比，是更为全面而深刻的。

顾炎武清醒地意识到，复古文风之所以盛行，是与专制统治者"使天下英雄皆入吾彀中"的统治术相联系的。所以，他坚决反对专制统治者以所谓"定格"来束缚文人学者的思想和才华，呼唤勇于冲破束缚的"俊异之才"和自由表达思想的优秀作品。他在《日知录·程文》中说：

文章无定格，立一格而后为文，其文不足言矣。唐之取士以赋，而赋之末流最为冗滥。宋之取士以论策，而论策之弊亦复如之。明之取士以经义，而经义之不成文又有甚于前代者。皆以程文格式为之，故日趋而下。晁、董、公孙之对，所以独出千古者，以其无程文格式也。欲振今日之文，在毋拘之以格式，而俊异

之才出矣!

他认为文章本无定格,凡是能够"独出千古"的好文章,都是不受任何格式束缚、自由表达自己思想的。他说汉朝的晁错、董仲舒、公孙弘的对策,之所以写得好,就在于汉朝没有给读书人如何写文章规定任何的"程文格式"。而唐朝以后就不同了。唐以诗赋取士,宋以论策取士,明朝以八股文取士,所有这一切,都有一定的格式,而且格式的规定愈来愈严,对于人们思想的束缚也愈来愈大。因此,在顾炎武看来,只有彻底破除束缚人的思想的程文格式,让人们自由地表达自己的思想感情和创作个性,才能改变文坛上江河日下的腐朽风气,造就不同凡俗的俊异之才,产生独出千古、具有不朽价值的文学作品。

2. 立言不为一时

中国古人重"时",但对于"时"的不同理解却可以引申出完全不同的人生态度,对于以"立言"为安身立命之宗旨的文人学者来说,就会产生两种完全不同的写作态度。一种是,时下的统治者需要什么,就写什么,以文章去迎合统治者一时的政治需要,以此换取功名利禄。八股文之所以被称为"时文",原因就在于此。孔子之所谓"小人喻于利",用在这里乃是最合适不过的。另一种写作态度是,面对专制统治者倒行逆施、无耻文人助纣为虐的昏天黑地,以沉着坚定的目光,透视时代发展的必然趋向,为解决时代的发展所必然提出的问题而思考、而写作,而不管这样做是否能给自己带来现实的利益。孔子之所谓"君子喻于义",此之谓也。

顾炎武是主张"立言不为一时"的。他在《日知录·立言不为一时》中说:

天下之事,有言在一时,而其效见于数十百年之后者。

呜呼! 天下之事,有其识者,不必遭其时;而当其时者,或无其识。然则开物之功,立言之用,其可少哉!

所谓"当其时者,或无其识",是说那些活着时很受统治者赏识的人,往往是一些无见识的阿谀奉承之徒,而所谓"有其识者,不必遭其时",则是说那些有独立的思想见识的人,却往往是生不逢时,免不了要遭到种种坎坷、挫折,甚至迫害的人。但在顾炎武看来,真正对于国家和民族有益、具有"开物之功,立言之用"的价值的,正是那些具有独立的思想见识却不被短视的统治者所赏识的人。顾炎武强调学者们应有自己的独立思想,正是其见识的不同凡俗之处。

顾炎武强调,学者立言,贵在独创:"其必古人之所未及就,后世之所不可无,而后为之。"他在《日知录·著书之难》中说:

子书自孟、荀之外,如老、庄、管、商、申、韩,皆自成一家言。至《吕氏春秋》《淮南子》则不能自成,故取诸子之言汇而为书,此子书之一变也。今人书集一一尽出其手,必不能多,大抵如《吕览》《淮南》之类耳。其必古人之所未及就,后世之所不可无,而后为之,庶几其传也与?

他认为孟、荀、老、庄、管、商、申、韩等诸子百家的学者皆能自成一家之言,因而在历史上有其不朽的价值。他在《日知录》中,多次引用被孟子斥为"无父"和"禽兽"的墨子的言论,多次引用与朱熹学说相对立的司功派学者叶适、陈亮等人的言论,充分肯定这些一家之言的独特价值。至于像《吕氏春秋》《淮南子》这样的"取诸子之言汇而为书"的著作,就只能称为杂家,而不能自成一家之言。自从出现了《吕氏春秋》《淮南子》这样的著作,后来的学者能自成一家之言的就很少了,这是顾炎武不能不表示遗憾的。用今天的话来说,只有能"自成一家之言"的著作,才称得上是原创性的学术成果,才能叫作著书;否则,取前人之言汇而成书,就只能被看作是七拼八凑的组装品,只能叫作纂辑而已。所以,顾炎武强调,学者著书,要著前人所没有著过而后世所不可缺少的书。只有这样的书,才堪称是原创性的学术成果,才能成为传世之作。注重原创性的学术成果,也就强调学者当有自己独立的思想和"立言不为一时"的自由人格;要求学者们充分发挥自己的创造潜能,表现自己独特的思想见识,以及作为独一无二的个体的创作风格和个性特征。

从强调文学的独创性的观点立论,顾炎武对充斥文坛的无聊的应酬之作特别反感,称之为"芜累之言"。用今天的话来说,就叫文字垃圾。他说古人在君臣朋友聚会时,是不要求人人作诗的,因为人各有能有不能,不会作诗又有什么害处呢?如果在聚会时已经有一人先作了诗,而且所作的诗也已经尽意尽兴,那就没有必要人人都去作诗应和。譬如在虞廷之上,皋陶作诗,引吭高歌,而没有听说大禹、伯益也当场作诗与皋陶相唱和的事。由此可见,"古之圣人不肯为雷同之辞、骈拇之作也"。可是后来的情况就不同了,所谓柏梁之宴、金谷之集,"必欲人人以诗鸣,而芜累之言始多于世矣!"(《日知录·诗不必人人皆作》)他敏锐地看到,文字垃圾充斥文坛的状况是专制统治者大搞形式主义的意识形态政策所造成的,无论统治者讲什么,都要求一人唱之,千万人当随声附和的应声虫,所以才会有那么多的"芜累之言"。顾炎武主张"诗不必人人皆作",以改变文字垃圾充斥文坛的状况,这一主张所具有的深刻意义,其实是远远超出了这一主张本身之外的。

从"立言不为一时"的观点出发,顾炎武还对学界所盛行的"急于求名"的浮躁学风作了十分中肯的批评。他在《日知录·著书之难》中说:

宋人书,如司马温公《资治通鉴》、马贵与《文献通考》,皆以一生精力成之,遂为后世不可无之书,而其中小有舛漏,尚亦不免。若后人之书愈多而愈舛漏,愈速而愈不传,所以然者,其视成书太易,而急于求名故也。

他以司马光著《资治通鉴》、马端临著《文献通考》为例,说明古人著书皆以一生精力成之,所以他们的著作才能成为后世所不可无的传世之作。但即使像这样以毕生精力所写成的著作,也难免会有舛漏之处,可见著书立说是多么不容易的一件事情了。后人把写书看得太容易,又急于求名,所以写起书来既快又多,其结果必然是"愈多而愈舛漏,愈速而愈不传"。按照顾炎武的看法,急于求名,目的还是求利:"吾自幼及老,见人所以求当世之名者,无非为利也;名之所在,则利归之,故求之惟恐不及也。苟不求利,亦何慕名?"(《日知录·君子疾没世而名不称焉》)顾炎武所批评的这一现象,是合乎当时的社会实际的,也是针砭学界浮躁学风的一剂良药。

顾炎武还认为,"人之患在好为人序"。一些人汲汲于求名,生怕自己的著作不为人所知,所以就千方百计地请名流学者为之作序,以便使其文章或著作"托于人以传"。而好为人序者则妄为优劣之辨,多设褒扬之辞,所说的话未必发自本心。对于有的人为了讨好达官贵人而请他们作序这种现象,顾炎武特别反感。他说达官贵人中真正配得上为学者的著作写序的人并不多,其中多有"不学而好多言"的沽名钓誉之徒。他认为,只有对那些确有独到见解而有所发明的著作,才应为之作序,予以表彰:"凡书有所发明,序可也,无所发明,但记成书之岁月可也。"(《日知录·书不当两序》)

顾炎武关于"立言不为一时"的论说,处处体现了反对文坛上的钻营奔竞、投机取巧的腐朽学风,尊重独立的思想和创造精神的思想,表现了对天下万世负责的崇高的历史责任感。这种伟大的精神情怀,是值得我们在新的历史条件下予以继承和弘扬的。

三、文学的社会使命和责任

特别重视文学的社会使命和责任,是顾炎武文学创作理论的一大特色。他认为要使文学能够承担起自己的社会使命和责任,就必须造就具有非凡"器识"的学人。他提出了"文须有益于天下"的创作主张,呼唤文学家的道德担当勇气和社会批判精神。在顾炎武看来,这天下已经是够腐朽黑暗的了,学者们决不应粉饰腐朽黑暗的现实,为腐败的社会风气推波助澜,而应继承中国文学的批判现实主义传统,高扬"《十月之交》诗人之义"的批判精神,勇于揭露和抨击社会的黑暗现象。

1. 士当以器识为先

针对晚明华而不实的文风,顾炎武提出了他的"器识"论,强调"士当以器识为先"。他在《与人书十八》中说:

《宋史》言刘忠肃每戒子弟曰:"士当以器识为先,一命为文人,无足观矣!"仆自读此一言,便绝应酬文字,所以养其器识而不堕于文人也。

他说自己在读了《宋史》的刘挚本传以后,为了"不堕于文人",便下决心从此不做任何应酬文章。

从"士当以器识为先"的观点出发,顾炎武十分强调读书人一定要有血性、有思想、有骨气。他说:"苟其人性无血,心无窍,身无骨,此尸行而肉走者矣。即复弄月嘲风,流连景物,犹如虫啾蛙唧,何足云哉!"(《莘野集诗序》)

他批评"不识经术,不通古今,而自命为文人者",因而他强调"士当以器识为先";反过来说,只要能够做到"识经术""通古今",也就算是有了"器识"。有了"器识",就不作应酬文章,而只作"关于经术政理之大"的文章;就不作华而不实的文章,而作言之有物的文章;就不作献媚邀宠的文章,而作针砭时弊的文章。顾炎武强调"文须有益于天下",他在《日知录·文须有益于天下》中自述其文学宗旨说:

文之不可绝于天地间者,曰明道也,纪政事也,察民隐也,乐道人之善也。若此者有益于天下,有益于将来,多一篇,多一篇之益矣。若夫怪力乱神之事,无稽之谈,剿袭之说,谀佞之文,若此者,有损于己,无益于人,多一篇,多一篇之损矣!

他在以上论述中明确指出,文学存在的价值在于明道、纪政事、察民隐、乐道人之善,认为这样的文章有益于天下,有益于将来,多一篇则多一篇之益。同时他也明确表示,既反对讲怪力乱神之事的"无稽之谈",也反对盲从迷信、以他人之思想为思想的"剿袭之说",更痛恨为专制统治者歌颂升平、粉饰黑暗的"谀佞之文"。他认为这样的文章只能是有损于己而无益于人,多一篇则多一篇之损。

他认为读书人应该有伊尹、太公、孔子的"救民于水火之心",著书立说应该有益于指导社会实践,解决时代所提出的问题。他在《与人书三》中说:

孔子之删述六经,即伊尹、太公救民于水火之心。而今之注虫鱼、命草木者,皆不足以语此也。故曰:"载之空言,不如见诸行事。"夫《春秋》之作,言焉而已,而谓之行事者,天下后世用以治人之书,将欲谓之空言而不可也。愚不揣有见于此,故凡文之不关于六经之指、当世之务者,一切不为。而既以明道教人,则于当世之所通患,而未尝专指其人者,亦遂不敢以避也。

顾炎武从"救民于水火"的明确的实践目的出发,反对读书人脱离实际、脱离实践,整日"注虫鱼、命草木"。他说学者虽然不能像政治家那样直接从事各种社会活动,却可以像孔子一样,以自己的思想和学说来指导政治家的社会实践,让政治跟着学术走,而不是以自己的文章去迎合统治者的一时需要。所以他给自己确立的写作宗旨是:"凡文之不关于六经之指、当世之务者,一切不为。"他继承了柳宗元所倡导的"文以明道"的传统,主张以文章来"明道教人",以政治家为教导的对象,以发挥其指导社会实践的作用。而要做到这一点,就要敢于直面社会现实,对"当世之所通患"进行揭露和批判,并提出自己的政治主张或解决现实的社会问题的方案。

他主张写文章要"乐道人之善",但坚决反对不切实际地歌功颂德,更反对写"谀佞之文"。在中国传统社会中，读书人为求闻达富贵，往往要通过给达官显贵上书的途径。这种"投知求见之文"，通常对达官显贵极尽阿谀奉承之能事，甚至有全然不顾事实而为大贪官歌功颂德者。顾炎武以韩愈早年所写的《上京兆尹李实书》与后来在《顺宗实录》中对李实的描写加以对比，来告诫那些一心想得到达官显贵赏识的读书人千万不可昧着良心地说那些"文非其人"的瞎话。唐顺宗永贞元年（805），京畿大旱，韩愈作《上京兆尹李实书》，对李实

2015年4月，昆山市第一中学高一（8）班同学参观苏州市名人馆

处理这次灾荒的"政绩"大加赞美。李实乃是一个十分贪婪和残暴的大贪官，韩愈所写的这段颂扬李实的话，乃是他为了得到李实的赏识和提携而随意编出来的。不久，唐朝发生了永贞革新，大贪官京兆尹李实首当其冲地被贬为通州长史，韩愈作《顺宗实录》，对李实如何处理永贞元年京畿地区的灾荒又作了与《上京兆尹李实书》完全相反的描述。顾炎武认为，号称"文起八代之衰"的大儒韩愈之所以会闹出如此贻笑千古的大笑话来，究其原因，"岂非少年未达，投知求见之文，而不自觉其失言者邪？后之君子，可以为戒。"（《日知录·文非其人》）顾炎武的这一论述，对于针砭学界流行的趋炎附势的浮躁恶劣的风气，具有十分重要的意义。

2. 直斥其人而不讳

传统诗教的"温柔敦厚"之义，要求人们纵然对社会现实不满，也必须做到"怨而不怒，哀而不伤"。顾炎武对此有不同的看法，他在《日知录·直言》中说：

> 诗之为教，虽主于温柔敦厚，然亦有直斥其人而不讳者。如曰"赫赫师尹，不平谓何"；如曰"赫赫宗周，褒姒灭之"；如曰"皇父卿士，番维司徒。家伯冢宰，仲允膳夫。聚子内史，蹶维趣马。楀维师氏，艳妻煽方处"；如曰"伊谁云从，维暴之云"。则皆直斥其官族名字，古人不以为嫌也。《楚辞·离骚》："余以兰为可恃兮，羌无实而容长。"王逸章句谓："怀王少弟司马子兰。""椒专佞以慢慆兮。"章句谓："楚大夫子椒。"……如杜甫《丽人行》："赐名大国虢与秦，慎莫近前丞相嗔。"近于《十月之交》诗人之义矣！孔稚珪《北山移文》明斥周颙，刘孝标《广绝交论》阴讥到溉，袁楚客规魏元忠有十失之书，韩退之讽阳城作争臣之论。此皆古人风俗之厚。

他以《诗经》中批评师尹、批评周幽王和周厉王、批评皇父卿士和番维司徒等的诗句表明，《诗经》中多有"直斥其人而不讳者"，而古人却"不以为嫌"，而屈原在《离骚》中亦直斥楚怀王的少弟司马子兰和楚国大夫子椒，杜甫在《丽人行》中亦直斥唐玄宗因宠爱杨贵妃而重用其兄杨国忠、并封其姐妹为虢国夫人和秦国夫人的昏庸行为。顾炎武认为，这正是深得《诗经·小雅·十月之交》之"诗人之义"的表现。至于孔稚珪的《北山移文》和刘孝标的《广绝交论》等，对当时的达官显贵或明斥，或阴讥，或规劝，或讽喻，皆直抒胸臆，畅言无忌。对此，顾炎武都认为"此皆古人风俗之厚"的表现，不似当今文人学者对权势者谄媚工谀、对无权势者冷眼相看的浇薄。

人师 顾炎武

顾炎武认为富于社会批判精神的作品,才是真正有益于社会的作品,它体现着作者的高贵人格,因而值得珍视;而那些为专制统治者歌颂升平、粉饰黑暗的作品,只能对社会有害,亦足见作者人格之卑劣,只能为人们所唾弃。唐朝的大诗人白居易以写作政治讽谕诗著称,以致"执政者扼腕,握军要者切齿,权豪贵近相目而失色",因此顾炎武认为白居易是真正懂得"作诗之旨"的人。

顾炎武最痛恨读书人作向权势者献媚的文章,对这一卑劣的行为加以愤怒的鞭挞和无情的谴责。他在《日知录·巧言》中说:

> 诗云:"巧言如簧,颜之厚矣。"而孔子亦曰:"巧言令色,鲜矣仁。"又曰:"巧言乱德。"夫巧言不但言语,凡今人所作诗赋、碑状足以悦人之文,皆巧言之类也。不能不足以为通人,夫惟能之而不为,乃天下之大勇也,故夫子以刚毅木讷为近仁。学者所用力之途在此,不在彼矣!

他说在世俗的眼光看来,只有那种八面玲珑、四面讨好、工于献媚的读书人,才能被称为"通人"。而在顾炎武自己看来,这种所谓的"通人"其实是"天下不仁之人",是厚颜无耻的人,是巧言令色、丧失了人之所以为人的基本品格的人,是败坏社会道德风气的人。他认为,只有具有"天下之大勇"的真正的志士仁人,才能抵御这种恶劣的学界风气,而这正是真正的学者应该具有的道德人格。

在顾炎武看来,身为读书人,每一个人都在以自己的言论和行为书写着自己的历史;一个人固然可以厚颜无耻到不顾舆论谴责和耻笑的地步,但这样的人注定会被钉在历史的耻辱柱上。

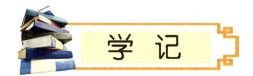

学 记

● 发人深省

本课最能使你有所启发的两句话是：

1.

2.

● 合作探究

1. 如何理解顾炎武所说的"诗主性情，不贵奇巧"？

2. 顾炎武主张"立言不为一时"，其背景是什么？

3. 你如何看顾炎武对韩愈的批评？

● 责任意识

通过本课学习，你认为一个人应该具有怎样的社会责任意识？

● 启示录

1. 本课对你为人的启示是：

2. 本课对你为学的启示是：

第 20 课

诗文并茂，享誉文坛
—— 文学成就及诗文赏析

> 诗言志，亭林诗善言志者也……皆有为而言，无一应酬语，比辞属事，靡不贴切。有明二百七十余年间，诗人突起突落，有如胜广，却成就此一大家。即清诗号称跨越明代，然求如亭林之笃实光辉者，亦难与并。
>
> ——徐颂洛
>
> 主张为诗作文必须以博学多识作为基础，是顾炎武平生一以贯之的诗文创作之道。正是由于其自觉地坚持和贯彻了这一创作之道，他才能在文学艺术上达到"变化自然"的高妙境界。其文学艺术上的成就，一方面以其"好古而多闻之实学"功夫为基础，同时又是其"好古而多闻之实学"功夫的体现。
>
> ——周可真

顾炎武有相当高的文学成就，堪称大文学家。但由于顾炎武广学多识，以大思想家名世，且其自身不以文人自居，因此后世对其文学思想和成就的重视程度远不如其学术思想。

2015 年 4 月，昆山市第一中学顾炎武思想课程基地顺利通过省教育厅基教处答辩评审

一、顾炎武诗歌

1. 历史地位

据王蘧常所编《顾亭林诗谱》统计，顾炎武一生赋诗凡 332 篇 428 首，成就巨大，且影响深远。如钱仲联在《清诗精华录·前言》中说："顾炎武诗沉郁苍凉，风格高古，深得杜甫的深理；典雅矜练，字字贴实，又得力于他作为杰出学者和思想家博学能文的功力。"

顾炎武生当浊世，诗歌创作的实际性和政治性异常浓厚，形成了沉郁苍凉、刚健古朴的艺术气魄和史诗特色，精力骨力靠近杜甫，成就很高。沈德潜《明诗别裁集》评价他说："肆力于学……无不穷极根柢，韵语其余事也。然词必己出，事必精当，风霜之气，松柏之质，两者兼有。就诗品论，亦不肯作第二流人。"林昌彝在《射鹰楼诗话》中评价顾炎武著名的七言律诗《海上》四首时说："独超千古，直接老杜。"

顾炎武作为一位诗人，他的杰出处，就在于"不为文人"，而强调诗歌的现实性与战斗性。作为学人之诗，顾诗具有如下特点：一为熟于正史，用典精切；二为神似杜诗，各体皆善。顾诗正是以其"真"与"深"，对整个清代诗风起了"导夫先路"的作用。在他以后的诗人，无论宗唐宗宋，抑或亦唐亦宋，都能拟议而出以变化，即学古而不泥古。更重要的是，都能面对现实（很少有游心于虚的），积学为富（没有游谈无根的），突出"我"字，写真性情，不为无病之呻，不为空疏之学。

——刘世南《清诗流派史》

晚清学者路岯在《顾亭林先生诗笺注序》中曾引其师、桐城派学者冯鲁川的话评价顾诗成就："牧斋、梅村之沉厚，渔阳、竹咤之博雅，宋元以来亦所谓卓然大家者也，然皆诗人之诗也。若继体风骚，扶持名教，言当时不容己之言，作后世不可少之作，当以顾亭林先生为第一。"冯氏之论独具只眼，他认为若仅从诗艺角度来看，钱牧斋的博大宏肆、吴梅村的哀感顽艳、王士禛的清灵冲淡、朱彝尊的奥博雅驯，此四子皆可谓卓然大家。然而，他们的诗歌不过是诗人之诗，若从承继诗骚传统、直面社会现实、抒写兴亡悲思、有裨于诗教的角度来看，顾炎武的诗歌则当居第一。邓之诚先生在《清诗纪事初编》中说："实则其诗足贵，正由字句间皆有事可指，且甚显豁。"邓先生将顾诗定评为"诗史"，诚为的论。因顾炎武其人其诗之高贵品格，曾国藩在编写《十八家诗钞》时，再三考虑是否要收录顾炎武的作品，竟是"惧而不敢，终竟缩手"，所以到选到金朝的元好问而止，此后六百年就无人入选了。可见真正优秀作品的力量，在千百年之后仍是可以感激人心的，这是中国诗歌的生命力所在。

2. 顾诗特点

（1）贯穿着爱国主义的主旋律，将抒发故国哀思和亡国悲痛作为选取素材的标准。顾炎武不以文人自命，其诗不取媚世俗，不追逐虚名，无论是即事抒怀、唱和酬答、山水纪历，还是咏史赋物，都贯穿着深沉的兴亡主题，饱含沉痛的亡国之悲和淳挚的故国之思。

"九一八"事变后，北京大学教授黄晦闻先生讲顾炎武诗，常常是讲完字面意思之后，再用一些话阐明顾炎武的感愤和用心，也就是亡国之痛和忧民之心。当时的学生张中行后来说："清楚记得的是讲《海上》四首七律的第二首，其中第二联'名王白马江东去，故国降幡海上来'，他一面念一面慨叹，仿佛要陪着顾亭林也痛哭流涕。"虽然与其时相隔近三个世纪，但顾诗的爱国救亡主题再一次拨动了人们的心弦，激励学子奋起抗战、抵御外侮、复兴中华。这种爱国主义情怀正是顾诗不朽的灵魂所在。

（2）开启有清一代以学问入诗之端倪，形成了情辞凝练古雅、隶事用典熨帖切当的艺术风貌。顾炎武平生不以文人自命，视韵语为余事，他的诗中几乎没有阿谀奉迎的应酬之作，凡所诗咏皆是心声流露。顾炎武自幼熟读经史、博古通今，其渊雅丰赡的学养反映到诗歌创作中来，便形成了情辞凝练古雅、隶事用典熨帖切当的风貌，乃有清一代以学问入诗之典范。初读顾诗，人们会有一种晦涩深奥、曲折难解的感觉，可一旦理解了句中的典故，便会顿开茅塞，为诗人深厚的学力和含蕴深邃的诗思而叹服。近人陈衍说："古今诗家用事切当者，前推东坡，后有亭林。"足见其造诣之高。

> 顾诗之所以表现出精于用典的风貌，原因有二。一是顾炎武腹笥甚富，经、史、子、集无不淹贯精通，博雅源深的学问使其作诗时左右逢源，在众多的材料中择取出最贴合本事、最能恰切传达诗情的典故，正如其挚友李因笃所言："'读书破万卷，下笔如有神'，往惟吴郡顾亭林征君不愧斯语。"二是清

人师 顾炎武

廷忌讳颇多，文祸严酷，顾炎武对文字获罪的严重性深有体会，对待诗文创作愈加谨慎，为使诗集免于秦火一炬，不得不用典故来幽隐地传达诗意，寄托志愿，所以顾诗长于用典也是时代使然。

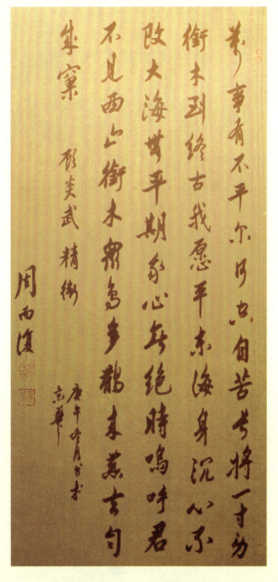

顾炎武《精卫》诗（周而复书）

（3）铸造了一种风霜般沉郁沧桑、松柏般遒劲坚毅的风格，有动人心弦、激荡千古的艺术感染力。顾炎武是一位具有大胸怀、大气象的学者和思想家。其立身、治学、为文莫不站在一个宏阔高远的角度，表现出非凡的器识和阔达的襟怀，而这种器识、襟怀反映在诗歌创作中，就自然形成了一种俯仰古今、吞吐山河的气象，奠定了其诗沉雄悲壮的基调。陈友琴先生认为，顾诗的艺术特色在于：概括性强，无废话，无冗字；含蓄，凝重；"诗无长语，事必精当，词必古雅"；"风霜之气，松柏之质，两者兼有"。清人潘德舆《养一斋诗话》曾评顾诗云："明遗民诗，吾深畏一人焉，曰顾亭林……亭林诗之坚实，皆非以诗为诗者，而其诗境直黄河、太华之高阔也。"诚然此论！

3. 顾诗赏析

（1）精 卫

万事有不平，尔何空自苦？
长将一寸身，衔木到终古。
我愿平东海，身沉心不改。
大海无平期，我心无绝时。
呜呼！君不见西山衔木众鸟多，
鹊来燕去自成窠！

解读：此诗作于1647年，是在吴胜兆密谋叛清之事败露后江南抗清斗争遭受严重挫折的背景下写成的。顾炎武以精卫自喻，表达了他百折不挠驱除外寇的坚定决心。

在改朝换代的时候，有很多的文人士大夫，用当时的话说"变节"了，原来在明朝当过官的，投降了清政府，像"西山衔木众鸟多，鹊来燕去自成窠"一样，又筑起了自己的小窝，改变了自己的政治角色。而顾炎武选择了不变，"身沉心不改"，心是不变的。从政治意义上来说，他的心是忠于明王朝的，但他的身已经"沉"了，不可能再有明王朝了。客观的社会现实，你无法改变，但主观的文化价值、人生价值你是可以选择的。所以，当你明白了这身和心的分裂，你就知道顾炎武一而再、再而三地以所谓"遗民"自居，不是一个简单的政治选择，更是一种深刻的文化选择。

（2）海上（四首）

日入空山海气侵，秋光千里自登临。十年天地干戈老，四海苍生吊哭深。
水涌神山来白鸟，云浮仙阙见黄金。此中何处无人世，只恐难酬烈士心。

满地关河一望哀，彻天烽火照胥台。名王白马江东去，故国降幡海上来。
秦望云空阳鸟散，冶山天远朔风回。楼船见说军容盛，左次犹虚授钺才。

南营乍浦北南沙,终古提封属汉家。万里风烟通日本,一军旗鼓向天涯。
楼船已奉征蛮敕,博望空乘泛海槎。愁绝王师看不到,寒涛东起日西斜。

长看白日下芜城,又见孤云海上生。感慨河山追失计,艰难戎马发深情。
埋轮拗镞周千亩,蔓草枯杨汉二京。今日大梁非旧国,夷门愁杀老侯嬴。

解读:公元1645年6月,在清廷军队强大的军事攻势下,福王朱由崧、潞王朱常淓相继降清。以承继祖宗大业、光复中原而自任的腐败的南明弘光小朝廷的覆亡,使维系江南抗清人心的支柱倒塌了。继之而起的鲁王朱以海在浙江绍兴监国,唐王朱聿键在黄道周等故明大臣的拥立下,也在福州称帝,改元隆武,并遥授顾炎武兵部职方司郎中之职。对于经历家国之难,具有深挚的爱国热情和高度民族责任感的诗人来说,这无疑是一种莫大的鞭策。第二年春天,顾炎武准备赴闽应召,但因母亲刚刚去世,没有去成;六月,清兵渡钱塘江,鲁王放弃了绍兴,由江门入海。这时,唐王的军队还驻在福建延平。入秋,居常熟语濂泾的顾炎武登山远望,环顾沦陷殆尽的故国河山,远眺零星散居抗清队伍的东面大海,不禁感慨万端,激情喷涌,写下了《海上》这组著名的七言律诗。

这组史诗共四首,是一个不可分割的整体。四首蝉联,结构缜密,气势一贯。它体现了诗人爱国忧民的思想感情和七律创作的高度艺术成就。这四首诗都是诗人联系当时形势,有感而发的。国家残破,生灵涂炭,使注重实学、关心时事的诗人心情沉闷压抑。回首故国,满目疮痍。南明政权或降或亡,即使暂存的,也如黎明时天上的晨星,微光黯淡,已是转瞬即逝。然而,诗人的希望是不灭的,对于明王室,他既哀其衰败,叹其失计,又望其恢复,交织着忧国忧民的复杂心情。可以说,写这组诗时,诗人的心境极其不佳。因而,诗歌的感情基调是深沉的,它掺杂着诗人的愤怒谴责、忧心慨叹和殷切期望。

第一首是整个组诗的总纲。写诗人在秋天时登高望远,看到久经战乱的中原大地和处于水深火热之中的"四海苍生",忧痛之情油然而生。他寄希望于遁入海中、聚集抗清力量准备反攻的鲁王,但又怀疑鲁王的势力恐怕很难使抗清取得胜利,因而表现出深深的忧虑。第二首概括叙述清兵南下以来,南明诸王或降或遁,只有福建的唐王独力支撑,因而,诗人把希望寄托在唐王身上。第三首写诗人反对向日本乞师,认为恢复的希望应寄托在唐王身上。在诗人看来,昔日倭寇沿海经营的乍浦、南沙等地,以及整个中原大地自古以来就是属于汉家的,言下之意,现在的这种沦陷局面只是暂时的。诗人是那样自豪,又是那样自信。他亲眼看到了助人安国的后果,深深感受到了引狼入室的创伤。因而,他反对冯京第、黄宗羲等人向日本乞师以助恢复之举。第四首是整个组诗的终了,是总结前三章,抒发诗人对整个时局的感慨。

前人对这四首诗的评价是很高的,认为顾炎武是杜甫《秋兴八首》后的第一人。张维屏在《听松庐诗话》中说:"亭林先生诗多沉雄悲壮之作。偶记一律云:'长看白日下芜城……夷门愁杀老侯嬴。'真气喷溢于字句间,盖得杜之神,而非袭其貌者所可比也。"林昌彝在《射鹰楼诗话》中也说,《海上》七律四首"无限悲浑,故独超千古,直接老杜"。他们不仅点明了组诗沉郁苍楚、雄浑悲壮的气势格调,而且指出了组诗"爱国忧民"的真气。

顾炎武的许多诗都和《海上》组诗一样,及时而深刻地反映了那个剑与火、血和泪、仇共恨的时代。他的诗正气浩然,悲壮激昂,情辞并茂,感人至深。顾炎武是清初遗民诗人中的佼佼者,《海上》组诗是顾诗的代表作,达到了思想和艺术的完美结合。

顾炎武的诗歌创作,始终牢牢地立足于社会现实。同他的文章一样,他的诗既可证史,同时也是其经世致用实学思想的反映。晚清,徐嘉为顾炎武诗作笺注,指出:"其诗沉郁淡雅,副贰史乘","实为一代诗史,踵美少陵"。这样的评价,还是比较中肯的。

(3) 酬王处士九日见怀之作

是日惊秋老,相望各一涯。离怀销浊酒,愁眼见黄花。

人师 顾炎武

天地存肝胆,江山阅鬓华。多蒙千里讯,逐客已无家。

解读:这是一首酬答诗,作于1656年,被选入2008年北京高考语文试卷。王处士(王炜暨)是顾炎武的好友。此诗写出了他们虽天涯沦落,却肝胆相照的友情,写得沉着深挚。本诗不是应酬之作,在抒写离情别绪之中,交织着对国家兴亡的深沉感慨,两种情感有机地熔铸在一起。整首诗苍凉沉郁,情切意深,表达了作者对清朝统治者的不满,颇能拨动读者的心弦。诗中"肝胆"指自己的爱国之志,或对于故国的赤胆忠心。此诗沉郁悲怆,深沉凝重,表达了作者虽已衰老,且明知复明无望,仍然矢志不渝、坚持到底的决心。

(4)汾州祭吴炎潘柽章二节士

露下空林百草残,临风有恸奠椒兰。韭溪血化幽泉碧,蒿里魂归白日寒。

一代文章亡左马,千秋仁义在吴潘。巫招虞殡俱零落,欲访遗书远道难。

解读:此诗是顾诗用典妥帖精当的典范之作。读顾诗,必须有一定的学力,同时要深入了解明末清初这一段风刀霜剑的残酷史实,才能体会到其妙处。吴炎、潘柽章是顾炎武的学问道义之交,有良史之才,共撰《明史记》,以求保存有明一代文献。康熙二年(1663),被卷入湖州庄廷鑨私撰《明史》大狱,同时被害,这是清朝二百七十年文字狱的开端。顾炎武在汾阳逆旅之际听到这个噩耗,长歌当哭,遥祭二位节烈之士。此诗用典之精切,素来受到诗评家的称道。

第一句"露下空林百草残"化用了《楚辞·九辨》"白露既下百草兮,奄离披此梧楸",点明了时序节令,展现了秋天肃杀之境,更隐喻了《明史》案株连之广,点明在清朝的文化高压政策之下,无数出类拔萃之士都受到了摧折。第二句"临风有恸奠椒兰"依然是化用了《楚辞·九歌》中的句子"蕙肴蒸兮兰藉,奠桂酒兮椒浆",严露既下,即使美好如椒、兰也无处可避,诗人在秋风中祭奠着两位芬芳高洁如椒兰般的挚友,是何等的痛苦与哀伤。这已不仅是吴潘二子的命运,更象征着宛如顾炎武自身一代的明遗民的命运。

颔联"韭溪血化幽泉碧,蒿里魂归白日寒"表达了对烈士的挽留。韭溪,是二人之居所,在此借代吴潘二人。二人和一班好友曾在顾炎武北游之前,在韭溪联句,作诗以赠。《庄子·外物》:"苌弘死于蜀,藏其血,三年化为碧。"苌弘是周大夫,蒙冤而死,作者以苌弘谓吴潘可谓精当。蒿里,山名,在泰山南,是传说中魂魄的归宿之所,而古乐府中有名为《蒿里》的挽歌。诗人奠美酒,唱挽歌,为二子送葬,在哀恸之中,连太阳竟也显得是如此阴寒无比。

颈联"一代文章亡左马,千秋仁义在吴潘",是顾炎武对二位节士的评价。左,是左丘明,《左传》的作者;马,是司马迁,《史记》的作者。此以左马比喻吴潘,可谓推崇备至。顾炎武在《书吴潘二子事》中追忆二人的志向时说"当成一代史书,以继迁、固之后",对他们的学术成就给予了充分的肯定。"千秋仁义在吴潘",初看似平平无奇,却是顾诗的最大特点所在——用事贴切精当,与情感契合无间。这句诗作者有原注:《宋书·孝义传》:王韶之《赠潘综吴逵诗》:"仁义伊在?惟吴惟潘。心积纯孝,事著艰难。投死如归,淑问若兰。"巧妙地切用了二节士之姓。而二子平日和被下狱后之表现,真的不愧"仁义纯孝视死如归"。《书吴潘二子事》:"当鞫讯时,或有改辞以求脱者,吴子独慷慨大骂,官不能堪,至拳踢仆地。潘子以有母故,不骂亦不辨。其平居孝友笃厚,以古人自处,则两人同也。"二人面对清廷时大义凛然,坚守气节,丝毫没有动摇,真可谓仁义双全。若不是作者自己注出所用之典故,纵使是高明的注家也难窥其用事的出处,难怪陈衍《石遗室诗话》说:"古今诗家用事当切者,前推东坡,后有亭林。"

尾联"巫招虞殡俱零落,欲访遗书远道难"中,巫招、虞殡,是招魂及送葬曲,哀叹与志士永诀,朋友零落,只剩自己孑然一身。遗书,指的是吴潘二子所合撰写的《明史记》遗稿。二人被害之后,原已成书十之六七的著作遂遭清廷毁禁,湮没于世。顾炎武本身也抱着著明史的志向,但是始终没有动笔,正是因为他认为吴潘二人的著述比自己更为精当。这是长辈对后辈的厚望,"同方有潘子,自小耽文史。荦然持巨笔,直溯明兴始。谓惟司马迁，作书有条理……期君共编摩，不坠文献迹。便当挈残书，过尔溪上宅。"(《赠潘节士柽章》)二节士在江南湖州殉难之时，顾炎武在山西汾州，一南一北，如隔天涯，生者欲得死者著作而不可。斯人既绝，著作又不能传，顾炎武的凄凉心境可想而知。

（5）劳山歌

劳山拔地九千丈，崔嵬势压齐之东。下视大海出日月，上接元气包鸿蒙。
幽岩秘洞难具状，烟雾合沓来千峰。华楼独收众山景，一一环立生姿容。
上有巨峰最崷力，数载榛莽无人踪。重厓复岭行未极，洞壑窈窕来相通。
天高日入不闻语，悄然众籁如秋冬。奇花名药绝凡境，世人不识疑天工。
云是老子曾过此，后有济北黄石公。至今号作神人宅，凭高结构留仙宫。
吾闻东岳泰山为最大，虞帝柴望秦皇封。其东直走千余里，山形不绝连虚空。
自此一山莫海右，截然世界称域中。以外岛屿不可计，纷纭出没多鱼龙。
八神祠宇在其内，往往棋置生金铜。古言齐国之富临淄次即墨，何以满目皆蒿蓬。
捕鱼山之旁，伐木山之中。犹见山樵与村童，春日会鼓声逢逢。
此山之高过岱宗，或者其让云雨功。宣气生物理则同，旁薄万古无终穷。
何时结屋依长松，啸歌山椒一老翁。

解读：在顾炎武的纪行诗中，描摹山水的极为少见，《劳山歌》在顾炎武的作品中独具特色，有着较高的艺术价值。顾炎武怀着极大的激情，用夸张的语言，对崂山作了尽情的描绘。《劳山歌》从远景到近貌，从巍峨山势到奇花异草，从古老的齐国郡县到满目蒿蓬的败落村舍，洋洋洒洒写了三百多字，把崂山"崔嵬势压齐之东"的高峻和"烟雾合沓来千峰"的秀色，描写得淋漓尽致。

顾炎武北游，长期往来居留山东。1657年，他从莱州到达即墨县，受到即墨名门黄氏家族的接待。他游览了崂山（劳山：又作牢山，今通作崂山）胜景，凭吊了郑康成书院故址，还会见了避居崂山的许多明代遗臣和文士。顾炎武崂山之行中，写下了《劳山歌》《不其山》《张饶州允抡山中弹琴》《安平君祠》等脍炙人口的诗篇。这些诗篇追溯了崂山的历史，颂扬了崂山的美景，其中"何时结屋依长松，啸歌山椒一老翁"的诗句更是充分表达了作者对崂山的眷恋之情。《劳山歌》把崂山的宏伟壮丽和变幻奇异写得淋漓尽致，其文飞腾游走，笔力遒劲，颇具李白《梦游天姥吟留别》的特色。对崂山之山名作全面之探求，也是始于顾炎武，他最精辟的见解是，《史记》中之"荣成山"应写为"劳成山"，他要为崂山之名而正《史记》二千年之误。另外，崂山为"神仙之宅、灵异之府"的美誉，也出自他的手笔。顾炎武的名字与崂山共存，世代受到人们的缅怀与景仰！

（6）五十初度时在昌平

居然濩落念无成，隙驷流萍度此生。
远路不须愁日暮，老年终自望河清。
常随黄鹄翔山影，惯听青骢别塞声。
举目陵京犹旧国，可能钟鼎一扬名。

顾炎武《五十初度时在昌平》诗（于右任书）

解读：1662年，康熙元年，顾炎武50岁。他的五十大寿是在昌平过的，其间写下了这首律诗。入清以后，顾炎武一直坚持着明朝遗民的身份，与清政府采取不合作的态度。17年过去了，光复河山的希望渐渐破灭，心中的乌云日愈浓重，从诗中可以看出，这个时候的顾炎武，情绪是低沉而苍凉的，"常随黄鹄翔山影，惯听青骢别塞声"，自己就像浮萍一样，飘来飘去。当然，作为一个意志坚强的人，他并没有完全丧失信心，就像当年的陆游，虽然知道自己已是时日不多，南宋王朝大势已去，但仍挂念着国家的统一："王师北定中原日，家祭无忘告乃翁。"顾炎武则说："远路不须愁日暮，老年终自望河清。"诗人慷慨悲歌，不失民族大义。

二、顾炎武散文

1. 地位与特点

（1）地位。顾炎武不仅是爱国学者、卓越的诗人，而且还是散文大家，在清初文坛上享有盛誉，对当时和后世均产生过极大的影响。归庄在《与顾宁人书》中写道："读来札及诸咏，喜慰叹羡！诗文之工不必言，乃其游历登览，一何壮哉！"在《与叶嵋初》中又说："宁人腹笥之富，文笔之妙，非弟一人之私言，即灌老诸公，皆击节称赏，四方之士见其诗古文者，往往咨磋爱慕。"杨彝等《为顾宁人征天下书籍启》也写道："东吴顾宁人，名炎武，驰声文苑垂三十年。"

今存顾炎武近300篇散文，题材多样，内容丰富，写作艺术高超。这些散文均贯彻着"经世致用"的写作原则，体现出作者对社会、人生的高度关怀，语言简洁凝练，文风朴实。

（2）特点。顾炎武的散文在审美倾向上注重抒情性，常常将议论与抒情、叙述与抒情融为一体，在艺术表现上直抒胸臆又质朴自然。尤其是杂记文与铭状文，叙事简明扼要，不枝不蔓，脉络明晰，条理清楚，而结构又疏放自如，文风质实素朴，深得唐宋散文之神髓。著名教育家朱东润说："顾氏之文具有'善用典实，熨帖切当'，'不事藻饰，纯朴感人'之特点。"

顾氏之文的"纯朴"与其诗之"古雅"，从本质上说，其实都是表明其在艺术形式上达到了如他本人在评论"魏晋以上"的"古人"之诗所说的那种"变化自然"的境界。而这一切，皆源于其博学多识。其友人王弘撰在《山志中》评论其著述成就时，曾称道顾炎武"留心经术，胸中富有日新，不易窥测，下笔为文，直入唐宋大家之室"。顾炎武的另一位学友程先贞亦曾称述说：

东吴顾征君亭林先生，今之大儒，于书无所不读，习熟国家典制，以至人情物理，淹贯会通，折衷而守之，卓乎为经济之学者也……其著述之富，汗牛充栋，要皆崇正黜邪，一轨于圣贤之微旨。抽关启钥，尽见其全。其辩详以核，其论典以要；其思平实以远，其义纯粹以精。本于经而不泥于昔闻，原于史而不拘于成说。多前贤所未明，一旦自我发之者。自汉、唐以来，诸儒林立，观其意思，略于郑康成、王文中辈相仿佛，皆能深造理窟，力追大雅，以斯文为己任者也。以视今之作者，不啻奏黄钟大吕于秋虫响答之前，其巨细不侔矣。

顾炎武散文在内容上多涉国计民生或忠孝节义，而绝少应酬文字，这与他的文学主张是完全一致的。其著书立言乃以"救民以言"自命，因而以"文须有益于天下"严格自律，故其为文也"不贵多"，而特重创新；其行文则只求"辞主乎达"，以此之故，遂不经意文字藻饰，而是重在切当地表达自己的思想，在追求文章"有益于天下"上做功夫。这也正如其作诗，以其奉行的是"诗主性情，不贵奇巧"，即恪守"诗以义为主，音从之"的原则，故并不专注于诗之韵律以求其"所以为诗"，而是在保证不失其"所以为诗"的前提下，务求不失其"所以为我"。王弘撰说他"诗文矜重，心所不欲，虽百计求之，终不可得，或以是致怨，亭林弗顾也"。他的创作实践，确也履行了自己在《与人书三》中的诺言："凡文之不关于六经之旨、当世之务者，一切不为。"

2. 分类

（1）学术论文。顾炎武的学术论文以《北岳辨》《革除辨》《原姓》《子胥鞭平王之尸辨》等为代表，多阐述作者对学术问题的看法。这类散文往往广征博引，以考订精详、逻辑严密而见称。《日知录》中也有一些文章可列入此类，如《书不当两序》等。

（2）政论文。顾炎武的政论文针对性更强，涉及面更广，代表作有《郡县论》九篇、《钱粮论》二篇、《生员论》三篇，以及"乙酉四论"等，论题涉及政治、军事、经济、文化教育等不同方面，对当时和后世均有极大影响。

（3）杂记文。顾炎武的杂记文在各类文章中最具特色，可读性很强。这些散文或叙事写人，或写景抒情，在人、事、情三者关系的处理上体现了作者高超的写作技巧，而作者对于故国的殷切思念之情，尤为感人。《圣慈天庆宫记》《裴村记》《齐四王家记》《五台山记》《拽梯郎君祠记》《复庵记》《书吴潘二子事》《记与孝感熊先生语》等，均为此类散文之代表。

（4）书启文。在顾炎武的散文中，书启文数量最多，内容也最复杂。其中有讨论学风的，如《与友人论学书》等；有关心民生疾苦的，如《病起与蓟门当事书》等；有对不义小人进行指斥的，如《答再从兄书》等；有表示自己坚守节操及劝友人保持名节的，如《答原一公肃两甥书》等；也有与友人讨论为人处世的方式及某个具体学术问题的，如《与友人辞祝书》等。这些书信不仅体现了顾炎武的交游情况，而且从不同层面展示了作者的精神风貌与内心世界，为我们全面认识顾炎武提供了可能。这些文章尽管风格不同，但大都情文并茂，清新可读。

（5）序跋文。顾炎武的序跋文多讨论学术问题。其中书序介绍该书内容与成书经过，叙述简洁，层次清晰，如《初刻日知录自序》等；诗序则偏重介绍作者，对诗能抓住要点，高度概括，评价中肯，如《朱子斗诗序》等；另外，《劳山图志序》《吕氏千字文序》《广宋遗民录序》《书杨彝万寿祺等为顾宁人征天下书籍启后》等，都内容充实，各具特色。

（6）铭状文。顾炎武的铭状文多表彰忠臣节义之人，少谀墓敷衍之作。《吴同初行状》《汝州知州钱君行状》《从叔父穆庵府君行状》《先妣王硕人行状》《蒋山佣都督吴公死事略》《常熟陈君墓志铭》《富平李君墓志铭》《山阳王君墓志铭》《歙王君墓志铭》等，均为其代表。这些文章所写人物均生活在明清之际，或为抗清英雄，或为节义之士，或为士人领袖。作者通过对这些人物事迹的叙写，寄托了其深沉的故国之思。

（7）应用文。顾炎武的应用文数量不多，如《华阴县朱子祠堂上梁文》等。

3. 顾炎武散文赏析

（1）书不当两序

会试录、乡试录，主考试官序其首，副主考序其后，职也。凡书亦犹是矣。且如国初时，府州县志书成，必推其乡先生之齿尊而有文者序之，不则官于其府州县者也。请者必当其人，其人亦必自审其无可让而后为之。官于是者，其文优，其于是书也有功，则不让于乡矣。乡之先生，其文优，其于是书也有功，则官不敢作矣。义取于独断，则有自为之而不让于乡与官矣。凡此者，所谓职也。故其序止一篇，或别有发明，则为后序。亦有但纪岁月而无序者。今则有两序矣，有累三四序而不止者矣。两序非体也，不当其人非职也，世之君子不学而好多言也。

凡书有所发明，序可也。无所发明，但纪成书之岁月可也。人之患在好为人序。

唐杜牧《答庄充书》曰："自古序其文者，皆后世宗师其人而为之。今吾与足下并生今世，欲序足下未已之文，固不可也。"读此言，今之好为人序者可以止矣。

娄坚《重刻〈元氏长庆集〉序》曰:"序者,叙所以作之指也。盖始于子夏之序《诗》,其后刘向以校书为职,每一编成,即有序,最为雅驯矣。左思赋《三都》成,自以名不甚著,求序于皇甫谧。自是缀文之士,多有托于人以传者,皆汲汲于名,而惟恐人之不吾知也。至于其传既久,刻本之存者,或漫漶不可读,有缮写而重刻之,则人复序之,是宜叙所以刻之意可也。而今之述者非追论昔贤,妄为优劣之辨,即过称好事,多设游扬之辞,皆我所不取也。"读此言,今之好为古人文集序者可以止矣。

文章大意:《会试录》《乡试录》都是主考官在书前作序,副主考官在书后作序。只要是书也都是这样。比如国家刚建立时,府州县志写成后,一定是推举这个地方有学识的人中年长受尊崇并且有文采的来写序。如果没有的话就由这个府州县的官员来写。所请的人必须是适合的人。那个人也一定要考虑(或审视)自己没有可以推让的人然后再作序。写序的官员,他的文采必须很好,他对于这本书也必须有贡献,这样才不会被这个地方的人责备。这个地方的有学识的人,如果他的文采很好,对于书也有贡献,那么官员是不敢作序的。如果有独到的想法,则作者可以自己作序不推让给地方有学识的人和官员。这样才叫专业。所以,序只有一篇。有的另有阐明的,则叫后序。也有只记录成书时间而没有序的。现在却有两篇序,有的甚至不止三四篇序。有两篇序是不符合体例的。不是适合作序的人作序是不专业的。世上的君子不好学却好多说话啊。

如果对书的内容有所发现和明示,可以作序。如果没有什么发现和明示,只记录成书的时间就好。人的毛病在喜欢给人作序。

唐朝杜牧《答庄充书》中说:"自古以来给书作序的,都是后世的宗师。现在我和您共同生活在当今时代,想为您还没写完的文章作序,这实在是不可以啊。"读了这段话,现在那些喜欢给人作序的人就别再这样做了。

娄坚《重刻〈元氏长庆集〉序》中说:"序要叙述作序的意图,大概是开始于子夏为《诗经》作序。后来刘向以校书为职业,每编辑一册就作序,很是文雅。左思写成《三都赋》后,自以为名声不是很大,求皇甫谧为自己作序。所以作文的人多托付别人作序用来传名,都急切地追求名声,而惟恐人们不知道我。至于后来文章流传的时间长了,留存的刻本也许模糊不清没法看了,缮写后重新刻印,于是人们再写一篇序,这时则应该记叙重新刻印的原因。而现在所记述的,不是追述议论过去的贤者,胡作优劣的论断,就是过分地称赞为好事,过多的用一些宣扬的辞藻,这些都是我所认为不可取的。"读了这些话,如今喜欢给古人文集作序的人也别再这样做了。

解读:一些人汲汲于求名,生怕自己的著作不为人所知,所以就千方百计地请名流学者为之作序,以便使其文章或著作"托于人以传"。而好为人序者则妄为优劣之辨,多设褒扬之辞,所说的话未必发自本心。对于有的人为了讨好达官贵人而请他们作序这种现象,顾炎武特别反感。他说达官贵人中真正配得上为学者的著作写序的人并不多,其中多有"不学而好多言"的沽名钓誉之徒。顾炎武认为,只有那些确有独到见解而有所发明的著作,才应为之作序。本文被选入2011年天津高考语文试卷。

(2) 复庵记

旧中涓范君养民,以崇祯十七年夏,自京师徒步入华山为黄冠。数年,始克结庐于西峰之左,名曰复庵。华下之贤士大夫多与之游,环山之人皆信而礼之。而范君固非方士者流也。幼而读书,好《楚辞》,诸子及经史多所涉猎。为东宫伴读。方李自成之挟东宫二王以出也,范君知其必且西奔,于是弃其家,走之关中,将尽厥职焉。乃东宫不知所之,而范君为黄冠矣。

太华之山,悬崖之巅,有松可荫,有地可蔬,有泉可汲,不税于官,不隶于宫观之籍。华下之人或助之材,以创是庵而居之。有屋三楹,东向以迎日出。

余尝一宿其庵。开户而望,大河之东,雷首之山苍然突兀,伯夷叔齐之所采薇而饿者,若揖让乎其间,固范君之所慕而为之者也。自是而东,则汾之一曲,绵上之山出没于云烟之表,如将见之,介子推之从晋公子,既反国而隐焉,又范君之所有志而不遂者也。又自是而东,太行、碣石之间,宫阙山陵之所在,去之茫茫,而极望之不可见矣,相与泫然!作此记,留之山中。后之君子登斯山者,无忘范君之志也。

文章大意:前朝太监范养民,在崇祯十七年夏天,从京都徒步到华山当道士。几年之后,才得以在西峰的左边盖了一所房子,取名叫"复庵"。华山下面的社会贤士大夫,大多和他有交往;华山周围的人都信任他,尊敬他。可是范先生本来并非道士之流的人。(他)自幼读书,爱好《楚辞》,诸子百家的学说以及经书史书涉猎得也很多。在宫中担任太子的伴读。当李自成扶持太子和另外两个王子离开北京,范先生料到他一定要向西逃,于是抛弃自己的家跑到关中,打算尽自己的职责。但是太子下落不明,范先生就当了道士。

华山悬崖顶上,有松树可以遮阴,有田地可以种菜,有山泉可以取水,不向官府纳税,不列入寺庙的财产登记簿上。华山下面的居民有人资助他材料,因此建造了这个住所来居住。(这所住宅)有房三间,面朝东,可以看见太阳升起。

顾炎武《复庵记》部分(瓦翁书)

我曾经在复庵住过一夜。开门远望,(只见)黄河的东边,苍青的雷首山拔地而起,(那就是)伯夷、叔齐采薇充饥而饿死的地方,(那些山峦)好像拱手站在那儿。(伯夷、叔齐的事)本来就是范先生所仰慕并仿效的行为。从这儿向东,是汾河的一个曲折处,绵山在云烟中若隐若现,好像看见当年介子推追随晋公子出逃,公子归国之后,介子推却隐居在这里。这又是范先生有此心而不得实现的。从这儿再向东,太行山和碣石山之间,是明故都北京和明皇陵所在的地方,离那儿非常遥远,尽力远望也望不见了,(只有)彼此垂泪!我写了这篇记,留在山中。以后登此山的先生们,不要忘记范先生的志向啊!

解读:这篇小品是作者在65岁的暮年登临华山时所作,它不同于一般游记的写景抒情,而是将强烈的爱国情感与深沉的亡国忧愤寓托其中,催人泪下,令人震撼。

首先,文中的一景一事,无不意蕴丰富。如复庵暗寓复明之志,庵主的人品操守、复庵的规模环境,都表现出一种独立不移、威武不屈的高风亮节。其次,文中典故颇多,无论是耻食周粟、采薇守节的伯夷、叔齐,还是归隐不仕的介子推,都象征着在国家危亡关头决不低头的民族精神。其三,文章语言短促响亮,景中有情。如"太行、碣石之间,宫阙山陵之所在,去之茫茫,而极望之不可见矣,相与泫然!"深沉热烈的故国之思与爱国之情溢于言表。

(3) 与友人论门人书

伏承来教,勤勤恳恳,闵其年之衰暮,而悼其学之无传,其为意甚盛。然欲使之效囊者二三先生,招门徒,立名誉,以光显于世,则私心有所不愿也。若乃西汉之传经,弟子常千余人,而位富者至公卿,下者亦为

人师 顾炎武

博士,以名其学,可不谓荣欤,而班史乃断之曰:"盖禄利之路然也。"故以夫子之门人,且学干禄。子曰:"三年学,不至于谷,不易得也。"而况于今日乎?

今之为禄利者,其无藉于经术也审矣。穷年所习不过应试之文,而问以本经,犹茫然不知为何语,盖举唐以来帖括之浅而又废之。其无意于学也,传之非一世矣,矧纳赀之例行,而目不识字者可为郡邑博士!惟贫而不能徙业者,百人之中尚有一二。读书而又皆躁竞之徒,欲速成以名于世,语之以五经则不愿学,语之以白沙、阳明之语录,则欣然矣,以其袭而取之易也。其中小有才华者,颇好为诗,而今日之诗,亦可以不学而作。吾行天下见诗与语录之刻,堆几积案,殆于瓦釜雷鸣,而叩之以二南、雅颂之义,不能说也。于此时而将行吾之道,其谁从之?"大匠不为拙工改废绳墨,羿不为拙射变其彀率。"若徇众人之好而自贬其学,以来天下之人,而广其名誉,则是枉道以从人,而我亦将有所不暇。惟是斯道之在天下,必有时而兴,而君子之教人有私淑艾者,虽去之百世而犹若同堂也。所著《日知录》三十余卷,平生之志与业皆在其中,惟多写数本以贻之同好,庶不为恶其害己者之所去,而有王者起,得以酌取焉,其亦可以毕区区之愿矣。

夫道之污隆,各以其时,若为己而不求名,则无不可以自勉。鄙哉硁硁所以异于今之先生者如此。高明何以教之!

文章大意:拜接来信,内容殷勤恳切,怜念我年龄的衰老,而痛惜我的学业没有传人,这番心意十分深厚。但是想要我仿效过去的某些先生的做法,招收门徒,树立名声,来显耀于人世,则鄙意是不愿这样干的。比如西汉时代经师的传授经书,学生常常多至千余人,其中地位高的做到三公九卿,稍次的也可以做博士,使所授的学生扬名于世,能不称为光荣吗?但是班固却评之曰:"这实在是人们走做官谋利的道路造成的结果。"所以即使孔子的弟子,尚且要学求得做官之道。孔子道:"求学三年,不去求官做的人,是不容易见到的。"而况今日之世呢?

当今世上追求富贵的人,其无须依靠经术是很明白的。一年到头所学的不过是应考的时文,倘若问他经书本文,还茫茫然不知道是出于哪里的话,实在是连唐朝帖括之学的这点浅薄的记诵都丢掉了。这种根本不存心治学的风气,相沿不止一代了,何况纳财捐官的制度通行,那些目不识丁的人也可以当上府县的教官!只有贫穷而不能改业的士子,一百人中还有一两个,但又都是读书而急于求事功的一些人,希望速成而得名于世,叫他学五经可不愿学,叫他读陈白沙、王阳明的语录,却很高兴,因为袭取这些东西是很容易的。其中有些小有才华的人,颇喜欢作诗,而现在的那些诗,不用学也可以做得出来。我跑遍天下所见到的诗集和语录的刻本,堆几积案地到处皆是,简直是一片震耳的噪音,而问他们《周南》《召南》《雅》《颂》的精义,却是说不出来的。在这样的时代而想贯彻我的主张,有谁肯听从呢?"高明的木匠不肯为拙劣的木工改变或放弃规矩,后羿不肯为蹩脚的射手改变其拉弓的标准。"倘若屈从世人的喜欢而自己贬低其所学,以求招揽天下的人,来张扬自己的名声,那便是歪曲真理来追随别人,我也没有心情花这么多的闲工夫。不过学术之在天下,一定会有机会发扬,而古代君子教诲人要学习私心所仰慕的贤者,哪怕彼此相距已有百世之久也好像是同在一室似的。我所著的《日知录》三十多卷,生平的思想和学业都在这书里,只有多抄写几本,用以分赠同志,也许可以不被害怕这书会妨碍他们的那些人所销毁,而一旦有振作世道的人物出现,得以从我的书里择取一点东西,这也就可以了我一点微小的心愿了。

学术的衰败和昌盛,各有其时代的必然,倘若为了自己的追求而不求虚名,那就没有不可以自我勋勉的。鄙陋如我固执地不同于当今先生们的就是上述原因。高明的您有什么见教呢?

解读:本文是顾炎武激烈批评晚明空疏学风的文章之一。对于读书人为扩大知名度而"自贬其学"的媚俗行为,顾炎武表示了特别的反感。有人劝他招门徒,立名誉,以光显于世。他明确表示拒绝。他说,像西汉时期的经师那样,弟子多至千人,位高者可至公卿,位卑者也能在朝廷里混个"博士"的头衔,大家都自称是他的门徒,真可以说是光显于世了。然而班固却一语将天机道破:此乃禄利之路使然也。虽然"夫子之门人且学干禄",但我顾炎武就是与孔夫子不同,如今要让我去教那些干禄之徒作应试文章,那是绝对不行的。

(4) 与公肃甥书之二

所谓大臣者,以道事君,不可则止。吾甥宜三复斯言,不贻讥于后世,则衰朽与有荣施矣。此中自京兆抵二崤皆得雨,陇西、上郡、平凉皆旱荒,恐为大同之续。与其赈恤于已伤,孰若蠲除于未病。又有异者,身为秦令,而隔河买临晋之小儿,阉为火者,以充僮竖,至割死一人,岂非自陕以西别一世界乎?诚欲正朝廷以正百官,当以激浊扬清为第一义,而其本在于养廉。故先以俸禄一议附览,然此今日所必不行,留以俟之可耳。说经之外,所论著大抵如此。世有孟子,或以之劝齐梁,我则终于韫椟而已。

解读:徐乾学、徐秉义、徐文元是顾炎武的三个外甥(顾炎武五妹之子),三兄弟都是进士,都在清廷做高官,在当时很有名望,号称"昆山三徐"。因为三兄弟都以一甲登第,亦称"同胞三鼎甲"。在他们没有发迹时,顾炎武曾经帮助过他们。徐氏兄弟一门鼎贵之后,顾炎武一开始是不跟他们交往的,但是后来,他不避嫌疑地跟徐氏三兄弟交往。到北京的时候,又多次在徐家兄弟家里住。他还多次给徐家兄弟写信,甚至对他们的政治行为进行道德训诫。徐家兄弟为他买田置宅,迎请他南归,顾炎武却拒绝前往,宁可在异乡过清苦的生活。

此文是顾炎武写给外甥徐元文的一封信。徐元文,字公肃,顺治十六年(1659)状元,官至文华殿大学士兼翰林院掌院学士。

信中,顾炎武首先引用《论语》中孔子的话"所谓大臣者,以道事君,不可则止",告诫徐元文要"以道事君",如果统治者不听劝谏,就要辞官而去。他以自己沿途所见以及地方官吏草菅人命的骇人之举,提出:"诚欲正朝廷以正百官,当以激浊扬清为第一义,而其本在于养廉。"认为要正朝廷必须先正百官,应以激浊扬清为第一要旨,而其根本在于培养并保持廉洁的美德。"激浊扬清",语本《尸子·君治》:"扬清激浊,荡去滓秽,义也。"激,冲去;浊,脏水;清,清水。冲去污水,让清水上来,比喻清除坏的,发扬好的。顾炎武一生提倡"天下兴亡,匹夫有责",主张"君子为学,以明道也,以救世也"。虽然他与清廷势不两立,终身不仕,但他时刻关注着社稷民生,并对仕清的外甥苦口婆心,悉心劝导。

1990年王遽常先生为顾炎武纪念馆题字

他曾这样勉励徐元文:"有体国经野之心,而后可以登山临水;有济世安民之识,而后可以考古论今。"

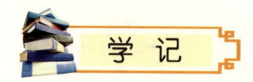

学 记

○ **发人深省**

本课最能使你有所启发的两句话是：

1.

2.

○ **合作探究**

1. 谈谈你对《精卫》这首诗的理解。

2.《复庵记》的主题思想是什么？

3. 试翻译《与公肃甥书之二》，并谈谈你的体会。

○ **责任意识**

通过本课学习，你认为一个人应该具有怎样的社会责任意识？

○ **启示录**

1. 本课对你为人的启示是：

2. 本课对你为学的启示是：

主要参考文献

一、著作

1. 顾炎武:《顾炎武全集》,上海古籍出版社,2011年。
2. 许苏民:《顾炎武评传》,南京大学出版社,2006年。
3. 许苏民:《日知录一百句》,复旦大学出版社,2011年。
4. 周可真:《明清之际新仁学》,中国大百科全书出版社,2006年。
5. 萧萐父、许苏民:《明清启蒙学术流变》,人民出版社,2013年。
6. 梁启超:《中国近三百年学术史》,湖南文艺出版社,2011年。
7. 周可真:《顾炎武哲学思想研究》,当代中国出版社,1999年。
8. 昆山市顾炎武研究会:《顾炎武研究论文集——纪念顾炎武诞辰四百周年特辑》,2013年。
9. 赵俪生:《国学经典导读——日知录》,中国国际广播出版社,2011年。
10. 昆山市文化发展研究中心:《纪念顾炎武诞辰四百周年纪念文集》,上海人民出版社,2014年。
11. 李永祜、郭成韬:《顾炎武诗文选译》,凤凰出版社,2011年。
12. 周可真:《顾炎武与中国文化》,黄山书社,2009年。
13. 沈嘉荣:《顾炎武论考》,江苏人民出版社,1994年。
14. 王蘧常:《顾亭林诗集汇注》,上海古籍出版社,2006年。
15. 王冀民:《顾亭林诗笺释》,中华书局,1998年。
16. 陈祖武:《传世大儒系列——顾炎武评传》,中国社会出版社,2010年。
17. 周可真:《顾炎武年谱》,苏州大学出版社,1998年。
18. 王力:《清代古音学》,中华书局,1992年。

二、文章

1. 王家范:《如何读懂顾炎武》。
2. 黄珅:《顾炎武:清代儒林之冠》。
3. 高远:《移民的终极皈依——行走中的顾炎武》。
4. 王家范:《顾炎武的天下观》。
5. 田居俭:《顾炎武治学的精品意识》。
6. 周可真:《顾炎武的廉政思想》。
7. 刘勇:《顾炎武诗中的真挚情感》。
8. 韩光辉、舒时光:《十七世纪的中国地理学》。
9. 赵俪生:《试论顾炎武在人文地理学方面的贡献》。
10. 华林甫:《顾炎武地理考据得失论》。

11. 朱智武:《"归奇顾怪"话亭林——顾炎武地理学思想漫谈》。
12. 武少青:《顾炎武旅游考论》。
13. 牛余宁:《顾炎武政治旅行研究》。
14. 顾之川:《清代古音学的开山之作——〈音学五书〉述评》。
15. 陈燕:《顾炎武对入声的认识及其影响》。
16. 张敏、李海生:《顾炎武:开启清代朴学思潮第一人》。
17. 陈国庆:《顾炎武与中国传统学术的转型》。
18. 谢艳红:《试析顾炎武在古韵分部过程中对系联法的运用》。
19. 吴国源:《顾炎武〈易〉音研究条例初探》。
20. 胡蓉:《顾炎武〈音学五书〉入声韵研究——k尾入声韵的离析》。
21. 陈碧卿:《浅谈"古人四声一贯"说——兼谈顾炎武古音学》。
22. 高天霞:《论顾炎武的入声观》。
23. 王浩、赵芳媛:《从〈唐韵正〉看〈音学五书〉的文字和训诂学价值》。
24. 王培峰:《〈四库全书总目〉对顾炎武的学术评价》。
25. 王寅:《论顾炎武与李光地学术交流与传承》。
26. 张兵:《顾炎武散文的思想与艺术》。
27. 孙雪霄:《二十世纪顾炎武诗文研究评述》。
28. 徐奉先:《论顾炎武读书、游历与治学之关系》。
29. 邵火焰:《顾炎武与读书》。
30. 瞿林东:《想起了顾炎武……》。
31. 赵宗正:《清初经世致用思潮简论》。
32. 李富厚:《顾炎武与〈昌平山水记〉》。
33. 许丹:《顾炎武访碑考——以〈金石文字记〉著录碑刻为研究对象》。
34. 蒋寅:《顾炎武的诗学史意义》。

后　记

让顾炎武走出学术界,是纪念顾炎武的最好方式。顾炎武是在全国最能叫得响的昆山名人,宣传和普及顾炎武思想从昆山开始理所应当;从具有90多年光荣革命传统和责任意识教育传统的昆山市第一中学起步,我们义不容辞,责无旁贷。

我校顾炎武思想课程基地建设从最初的提议到最后的审批,得到太多单位和个人的热情鼓励与大力支持。借本书出版之机,我们感谢苏州市教育局、昆山市教育局和昆山市财政局的政策支持;感谢苏州市名人馆、昆山市顾炎武研究会、昆山市顾炎武纪念馆、昆山市千灯镇人民政府、顾炎武故居、昆山市教育局周雪明副局长和吴剑平主任、震川高级中学季成伟和陈燕飞老师的大力协助;感谢南京大学许苏民教授和苏州大学周可真教授两位顾问的悉心指导;感谢顾炎武研究会汤梁保秘书长和郭志昌老师的嘉许帮助。还要感谢苏泽立、程振旅两位书法家和我校老校友俞明先生为我们慷慨题字;感谢顾炎武研究会徐俊良等前辈为我们献计献策;感谢我校顾雨时老校长为我们积极宣传。

顾炎武思想课程基地建设,是我校的一个长期的文化教育工程,包括硬件和软件两个方面。硬件包括宣传栏、展厅、雕像、图书室、教室、会议室等;软件包括报纸《亭林风》、杂志《苍生为念》、网站《心同山河》以及教材开发等。教材分为必修教材(高一使用)和选修教材(高二使用)两部分。本书是课程基地的必修教材,即基础教材。

顾炎武思想博大精深,部分学者试图研究顾炎武,最终望而却步,作为中学教师,我们就更缺少研究能力。虽然我们的课程基地以宣传和普及顾炎武思想为中心,而非以研究顾炎武思想为出发点,但这并不意味着我们躲避困难,人云亦云。不过在课程基地的起步阶段,我们只能大量借鉴现有专家和学者的研究成果,否则教材的编写与出版将遥遥无期,课程基地建设必将流于形式和口号,这是所有关心课程基地的人都不愿意看到的。

梁启超说:"我平生最敬慕亭林先生为人,想用一篇短传传写他的面影,自愧才力薄弱,写不出来。但我深信他不但是经师,而且是人师。我以为现代青年,很应该用点功夫,多参阅些资料,以看出他的全人格。"可见,梁启超很期待后学撰写一部反映顾炎武全貌的著作。梁氏之后,陆续有研究顾炎武的小册子和论著问世。许苏民先生著的《顾炎武评传》即是其中之一。该书不只是一部重要的学术著作,更是对一代思想文化巨人顾炎武的心灵解读。书中顾炎武经师和人师的形象栩栩如生,跃然纸上。可以说,在一定意义上,该著作了却了梁启超的一桩夙愿。许苏民教授对我校课程基地十分支持,慷慨同意我们以《顾炎武评传》为蓝本,编写课程基地基础教材(必修教材)。因为本书非学术著作,而是面向高中生的教材,且强调顾炎武的人师形象和他的社会责任意识,同时又要兼顾对历史、地理、政治和语文学科的教学探索和教学渗透,因此在结构上与《顾炎武评传》存在较大差异,如把顾炎武的文学思想和成就单列一章,就是从语文学科的角度考虑的。在编写过程中,我们也吸收了陈祖武先生、王家范先生和周可真先生等专家学者的研究成果。

本书是集体智慧和努力的结晶。编写过程中,宫雯、张亮、汤恩嫔和张丽丽四位老师付出了艰辛的努力,尤其是宫雯老师和张亮老师,在审阅环节做了大量工作。昆山市顾炎武研究会提供了大量珍贵照片,作为教材的配图。王志家校长始终关心支持本书的编写与出版,多次询问编写进度,并积极联系苏州大学出版社出版发行。北京师范大学林辉锋教授对本书提出了诸多中肯建议。限于教材的格式和体例,未能一一注明相关引文出处,仅在书后列出参考文献,特此说明,并向所有从事顾炎武研究的相关专家、学者致以诚挚的敬意和谢意!

由于水平有限,本书必定存在诸多缺憾,请大家批评指正,且不吝赐教,以便再版时改进。让我们一起努力!

本书编写分工如下:

张程远:第1、2、3、4、5、8、12、13、14、16、17、18、19、20课;张亮:第6、7课;宫雯:第9、10课;汤恩嫔:第11课;张丽丽:第15课。全书由张程远统稿。

编 者
2015年9月